大企业成长机理与路径研究
——基于供应链管理的视角

Study on Large Enterprises Growth Mechanism and Path
—Based on the perspective of supply chain management

杨隆华　著

经济管理出版社
ECONOMY & MANAGEMENT PUBLISHING HOUSE

图书在版编目（CIP）数据

大企业成长机理与路径研究：基于供应链管理的视角/杨隆华著．—北京：经济管理出版社，2014.1

ISBN 978-7-5096-2955-0

Ⅰ．①大…　Ⅱ．①杨…　Ⅲ．①大型企业—供应链管理—研究　Ⅳ．①F276

中国版本图书馆 CIP 数据核字（2014）第 021620 号

组稿编辑：张永美
责任编辑：张永美　丁慧敏
责任印制：黄章平
责任校对：超　凡

出版发行：经济管理出版社
（北京市海淀区北蜂窝 8 号中雅大厦 A 座 11 层　100038）
网　　址：www. E-mp. com. cn
电　　话：（010）51915602
印　　刷：三河市延风印装厂
经　　销：新华书店
开　　本：720mm×1000mm/16
印　　张：15
字　　数：269 千字
版　　次：2014 年 2 月第 1 版　2014 年 2 月第 1 次印刷
书　　号：ISBN 978-7-5096-2955-0
定　　价：49.00 元

自序

随着科技进步和生产力的不断发展，顾客（Customer）消费水平不断提高，企业之间的竞争（Competition）日益加剧，加上政治、经济、社会环境的巨大变化（Change），整个市场需求的不确定性大大增加。“3C”是用户需求多样性与市场变化不确定性的根源，同时也是促进企业不断提高自身竞争能力的外在压力。面对变化迅速且无法预测的买方市场，企业为了提高竞争力，采取了许多先进的制造技术和管理方法，管理模式也与时俱进，不断创新。

20 世纪 60 年代以前，盛行的方法是通过确定经济生产批量、安全库存、订货点来保证生产的稳定性，但由于没有注意独立需求和相关需求的差别，采用这些方法并未取得期望的成果。60 年代中期，出现了物料需求计划（Material Requirements Planning，MRP），较好地解决了相关需求的管理问题。此后，人们就一直探求更好的制造组织和管理模式，出现了诸如制造资源计划（Manufacturing Resources Planning，MRPII）、准时生产制（Just-in-Time，JIT）及精细生产等新的生产方式。这些新的生产方式对提高企业整体效益和市场竞争能力确实做出了不可低估的贡献。然而，进入 20 世纪 90 年代以来，消费者的需求特征发生了前所未有的变化，整个世界的经济活动也出现了未曾有过的全球经济一体化特征，这些变化对企业参与竞争的能力提出了更高的要求，原有的管理思想已不能完全满足新的竞争形势。以 MRPII 和 JIT 为例，这两种生产方式都是只考虑企业内部资源的利用问题，一切优化工作均着眼于本企业资源的最优应用。这种指导思想在 21 世纪的市场环境中显得有些不适应，因为在当前这种市场环境里，一切都要求能够快速响应用户需求，而要达到这一目的，仅靠一个企业所拥有的资源是不够的。

20 世纪 90 年代以来，由于科学技术不断进步和经济的不断发展、全球化信息网络和全球化市场形成及技术变革的加速，围绕新产品的市场竞争也日趋激烈。技术进步和需求多样化使得产品寿命周期不断缩短，企业面临着缩短交货期、提高产品质量、降低成本和改进服务的压力。所有这些都要求企业能对不断变化的市场快速作出反应，源源不断地开发出满足用户需求的、定制的“个性化产品”去占领市场以赢得竞争，市场竞争也主要围绕新产品的竞争而展开，在满足个性化需求的同时，产品的价格要向大批量生产那样低廉。制造商逐渐发现，最好的产品不是他们为用户设计的，而是他们和用户一起设计的。全球供应链使得制造商和供货商得以紧密联系在一起来完成一项任务。全球高速信息网使所有的信息都极易获得。而更敏捷的教育体系使越来越多的人能在越来越短的时间内掌握最新技术，因此，面对机遇，可以参与竞争的企业越来越多，从而大大加剧了国际竞争的激烈性，企业在建立全球化市场的同时也在全球范围内造就了更多的竞争者，商品市场国际化的同时也创造了一个国际化的劳动力市场。同时，越来越多的企业认识到新产品开发对企业创造收益的重要性，因此，许多企业不惜工本予以投入，但是资金利用率和投入产出比却往往不尽如人意。在全球制造和国际化经营趋势越来越明显的今天，各国政府将环保问题纳入发展战略，相继制定出各种各样的政策法规，以约束本国及外国企业的经营行为。原材料、技术工人、能源、淡水资源、资金及其他资源越来越少，各种资源的短缺对企业的生产形成很大的制约，而且这种影响未来会越来越大。在市场需求变幻莫测、制造资源日益短缺的情况下，企业如何取得长久的经济效益，是企业制定战略时必须考虑的问题。

一直以来，企业出于管理和控制上的目的，对为其提供原材料、半成品或零部件的其他企业一直采取投资自建、投资控股或兼并的“纵向一体化”（Vertical Integration）管理模式，即某核心企业与其他企业是一种所有权关系。例如，美国福特汽车公司拥有一个牧羊场，出产的羊毛用于生产本公司的汽车坐垫；美国某报业大王拥有一片森林，专为生产新闻用纸提供木材。推行“纵向一体化”的目的，是加强核心企业对原材料供应、产品制造、分销和销售全过程的控制，使企业能在市场竞争中掌握主动，从而达到增加各个业务活动阶段的利润。在市场环境相对稳定的条件下，采用“纵向一体化”战略是有效的，但是，在高科技迅速发展、市场竞争日益激烈、顾客需求不断变化的今天，“纵向一体化”战略已逐渐显示出其无法快速敏捷地响应市场机会的薄弱之处。显然，采用“纵向一体化”战略的企业要想对其他配套企业拥有管理权，要么自己投资，要么出资控股，不论采取哪一种方式，都要承受过重的投资负担和过长的建设周期带来的风险，而且由于核心企业什么都想管住，不得不从事自己并不擅长的业务活动，使得许多管理人员往往将宝贵的精力、时间和资源花在辅助性职能部门的管理工作上，而无暇顾及关键性业务的管理工作。因此，“纵向一体化”战略已难以在当今市场竞争条件下获得所期望的利润。

在这种情况下，将资源延伸到企业以外的其他地方，借助其他企业的资源达到快速响应市场需求的目的逐渐成为研究的热点问题，于是出现了“横向一体化”（Horizontal Integration）的思维方式。供应链及其管理这一创新的管理模式就是“横向一体化”管理思想的一个典型代表。技术创新不断加速、产品生命周期不断缩短、顾客需求瞬息万变、市场竞争日趋激烈、全球一体化加剧成型、市场变化的不确定性增加，企业面临着巨大的压力，人们逐渐认识到，任何一个企业都不可能在所有业务上成为世界上最杰出的企业，只有优势互补，才能共同增强竞争实力。因此，国际上一些先驱企业摒弃了过去那种从设计、制造到销售都自己负责的经营模式，转而在全球范围内与供应商和销售商建立最佳合作伙伴关系，与他们形成一种长期的战略联盟，结成利益共同体，业务外包和企业间的合作越来越广泛，供应链战略也经受着巨大的变革。企业认识到供应链管理已不仅仅是降低成本，更重要的是提高顾客满意度，持续保持竞争优势。

信息技术的飞速发展为供应链管理提供了有效的技术支持。据美国先进制造研究报告，1996 年企业资源计划（ERP）和供应链管理（SCM）软件全球年销售额达 50 亿美元以上，且以每年 30%以上的速度继续增长（Gupta，1997）。惠普（Hewlett Packard，HP）公司进行了多个供应链相关项目，每个项目每年为 HP 公司节约 1000 万~4000 万美元（Davis，1993；Lee and Billington，1995）。世界权威的《财富》杂志早在 2001 年已将供应链管理列为 21 世纪最重要的战略资源之一。赛迪顾问统计显示，2003 年第一季度，中国 SCM 软件市场的销售总量为 0.75 亿元，同比 2002 年第一季度，增长了 11.3%。根据 CMP 咨询的研究数据，2006 年中国 SCM 软件市场销售额达到 7.9 亿元，比 2005 年增长了 24.8%，年增长速度创下继 2002 年之后的新高，SCM 软件的市场投资规模未来五年的年复合增长率（CAGR）为 17.6%左右，到 2011 年市场投资规模有望达到 17.7 亿元左右。美国物流管理部门 2006 年开展的供应链软件使用情况调查结果显示，超过 40%的受访者表示他们将会在未来的一年内购进新的供应链管理软件，而大概有 54%的受访者说他们的供应链管理软件应用范围有较大程度的扩大。

综上分析，20 世纪末以来，大企业之间的竞争日益转变为供应链之间的竞争。大企业间的竞争归根结底是管理创新、科技创新等核心能力的竞争，而供应链之间的竞争正是科技创新和管理创新在 21 世纪的重要表现，是提高大企业核心竞争力、推动大企业成长的重要途径。在新形势下，我国大企业要持续成长，适应与跨国企业的竞争与合作，亟须引入和推广供应链管理这种先进的管理理念、技术和方法。

全书较为深入地研究了大企业成长相关理论及其发展，分析了供应链管理的产生和发展路径，对供应链管理的含义、涉及内容及重要性做了介绍。通过引入战略竞争理论、资源基础观（RBV）理论、企业能力理论和供应链管理理论，借鉴期权的思想提出供应链管理与大企业成长关系的分析框架：认为企业当前的财务绩效并不是影响企业实施供应链系统的关键因素，大企业实施供应链系统实际上是一种实物期权战略投资，投资的期权价值才是企业进行供应链系统实施与否的关键因素。此书试图通过基于供应链管理的视角分析大企业成长机理与路径研究。

目录

第1章
绪论

1.1　大企业的含义与特征

1.1.1　大企业的含义与范围

在世界各国的经济及法律中，对“企业”都规定了严格的内涵和外延。《辞海》(2002) 对“企业”一词的解释是“从事商品和劳务的生产经营，独立核算的经济组织”。其他国家对企业的定义在文字表述上有一定的差异，但其内涵和外延基本相同。大企业是人们在研究经济现象时频繁使用的词汇之一，中国权威经济论文库已将“大企业”列为十大热门词之一。然而，在经济理论文献和经济辞典中，对于“大企业”至今尚没有一个统一的、明确的解释。

从一般意义上理解，大企业之“大”首先是指其规模巨大。要从规模角度说明大企业的含义，关键就是要明确什么规模的企业才能称为“大企业”，这需要科学地选取合适的指标，并明确这些指标的合理评价范围。在对大型企业进行评价的指标选取问题上，世界各国大型企业排行榜具有重要的参考意义。从衡量指标来看，目前，世界上主要有四个最为著名的大型企业排行榜，分别为《财富》(Fortune) 500 强、《福布斯》(Forbes) 500 强、《商业周刊》(Business Week) 1000 强和《金融时报》(Financial Times) 500 强。

在以上四个大型企业排行榜中，对于大型企业排行选取的指标不尽相同。综合这四项排名的评选指标，衡量大型企业规模的标准主要有：营业额（销售收入）、利润、资产、股东权益、雇员人数、市值等。其中，营业额是最为重要的衡量指标。以《财富》杂志为例，1995 年以前，《财富》杂志对工业企业和服务业企业是分别评选的，其中，对于工业企业以销售额作为衡量指标；对于服务业企业，又根据服务的内容划分为一般服务业、银行业、储蓄业、特殊金融业、保险业、零售业、交通运输业和公用行业八大类。对于一般服务业、零售业和交通运输业，仍然以销售额作为衡量指标，而对于银行业、储蓄业、特殊金融业、保险业和公用行业，则以资产额作为衡量指标，1995 年以后，则统一以销售额作为衡量指标。

从评价范围来看，纵观国际上大型企业评选的历史可以发现，对于大型企业的评价范围在逐步扩大。以《财富》杂志为例，1955 年，《财富》杂志首次开始进行上一年度大型企业的评选。当时，其评选范围只局限在美国，并且局限在工业领域，所评选出的大型企业称为美国工业 500 强。1990 年,《财富》杂志将评选范围扩大到全球的工业企业，所评选出的大型企业称为世界工业 500 强。1995 年,《财富》杂志将评选范围扩大为全球的所有企业，所评选出的大型企业被称为《财富》杂志世界 500 强。《财富》杂志之所以在 1995 年将评选范围扩展为全球所有行业，将衡量指标统一为销售额，一方面是为了适应经济全球化的趋势，另一方面也是为了适应大型企业经营内容日益多元化的趋势。实际上，也正是由于准确地适应了世界经济和大型企业发展的趋势，才使得《财富》杂志的大型企业排行榜成为世界范围内认可度最高的大型企业权威排行榜。

以全球作为评价范围，以销售额作为衡量指标，判断一家企业的规模是否巨大，还要看这些企业在世界经济发展和产业竞争中的地位。对于一家企业在经济发展和产业竞争中地位的衡量，主要有两种方法，一是总体评价，二是行业评价。前者是指不分行业，全球所有企业一律按销售额进行排名，进入前 500 名的企业成为《财富》杂志的世界 500 强。后者是指在各个具体行业内按销售额进行排列。《财富》杂志在公布世界 500 强排行榜的同时，也对 500 强企业按照行业进行排列。此外，在一些重要行业中，也同样存在着本行业权威的国际评选机构，它们对本行业中的世界大型企业进行评选。如英国的《银行家》(The Banker) 杂志，每年公布上一年度世界前 1000 家最大银行的排名。国际上各个大型企业排行榜为大型企业的研究提供了重要的参考标准，使现在判断大企业的标准变得相对简单，即那些规模可以入围《财富》杂志评选的世界 500 强的企业，或者可以入围其他各行业国际权威机构评选排名的企业，就可以从规模的角度将其划分为大型企业。

1.1.2 企业“规模”的决定因素

20 世纪，国际上有五次企业并购热潮，大企业不断涌现，企业规模不断扩张。理论界关于企业规模的决定因素有以下几种观点：

(1) 技术决定论。有关企业存在与扩张的思想可以追溯到斯密和马克思。他们主要是从分工深化和提高劳动生产率带来规模效应的角度来解释企业的存在和扩张的。亚当·斯密 (1996) 认为，企业规模随着分工的深化而扩大，分工深化的边界就是企业规模的边界。马克思也认为，协作的不可分性决定了协作的规模就是企业的最小规模，技术的变革会使协作规模和企业规模扩大。特雷西和大卫也提出了技术进步论的解释，他们认为，在技术进步下，企业内部供应投入品的可能性增加，导致企业规模扩大。

（2）利润决定论。基于完全竞争假设的马歇尔经济学中，企业在市场与技术的约束下追求利润最大化，企业规模是由长期平均成本决定的（马歇尔，1998）。

（3）效率决定论。钱德勒（1987）在对史实研究的基础上提出了效率最终决定企业规模的观点。企业的规模边界是由其效率决定的，当企业规模边界的扩张不能产生效率时，企业应停止扩张活动。

（4）交易费用决定论。制度经济学派的奠基人科斯 1937 年在《企业的性质》中开创性地指出，企业和市场是两种可以相互替代的协调生产手段，市场中的资源配置通过价格机制来完成，而企业内部的资源配置是通过权威实现的。市场交易需要费用，企业存在是因为企业可以节约交易费用。然而企业运行也需要组织管理费用，因此，“企业将扩张到企业内部组织一笔额外交易的成本等于通过公开市场上完成同样一笔交易的成本，或在另一企业中组织同样交易的成本为止”（科斯，1985）。威廉姆森发展了交易费用的内涵，将其进一步细分为事前交易成本和事后交易成本。

（5）内部资源决定论。藩罗斯（1972）认为，企业拥有的资源状况是决定企业能力的基础，物质资源所能提供的服务及其质量取决于企业人力资源的知识拥有量。企业内部的未利用资源是企业创新能力的重要来源，企业的产品创新和组织创新推动企业成长即推动企业规模的扩张。

（6）企业家才能决定论。X 效率理论认为，优秀的企业家能够借助并购活动将管理的高效率输送到劣势企业中，从而有效地利用劣势企业资源，成功实现企业规模的扩张。企业家的有限才能决定了企业的扩张边界。

1.1.3　大企业的特征

考虑到没有明确统一的大企业定义，因此，想要明确大企业的含义，需要把握几个重要的特征。

第一，大企业具有时效性的特征。大企业是一个动态发展的概念，由于企业是不断发展变化的，今天的小企业明天可能就能成长为巨型战舰，而今天的巨无霸明天则可能由于种种原因而趋于消亡。所以，我们说一个企业是大企业是基于它目前的状态而言的。从大企业的发展历史来看，大企业的地位在不同时期都是处于不断的消长变动之中的。“二战”以前的大企业主要是指那些对国家经济发展有着重要影响的企业，并没有一个评价的标准。“二战”以后，世界各国尤其是美、日、欧等国的经济得到很快的恢复与振兴，大企业在这一时期的发展也是最迅速的。当时美国按资产额评出 200 家最大工业企业。此后，随着世界经济的进一步发展，这 200 家最大企业的大部分也逐渐被新的企业代替，至今仍列于前 200 位的企业已所剩无几。在英国，1948 年评出的 100 家最大制造业上市公司，到 1968 年也只剩下 52 家仍在 100 大排名榜上。《财富》杂志 1994 年评选出的世界 500 强中最后一位企业的销售额是 78 亿美元，而到了 2002 年，最小的大企业的销售额已上升到 101 亿美元。可见，过去的大企业并不一定存续至今，它可能因为破产或被兼并而被淘汰出大企业的行列；也可能因为企业发展没有跟上日益提高的评价标准而被筛选出局。所以，一家企业只有经得起历史的考验，才可能长期保持大企业的地位，这就需要企业必须实现可持续性的成长与发展。

第二，大企业具有比较性的特征。大企业是一个相对的概念，一家企业能被称为大企业是和其他企业相比较而言的，而所比较的参照系不同，大企业的界定也就不同。大企业不仅在于其具有比其他企业更强的生命力，而且还在于规模实力和发展速度。否则，它就不可能在众多的企业中脱颖而出。从这个意义上说，大企业的概念也就相当于最大企业的概念。例如，最大 50 家、最大 100 家，或最大 200 家等。所以，既然企业有大小、强弱之分，大而强的企业相对小而弱的企业则就必然称为大企业。

第三，大企业是一个量与质相统一的概念。大企业的大，不仅在于其规模大（包括资产、从业人数、产量等方面），还在于其在质的方面的优势，比如技术的领先优势、企业组织制度的完善、管理方法与理念的先进等。

第四，大企业是一个地域性的概念。由于经济发展情况不同，当今世界各国对大企业的评价标准并非一样。例如，在美国，能入选世界 500 强的企业必然是大企业；在日本，资本额在 10 亿日元以上，属于第一类股票上市公司的企业才称得上是大企业；在中国，年销售收入和资产总额均在 5 亿元以上的为大型（或特大型）企业；欧盟则规定雇员在 500 人以上、固定净资产在 7500 万欧元以上的企业为大企业。各国评价标准的不一致，必然导致了大企业这一概念的地域性特征。例如，我国机械行业中的最大企业集团——中国第一汽车集团，如果从销售额来看，在美国、日本、欧洲也只能算是规模很小的企业，并不属于大企业。为了克服各国大企业评价标准的不一致性，1995 年，《财富》杂志将评选地域确定为全球范围内的所有企业，凡进入世界 500 强的企业均可称为大企业。因此，能排名世界 500 强也就成为当今各国大企业追求的目标。

第五，大企业的行业衡量标准不同，一般说来，选用雇员人数、营业额、资产总额中的一项或多项指标来确认大企业的居多。例如，零售、交通和一般服务业经常以销售额作为衡量指标，而银行、保险和公用行业等则以资产额作为衡量指标。因此，如果以雇员人数来衡量，有些企业属于规模大的企业，但若以销售额作为衡量指标，则可能称不上是大企业。为了统一确认标准，1995 年后，《财富》杂志则统一把各类企业的销售额作为评选大企业的唯一标准，而销售额是反映企业市场占有率的一个重要指标，在行业内销售额最大的企业一般也是市场占有率最高的企业。所以，各行业内市场份额越大的企业也就越具有成为世界大企业的潜力。

1.1.4 大企业与大公司、大企业集团

大公司、大企业集团是两个与大企业含义十分接近的概念。这三个概念是相互联系又有内在差异的一组概念。

公司制是现代企业一种最常见的组织形式，公司是按《中华人民共和国公司法》设立的企业法人，是企业的一种存在形式，公司必然都是企业。可以说大公司必然是大企业，但大企业不一定是大公司。《财富》500 强及各种大企业排名的入选企业绝大多数都是以大公司的形式存在的，这也说明，公司化几乎已成为一家企业发展为大企业的必然途径。企业集团是 20 世纪 70 年代初日本公正交易委员会首次使用的一个名词。企业集团是市场经济由自由竞争向垄断竞争发展过程中的产物，是因生产经营的需要，根据协议组成的以资本为纽带、成员企业间相互持股、互兼董事企业联合体。世界大企业的发展历史表明，一家企业发展成为大企业的历史，基本上也就是这家企业组建以自己为核心的企业集团的历史。各国都要求大企业在公布其财务报告时，必须包括其所控股企业的企业。《财富》、《福布斯》等大企业排名所依据的经济指标，也都是包括控股企业的合并会计报告资料。大公司、大企业集团都是大企业的一种存在形式，相比较而言，“大企业”一词的范围更广，因此，这里将三个概念统一称为大企业，不做严格的区分。

1.2 企业成长影响因素分析

1.2.1 大企业成长模式

一般来讲，大企业的成长模式主要有三种，即市场成长型、政府推动型与混合推动型。

（1）市场成长型。市场成长型大企业是指在大企业从小变大的发展过程中，市场性力量起着绝对的主导作用，非市场力量则只起辅助作用。企业作为独立的经济主体，通过充分发挥自身的优势，在市场竞争中聚集资本，不断壮大；同时，抓住有利的市场机会，通过并购、联合等方式实现企业的外部扩张。在这一过程中，政府的行政力量很少介入。这种方式是市场经济下大企业扩张的典型方式。市场成长型大企业主要集中在部分经济发达、市场化程度很高的国家，如美国、英国等。美国、英国等国长期以来一直推崇市场自由竞争，信奉"看不见的手"，即认为市场机制能自发地引导经济活动，调节企业发展。因此，企业的发展主要是依赖自身的力量，借助"丛林法则"，实现优胜劣汰。只有那些在长期市场竞争中获胜的强者，才能生存和壮大起来，逐步发展为实力超群的大企业。市场成长型大企业由于经历了长期严酷的市场考验，所以，它们一般都具有很强的竞争能力、应变能力与持续发展能力。市场成长型大企业的发展要依赖于一国市场经济发展的成熟度。一般而言，市场越发达，竞争越充分，生产和资本就会愈加集中在少数大企业手中，从而形成一些规模庞大的大企业或企业集团。马克思早就指出，资本主义的自由竞争规律决定了生产和资本集中的趋势和机制，自由竞争必然会引起生产集中，生产集中发展到一定阶段则必然走向垄断，即当一个部门内分散的资本逐渐"融合为一个单个资本时，集中便达到了极限"。

（2）政府推动型。政府推动型大企业是指在大企业形成过程中，政府的支持推动是起关键性作用的力量。这种大企业一般存在于那些市场经济不发达、行政主导色彩浓厚的国家中，如韩国的大企业发展过程就体现了浓厚的行政推动色彩，长期以来我国的大企业很多也是依靠这种方式发展起来的。由于市场经济不发达和市场力量的薄弱，通过强化政府支持，推动本国大企业崛起往往成为后起国家实施赶超策略的重要选择。政府扶持大企业的常见做法包括：通过制定和实施一系列国家计划，对大企业发展的方向和重点实行强有力的指导，对符合国家发展规划的产业或企业予以政策、资源等多方面的扶持；有计划地指导企业的并购重组，扩大企业规模优势；实施保护民族工业的政策，为大企业成长提供产业安全保障；为企业开拓国际市场或扩大对外直接投资提供支持；为企业引进技术或技术创新提供资金政策支持等。政府推动型大企业，由于不是在自由竞争的基础上经过弱肉强食的淘汰过程成长起来的，因此，其市场竞争能力与应变能力相对较差。作为后起的发展中国家，在经济起飞之初，运用产业政策强化对本国大企业发展的扶持是必要的；但是，干预过多、扶持时间过长或者政策不恰当则可能会带来巨大的负面效应。这些可能表现在：政府过多的干预和保护弱化了企业的竞争意识以及技术创新和制度创新的动力；政府干预容易导致政企关系不分，滋生权钱交易和“寻租”腐败；政府干预会扭曲市场力量的发育和完善，对长期经济发展和企业成长造成不利影响。

（3）混合推动型。混合推动型大企业是指，在大企业崛起过程中，由市场竞争导致的生产和资本集中是根本原因，政府的干预支持也发挥重要的作用。“看得见的手”与“看不见的手”共同推动了大企业的成长。混合推动型大企业主要集中在实行社会市场经济的欧美和亚洲部分国家，如日本、德国、法国等。在这种方式下，市场力量与政府力量共同发挥作用，需要把两者有机结合起来才能发挥比较好的效果。政府推动主要是指，政府运用经济政策、法律手段引导企业的行为，保证市场公平竞争并推动规范市场秩序的建立，在这一过程中支持部分有潜力的企业加快发展为大企业。政府的力量要符合经济发展的客观要求，当政府力量与市场力量作用一致时，两者相辅相成，收效良好；当两者作用不一致时，政府的干预往往适得其反。在混合推动型企业发展过程中，政府的推动力量主要体现在政策与法律的调整以及财政金融的扶持。以日本为例，在战后的经济高速增长期，制定了大力推动重化工业的产业政策，采取了一系列鼓励企业追求规模经济和鼓励垄断的措施，对这些产业部门的诸多企业实施外汇配额、特别折旧、财政投资贷款、技术引进等全方位的政策优惠倾斜，丰田、松下、日本电器、新日铁等一大批大企业迅速发展起来。当然，一些工业发达国家在经济发展初期，政府为实现某些社会目标，加强对经济发展运行的干预调节，往往也会通过行政的方式组建一些大企业。

1.2.2　单一业务型成长企业影响因素分析

单一业务型成长企业，是指企业自创业阶段到成长阶段再到成熟阶段的成长周期内，一直固守单一业务，主营业务收入占比95%以上的企业。选择这一成长路径的企业包括宝马、拜耳、可口可乐和米其林等。在财富500强前10位的大企业里就有5家。它们是排名第二的沃尔玛，排名第五的通用汽车，排名第六的戴姆勒—克莱斯勒，排名第八的丰田汽车和排名第九的福特汽车。

以戴姆勒—奔驰和丰田汽车为例。戴姆勒—奔驰这一伟大的名字，有着和汽车一样长的历史，从1886年卡尔·本茨与戈特利布·戴姆勒的汽车试验成功，到如今世人皆知的奔驰品牌，戴姆勒—奔驰的成长历史是产品不断革新与市场不断扩张的有机结合。从四轮四冲程汽油机汽车到如今的梅塞德斯—奔驰、克莱斯勒、吉普和道奇以及八大商用车等多个品牌，轿车、运动用途车、微型厢式车和皮卡等多种产品，从1900年344名雇员和96辆的年产量发展到2004年1420亿欧元的收入，在全球38.5万员工和在20个国家和地区设有近100个生产企业，戴姆勒—克莱斯勒的成长充分反映了单一业务成长路径的普遍模式及其影响因素。研究表明，奔驰的成功模式首要在于这些企业的发明或创新解决了客户的某一问题，且有巨大的需求。奔驰、丰田、通用以及福特都是如此，百事可乐和可口可乐如此，沃尔玛也是这样。汽车公司解决了20世纪以前人们徒步或采用马车的诸多不便，百事可乐和可口可乐则以治疗胃病的药方为名，改善了人们饮品的单调乏味，沃尔玛更是以超级市场的概念为人们提供了一个舒适而且物美低廉的购物天堂。这些发明或创意让企业在起步之初就能够得到迅速成长。我们可以把它们成长最重要的影响因素之一归功于其创新能力——这种创新解决了客户的某种需求。这种创新能力让克莱斯勒、通用、福特这些汽车巨人迅速崛起。而究其原因，主要是他们的反应速度更迅速，它们的产品更能吸引消费者的心。

另一个重要影响因素是对市场力量的执着追求。丰田送往美国测试的第一辆小轿车像个方盒子的外壳，整个汽车缺陷严重，发动机开起来像卡车一样响，内部装修既粗糙又不舒服，灯光也暗得通不过加利福尼亚州的行车标准，然而就是这样一辆车售价高达2300美元（当时流行的甲壳虫售价仅1600美元），就是这样一家公司2003年9月取代了克莱斯勒成为美国第三大汽车厂商。同时在多个市场上开展竞争的企业，无须把每个市场作为一个独立的单元，也无须在每个市场中追求利润最大化，他们可以用其他市场上的利润来补贴某个市场上的价格竞争，从而降低风险和不确定性。

产业需求、规模经济与专业化成长。影响企业选择单一业务成长路径的因素中最具力量的是产业需求。不管是从事什么业务的企业，使得企业选择单一业务成长路径的首要原因是它们在自己业务范围内已经自顾不暇，更别提关注其他业务了。

这些企业所在的产业具有非常大的需求，且技术更新、产品换代速度要求非常高。这类企业追求成长的动力源于规模经济。产业的规模需求使得企业能够获得规模经济，从而获得成长。规模经济表现为，在一定时期内产品的单位成本（或者说生产一件产品的操作或运行的成本）随着总产量的增加而降低。规模经济的存在阻碍了对产业的入侵，因为它迫使进入者或者以大规模生产并承担遭受原有企业强烈抵制的风险，或者以小规模生产而接受产品成本方面的劣势，这两者都不是进入者所期望的。例如，微软和英特尔就曾让施乐和通用电气沮丧地意识到，生产、研究、市场开发及服务方面的规模经济使得它们无法轻易跨越计算机业务的关键壁垒。

产品差异化与产品金字塔。满足买方需求或许只是企业获得成长的必要条件，而非充分条件。决定企业能否获得成长的关键问题是企业能否攫取其为买方创造的价值，并确保这种价值不落入他人囊中。解决此问题的唯一办法是通过产品金字塔，并实现产品差异化，又称为产品歧异。产品金字塔是指行业内的不同企业构建了在价格、性能、颜色等方面存在差异的不同产品组合，在塔的底部，是低价位、大批量的产品；在塔的顶部，是高价位、小批量的产品。虽然利润集中在产品金字塔的顶部，但塔底部的产品仍具有重要的战略作用，通过有意识地在金字塔的底部建立了"防火墙"产品，可以防止竞争者进入。产品差异化意味着现有公司由于过去的广告、顾客服务、产品特色或由于较早进入该产业而获得商标信誉及顾客忠诚度上的优势。在这方面的最高成就是，路径一企业将自身理念上升到行业经营理念的代表，从而为价值主张设立行业标准，甚至对广泛范围内的社会群体和其他公司产生深远的影响。产品金字塔和产品歧异建立了进入壁垒。

资源限制与转换成本。转换成本的存在构成了一种进入壁垒，对从事单一业务的企业和欲进入该产业的其他企业都是如此。许多企业都曾做过类似的尝试，施乐和通用电气曾经尝试进入计算机业，可口可乐曾试图进入葡萄酒业，但是都失望而归。转换成本决定了企业要想从事其他业务的生产经营活动就必须分散资源和精力，正是许多本身资源受限的高成长业务的追求导致了组织的失败（Aaker and Day，1986）。转换成本不仅仅表现在资源限制上，即便是有的企业能够通过收购等方式跨越资源限制，但是由于单一业务成长型企业对技术升级和产品换代的速度要求远远高于其他路径的企业，因而造成了很多企业的无可奈何，其结果就是在收购之后很快出售。

1.2.3 主导业务型成长企业影响因素分析

主导业务型成长企业，是指企业在创业阶段虽然也经营单一业务，但在成长过程中发展出其他新事业，新事业相比于现有事业仍然具有一定的吸引力，但主营业务具有不可超越的主导地位，在企业步入成熟期后，主营业务收入占比75%以上，但在95%以下。2009年财富500强里，排名在前四位的企业中就有3家属于主导业务型，它们是我们前面所提到的排名第一的皇家壳牌石油，排名第二的埃克森—美孚石油，以及排名第四的英国石油。

以IBM为例，IBM起源于霍尔瑞斯为美国人口普查工作设计的打孔机。1911年，霍尔瑞斯与其他两家公司合并成立了计算—制表—记录公司（CTR），1923年CTR的总裁沃森把公司改名为国际商用机器公司（IBM）。沃森对除了霍尔瑞斯之外的其他两家公司的业务兴趣索然，不久他就将计算秤业务和时间设备业务卖了出去。从此，IBM开始专注于一项业务——制表机和考勤钟。20世纪50年代至80年代初，这个蓝色巨人在计算机行业里所向无敌，几乎垄断了整个市场。事实上，当时IBM和"计算机"几乎已经成为同义词。IBM曾经位居《财富》杂志世界500强第二位。IBM由从事大型机与个人电脑的设计与生产，逐渐扩展到通过本身的软、硬件专业技能，将重点转向电子商务。它提交了三个全行业的解决方案：电子商务付款系统、供应链服务和软件以及客户关系解决方案。到20世纪90年代，IBM的服务收入占总收入的25%，而且这个比例一直在上升。IBM的成长历史说明，主导业务型的企业从单一业务走向主导业务的关键影响因素在于：首先，主导事业在发展的过程中受某些因素影响会陷入周期性停滞或步入成熟，当原有业务受阻，企业会被迫对成长及业务组合进行重新定位；其次，原有的生产性知识和技术的衍生能够创造一个新的富有吸引力的产业，或者新进入的领域与原有业务互为补充，两者的有机结合使得企业能够提供系统解决方案。

1.2.4 多元化成长企业影响因素分析

多元化成长企业（包括相关多元化与非相关多元化），是指企业在创业阶段可能与单一业务成长路径没有太多不同，也经营单一业务，但在成长过程中逐步进入其他新事业，新事业的种类较多，且各具一定的竞争力，没有任何业务能够居主导地位。

选择多元化的大企业如此之多，它对企业如此重要，日益引起了经济学家的注意。早期的经济学家认为，范围经济能够解释企业多元化成长路径的动因。范围经济是指利用单一经营单位内的生产或销售过程来生产或销售多于一种产品而产生的经济。但是后期的经济学家认为如此解释过于简单。一般来讲，对多元化成长企业的影响因素可以分为三个主要的方面。

第一是市场机会的解释。他们将多元化的兴起归因于对市场机会的角逐。对很多企业来说，他们总是对富有吸引力的行业缺乏抵抗力。事实上，多企业的管理者（尤其是职业经理人）为了自身经济上或心理上的利益而常常采用开展新业务的战略。这样做可以获得企业的快速成长，并降低经营风险和不确性，并给职业经理人的生涯铺好道路。牛津大学的 Peter Mathias 和剑桥大学的 M.M. Postan（1978）在 "The Cambridge Economic History of Europe" 中指出："职业经理人的成功主要是以销售额与利润额来衡量的，他们对企业扩张的追求是标榜自己能力的一种手段，企业规模扩大意味着他们所拥有的权利的支配领地也扩大了，而这正是他们的享受，他们渴望这种享受。"

第二是追求成长的解释。Edwards（1955）早就表述了这样的观点："生产多种产品并在多个市场开展经营的企业，无须把每个市场作为一个独立的单元，也无须在销售每一种产品中追求利润最大化，如同我们在传统经济学假定的那样……他们在某一市场的力量不仅来自该企业在这一市场的存在，而且来自其（广泛的）业务范围和其他市场上的活动。他们可以借助于不同于传统垄断方式的策略来运用、拓展和保护其垄断。" Wittington 和 Mayer 认为，"我们不能将多元化的稳步增加简单地归结为对垄断的追求。这等于说要我们相信在长达一个世纪的岁月里，多元化所造成的反竞争机会在美国乃至欧洲也在同步成长。显然这是很难让人信服的"。实际上，许多国家的国内市场规模太小，无力给单一业务的公司提供足够的成长机会，而国际竞争的压力又使得海外业务的拓展困难重重（如普拉哈拉德曾在《哈佛商业评论》中撰文指出跨国公司扩张主义的终结），进入其他领域是获得成长的主要路径。

第三是来自于哈佛大学的迈克尔·波特。他认为，企业的多元化成长路径使得新业务能获取与原有业务的关联，这种关联所带来的收益除了能够补偿关联的成本之外，还能够使得企业相对竞争对手更富有竞争优势。业务单元间的关联有三大类型：有形关联、无形关联和竞争对手关联。有形关联是由于共同的客户、渠道、技术和其他因素的存在而使得相关业务单元之间的价值链活动有可能共享。无形关联涉及不同价值链之间管理专有技能的转化。竞争对手关联则是竞争对手的行动（如竞争对手的多点竞争业务类型）的影响。波特把获取关联的成本分为协调成本、妥协成本和僵化成本。为了获取关联、共享活动，业务单元必须在诸如作业计划、确定重点和解决问题等方面进行协调。协调涉及时间、人员或许还有金钱方面的成本。共享活动要求以某种持续的方式，而这种方式对任何一个有关的业务单元来说都未必是最优的。为了共享活动，业务单元必须以某种方式折中它们的需求，这就是妥协成本。共享使得对竞争对手的迅速反应变得更困难，因为，企业抵抗对某一业务单元的威胁可能会破坏或削弱与姊妹业务单元之间的关联价值，可能会损坏与之共享活动的其他业务单元，同时提高了业务的退出壁垒。因而，关联也必然导致僵化成本的存在。

1.3 企业成长与供应链管理

1.3.1 企业成长的动态能力观

事实上，任何成长性企业（无论选取哪种成长路径）都是一个自组织系统，具有开放性、非平衡性、涨落性、自主性、自适应和自催化等自组织特征。因此能够实现自组织成长。但企业自组织功能的影响因素又是什么呢?显然是企业能力，企业能力与其自组织功能呈正向相关关系，动态能力是企业成长的内在动力。

企业核心能力对于企业具有重要的战略价值。企业内部核心能力的培养和提高是一个具有路径依赖性的累积过程，其积累过程伴随企业核心产品和技术的发展，与企业核心产品和技术平台的动态演进是息息相关的，企业的竞争优势也会随着技术的动态演进和产业演变及市场变化而发生改变，企业核心能力带来的竞争优势只有和产业、技术和产品生命周期的发展相协调，才能实现其持续性。倘若企业核心能力不能动态转化，不能随着企业内外环境的变化而动态地发展变化。也就是说，核心能力得不到进一步更新、升级时，那么，企业的创新欲望就将衰减，创新效果就将弱化，因而企业将不能继续享有核心能力所带来的“能力租金”。这样，企业原有的核心能力就会成为企业进一步发展的障碍。因此，企业要想拥有持续性竞争优势以实现持续成长，必须拥有核心能力，同时促使核心能力动态转化，不断自我创新和超越。我们把企业促使核心能力动态转化的这样一种能力理解为动态能力。企业要想保持竞争优势的持续性以实现持续成长，其根本出路在于培育、发展动态竞争能力，通过不断创新而获得一连串短暂的竞争优势，从而在整体上体现出企业连续逻辑时间的动态竞争优势。

由上可见，企业在制定战略的过程中，必须把能力置于环境中分析，不能忽视环境的作用，不仅要关注能力的突出性、特殊性，还应着眼于能力的动态性、适应性。也就是说，要求企业是动态的企业，有效应对环境变化所带来的挑战。企业不但要具有核心能力，而且要具有促使核心能力动态转化的能力，即动态能力，这样才能获得动态竞争优势，实现持续成长。因此，从本质上看，企业成长就是企业的知识集聚和能力获得与提升的过程，也就是企业能力的动态演进。企业能力的动态演进必然要求必要的资源与之配对，这样实现了企业成长在“质”和“量”上的辩证统一。

1.3.2 供应链联盟

1.3.2.1 供应链与供应链联盟

自从 1961 年 J. Forrester 开始对供应链成员企业之间的相互关系进行全面研究以来，供应链问题引起了国内外学者广泛的关注，其概念和哲理已引起学术界和企业界的极大重视，特别是国际上一些著名公司，例如，惠普公司、IBM 公司、戴尔计算机公司等在供应链实践中取得的成就，更使人坚信供应链是 21 世纪企业竞争的一种有效途径。供应链是现代工业的产物。由于市场竞争日趋激烈，企业面临降低成本、缩短交货时间的压力，核心企业联合自己的供应商和分销商，组建自原材料供应商开始，经制造商、分销商，最后到达消费者的功能网络，这就是供应链。

供应链联盟（Supply Chain Association，SCA）体现了一种基于企业核心能力的战略资源整合思路，是企业管理模式的革命性进步。在不断压缩利润空间的微利时代，为了能在激烈而残酷的横向竞争中获取战略优势，唯一的方法是把企业有限的资源集中到少数几个能够为顾客带来独特价值的业务上，并且选择同样具有竞争优势的协作企业协作完成供应链上的价值创造活动，不同企业在自己具有比较优势的环节上发展核心能力。这种供应链上每个环节都分别由效率最高的协作企业来完成，实现各个环节对供应链增值最大化的 SCA 被视为“企业利润的第三个来源”。SCA 是指在顾客（Customer）消费水平不断提高，企业之间的竞争（Competition）加剧，政治、经济与社会环境发生巨大变化（Change）的环境下，由供应链上一些相互独立的实体为实现共同目标而组成的联盟，每个协作企业在自己的优势领域为联盟贡献自己的核心能力，实现优势互补、风险共担和利益共享。严格来说，SCA

与供应链是两个不同的概念，供应链是企业之间的关系状态，而 SCA 是组成供应链的节点企业为规制各自行为所采取的一种组织形式。因此，两者实质上是内容与形式的关系。

1.3.2.2 供应链联盟的特征分析

SCA 是一种基于优势互补、资源共享战略思想的新型企业组织模式，是社会经济发展的必然要求，是企业在新的竞争环境下求得生存与发展的必由之路。最突出的特点是：协作企业跨越传统企业的组织界限，建立彼此间的合作关系，通过联盟体内资源、能力的有效整合，最终实现各自的战略目标。具体而言，SCA 具有以下特点：

（1）需求导向性。SCA 的形成、存在与重构都是基于一定的市场需求，并且在 SCA 的运作过程中，市场需求是 SCA 中物流、信息流与资金流的主要驱动源，是协作企业关注的焦点。在今天，由于“买方市场”特征如此明显，最终客户已经从原来处于供应链之外的“旁观者”变成了供应链中必不可少的一员。此外，市场需求的变化会直接影响到整个 SCA 的运作。

（2）虚拟性。SCA 是一种基于现有资源的拓扑网络型虚拟组织，没有固定的组织结构与明确的边界，不具有实体形态，是一个结构性概念。它克服了地域上的限制，通过信息网络实现协作企业的信息共享与协同工作。

（3）扁平性。SCA 可以借助高效的信息传输网络实现高层管理者与一线员工的双向沟通，从而减少大量的中层管理，使组织结构扁平化。

（4）平等性。SCA 一般由一些独立的供应商、制造商和销售商等组成，每个成员都拥有各自的核心竞争优势，它们在资源共享、优势互补、相互独立、相互信任的基础上通过事先达成的某种共同条款或协议结成平等互助关系，产生“1+1>2”的协同效应。

（5）共赢性。SCA 是一种以竞争为基础、协同为主导的合作竞争模式。其出发点就是“互利”，在相互信任与依赖的基础上通过合作竞争获取大于各自“独立”或“对立”行动所取得的利益。这种“共赢”模式是建立在局部利益与整体利益高度一致的基础上，每个实体在努力获得自己利益的同时，也为整体利益做出了一份贡献。

（6）复杂性。SCA 往往由多个不同类型的企业组成，其结构模式较单个企业的结构模式更复杂。另外，SCA 实现的是一种整体优化观念，将管理范围从企业自身延伸到供应链全过程，增加了管理的难度。此外，作为一种竞争性合作组织，为竞争而合作，靠合作来竞争，竞争中的合作与合作中的竞争并存也增加了管理协调的复杂性。

（7）动态性。SCA 的成员均为相互独立的法人实体、拥有独立的自主决策权，成员之间不是行政层级关系，而是以协议或契约为基础达成的平等互利关系。它是介于企业与市场之间的一种“中间组织”，既超越了一般的交易关系，又不存在控制与被控制的隶属关系，是一种相对松散的组织形式。这种组织形式决定了它的最基本特征——动态性，它们完全是为了共同的利益走到一起的，一旦市场环境发生变化，它就会像变形虫那样进行扩张与收缩。

（8）风险性。SCA 的复杂性与动态性导致其蕴含一定的风险。例如，管理与合作失败的风险，事前专用性投资“套牢”的风险，企业自身核心能力的外泄或丧失而引发的技术或知识产权风险。

1.3.2.3 供应链联盟的类型

任何一种组织与管理模式都是适应当时社会、经济发展与科技进步的产物。因此，组织形式的转变取决于生存环境的变迁，尤其是市场需求的变化。20 世纪初，生产力低下、物质匮乏，先进生产方式是单一品种大批量生产，与之相适应的先进企业组织形式是巨型企业。“二战”后，随着生产力水平的提高，产品日益丰富，人们有了更多的消费选择；与此同时，社会分工进一步深化，整个产业链被分割为日益细小的“片断”，从而在一定程度上造成了协调的困难；此外，产品技术含量的提高要求厂商进行更多的专用资产投资，这就在很大程度上带来了“套牢”的危险。为解决这些问题，SCA 应运而生。

（1）SCA 的初级形式：分包制。分包制（Subcontracting）是一种以长期交易为基础的“准结合”方式，它借助企业之间正式的或非正式的“关系性契约”，将存在供求依赖关系的企业“链接”起来响应市场需求，从而有效地解决了巨型企业所带来的内部摩擦、反应速度迟缓和 X 非效率等一系列问题，将采购与库存成本降到最低限度。

分包制是由日本企业首创的具备部分现代特征的 SCA 的一种“初级”形式。它与早期的单纯注重生产协调不同，是以面向最终需求的灵活调整能力为核心的，而这正好与当时市场与技术变化速度大大加快，消费需求多样化大大增加的现实相适应。其典型代表是丰田式的“系列化”生产体制和“即时制”（JIT）生产方式。丰田公司通过长期交易纽带结成一条从初级供应商直至最终消费者的链条，在此基础上通过“看板”（Kanba）方式将订单信息逐级前馈到供应链的起点，然后再通过据此反馈的物流来实现最终产品的生产。通过采用这种模式，丰田公司实现了供应链上诸环节之间的“无缝衔接”、“零库存”与快速响应市场等一系列目标。在此基础上，丰田式“大规模定制”取代了传统的“大规模标准化”生产。正是借助于这种模式，在 20 世纪 80 年代，丰田公司创造了“有两万种不同的汽车供客户选择，流水线可以为每个客户的每一辆汽车单独进行生产，客户等待的时间小于一天（平均每辆汽车的装配时间为 8 分钟）”的丰田奇迹。

（2）SCA 的中级形式：合作协议制。“合作协议制”联盟是具有核心竞争能力的企业通过签订一系列业务或战略合作协议来结成的一种资源共享、优势互补的战略组织形式。协作企业注重自身核心能力的培育，并随时根据市场环境的变化和技术主流的走向而调剂自己在产业链中所处的位置，集结新的协作企业。从而使厂商关系从传统的“机械互补”转变为新型的“灵活互补”，在创造具有革命性的全新产品或产业理念方面显示出强大的创新活力与反应能力。

“合作协议制”联盟的出现主要是由于外部环境发生了巨大变化。一是市场与技术走向的难以预测性。20 世纪 90 年代以来，随着消费者收入水平的上升、信息普及程度的提高，整个需求日益呈现出高级化、个性化和多样化的趋势。由于新产品的出现或者是消费者偏好的变化，今天的畅销产品有可能转眼之间就变成“明日黄花”。同时，以信息产业的“异军突起”为开端，技术和产品创新的速率空前提高，产品的技术含量大大增加，但其生命周期却大大缩短。分包制联盟过分依赖于现有交易伙伴的能力和基于人际的协调，虽在应付市场所提出的对成熟产品的改进方面比较有效率，但对革命性、根本性的全新产品与理念的创新却缺乏生机与活力。二是互联网络的出现和通信成本指数式的降低，使企业可以建立内部网络，构筑 CMIS 和实施 ERP 来实现内部业务流程的集成；而企业之间可以借助专用的 EDI 系统与互联网进行交易与信息传递。从而使“点到点”的即时制运输和智能化库存成为每一个企业都可以享受到的专业化服务，从根本上改造传统的物流产业。三是标准化、通用化、模块化、组合化正成为新的潮流。由于谁也无法预测未来市场与技术的走向，企业最稳妥的方式就是培植自己核心能力的同时，积极采用开放式的产业标准，尽可能提高产品的兼容性，使自己的产品能够很容易地与行业内的其他产品进行“自由的组合”，以满足市场需求。这些变化促使企业以前所未有的紧密程度联结起来。

我们熟知的 Java 联盟与 Linux 联盟就是这种联盟。实际上，这种联盟不仅发生在信息产业中，而且在汽车、机床、电子、服装、家具和飞机等制造业中普及。以汽车工业为例，一度作为汽车业基石的生产制造，而今却迅速转变为一种商品运作，除最尖端技术的部件外，标准部件可以通过“全球最佳采购法”分包给任何出价最低的供应商，与此相应，整车厂商正在日益将自己的核心能力集中于研发与市场营销，并在此基础上在全球范围内建立以自己为核心的 SCA。

（3）SCA 的高级形式：集成化供应链动态联盟。集成化供应链动态联盟是基于变化相对频繁的、复杂的市场需求，而由具有共同目标的企业组建的，通过实时信息共享实现集成的 SCA。因企业战略调整或适应市场竞争环境变化的要求，SCA 需要及时调整或重组，成员企业也需要动态的更新，因而它是一个动态的、开放的体系，具有很高的组织柔性和市场适应性。它主要应用的信息技术是 Internet 和 Intranet 集成，同步化的、扩展的供应链计划和控制系统是主要的工具。

随着市场竞争的加剧，合作协议制联盟为了更好地实现其战略目标，必须将已构成的网络化结构向更高层次推进——动态的集成化网络结构，一个能快速重构的动态组织结构，从而能更好地适应市场变化、柔性、速度、革新、知识等方面的需要。在集成化供应链动态联盟中，企业通过 Internet 和 Intranet 网络、商务软件等技术集成在一起，以快速有效地响应市场需求，一旦市场需求消失，SCA 也随之解体。而当出现新的市场机遇时，又组建新的 SCA。这种动态虚拟性保证了 SCA 的形式灵活、构造快捷和响应市场迅速。在这样的环境中求生存，成为一个及时、快速满足市场需求的供应商是企业生存发展的关键。

1.3.3　促进企业成长的管理模式——供应链管理

供应链管理涉及的内容并不仅仅是物料实体在供应链中的流动，它注重以下主要问题：

（1）随机性问题，包括供应商可靠性、运输渠道可靠性、需求不确定性、价格波动影响、汇率变动影响、随机固定成本、提前期的确定、顾客满意度的确定等的研究。

（2）供应链结构性问题，包括规模经济体、选址决策、生产技术选择、产品决策、联盟网络等的研究。

（3）供应链全球化问题，包括贸易壁垒、税收、政治环境、产品各国差异性等的研究。

（4）协调机制问题，如供应—生产协调、生产—销售协调、库存—销售协调等。此外，供应链管理还包括以下主要内容：①战略性供应商和顾客合作伙伴关系的管理；②供应链产品需求预测和计划；③全球节点企业的定位、设备和生产的集成化计划、跟踪和控制；④企业内部和企业之间的物料供应与需求管理；⑤基于供应链管理的产品设计与制造管理；⑥基于供应链的顾客服务、运输、库存、包装等管理；⑦企业间资金流管理（汇率、成本等问题）；⑧基于 Internet 和 Intranet 的供应链交互信息管理。

供应链管理的核心思想就是当供应链达到企业内部和成员企业之间功能整合、信息共享和合作协调时，就能实现减少废品和提高供应链运行绩效的目标。因为供应链的各项活动都很协调，所以，运输费用、订单处理费用、订单选择费用、入库费用和库存费用都降低了，这就使得企业具有成本优势，公司实施供应链管理最常被报道的好处就是低成本。核心企业通过实施供应链管理可以通过一种成本合理的方式来满足顾客的特定需求。供应链管理就是致力于将需求服务的成本降低到最低水平。供应链管理使得供应链中废品减少、订单周期压缩、灵活反应和最小化成本，这些好处都将传递给最终顾客。在这种情况下，供应链及其成员就应该把精力放在顾客利益指标上，关注这些指标被实现的程度和那些阻碍这些利益实现的因素。影响顾客满意度的因素主要包括产品质量、柔性和订单周期。顾客满意度的提高意味着企业产品未来需求的增加，市场份额的增加，同时还会形成品牌和信用等无形资产增值。供应链管理属于典型的横向管理模式，它较纵向管理模式的进步之处就是它是一个学习型组织，永远处于不断的进步中，这也是组建供应链的初衷。随着供应链的实施，核心企业的市场占有率的上升、品牌和信誉等无形资产的增值、学习和成长能力的提升、对系统内上下游企业了解程度的增加等，所有这些在为企业带来产品市场利润回报的同时，还会极大程度地影响潜在投资者对公司的估价，这会通过金融市场上的股票价格得以体现。

随着大企业的不断成长，企业需要保持的核心资源逐渐增加，这些资源包括设备、员工等。进一步使得企业的可控资源逐渐增加，这就使得改变资源管理方式的需求日益强烈，而实施供应链正是改变资源管理方式的一个有效途径。通过实施供应链，员工知识得以增加，使得员工利用大企业内现存资源可能从事的服务数量增加，这进一步增加了未曾利用的机会，构成了企业剩余资源的一个重要组成部分。而企业剩余资源直接诱导企业进行规模的扩大。企业规模的扩大又使得生产资源增加，如此循环。然而，随着大企业的持续成长，企业资源规模越来越大，所需要处理的信息总量也越来越大，与之配套的信息管理能力总量要求也越高。一方面，资源规模总量越大，所需要的日常信息管理能力总量也越大。如果管理能力总量不变或者增长速度低于企业规模的增长速度，必然会导致在应付完越来越多的日常管理事项后，“剩余管理能力”将越来越少。另一方面，内部资源与上下游企业客户之间的关系越来越复杂，彼此之间需要交换的信息也迅速膨胀，这大大增加了信息管理的复杂程度，如果不能高效地进行信息交流与传递，即拥有很强的信息管理能力，之前具有的能力由于没有动态地发展以适应新的、复杂的外部环境而造成错误的决策（供应链中的“牛鞭效应”就是其中的一个例子），这时的能力将会被淘汰，因此，企业管理团队总的管理能力会下降，进一步使得管理团队的剩余管理能力减少，这些都加大了限制企业成长的风险，构成企业持续发展的阻力。但是，需要注意的是，随着企业的成长，外部资源规模的不断扩大，供应链系统的不断磨合、运行，可能出现供应链联盟的管理模式，处理这些新的管理问题的经验积累，整个企业的管理知识总量也将增加，相当于企业整体的管理能力得到提升，渐渐地，各种新增加的管理问题可以由常规管理系统接管，而整个管理团队的剩余精力又被释放出来，同时也大大降低了各种风险，从而能够支持新一轮的企业成长。

第2章
供应链与供应链管理相关理论

2.1　供应链与供应链管理基本概念

2.1.1　供应链（SC）的概念

虽然关于供应链管理的文章众多，但是还没有形成统一的针对供应链的定义。其中采用最为普遍的定义（Houlihan，1985；Jones and Riley，1984；Stevens，1989；Scott and Westbtook，1991；Lee and Billington，1993；Lamming，1996）：供应链是包括供应商、制造商、分销商、零售商、顾客在内的系统，在该系统中，物流从上游（供应商）向下游（顾客）方向流动，而信息流双向流动。

其他学者将战略性的决策作为供应链的特色，其中包括 Oilver and Webber（1992），他们认为供应链应作为一个单独的实体存在，由战略性的决策所支配。他们强调系统集成是促使 SCM 成功的主要因素。Gentry（1996），O'Brien and Head（1995）考虑到在对供应链进行管理的过程中，不可避免地要受到政府规整制度的影响，因此将政府引入到链条中。

国家标准《物流术语》对供应链的定义是：生产及流通过程中，涉及将产品及服务提供给最终用户活动的上游和下游企业所形成的网链结构。另外，Haul Lee（1992，1995）、Evens（1994）、Phillip（1996）、Wendell（1995）、陈国权（1999）、张青山（2003）等都对供应链加以定义，但各自的侧重点不同，涉及的范围也不同，所以没有形成统一的定义，但普遍都强调了顾客需求活动的有机整体性及供应链的增值作用。

2.1.2　供应链的特征分析

从供应链的结构模型可以看出，供应链是一个不断发展的动态网络结构系统，由围绕核心企业的供应商、供应商的供应商和客户、客户的客户组成。每个企业是一个网络节点，节点企业和节点企业之间是一种需求与供应的紧密合作关系。马士华等（2000）、孙元欣（2003）认为供应链主要具有以下特征：

（1）供应链是一个复杂网络的系统。首先，受不同外部经济环境、不同行业、不同生产技术和不同产品的影响，会产生不同形态结构、不同行为主体构成和采用不同控制方式的供应链。其次，同一供应链上的各种行为主体，如制造商、供应商、零售商等，可能具有不同的甚至是相互冲突的目标。由此，对于某一企业来说，找到最优的供应链发展战略，其本身就是一项具有挑战性的工作。此外，因为供应链节点企业组成的跨度（层次）不同，供应链往往由多个、多类型甚至多国企业构成，所以供应链结构模式比一般单个企业的结构模式更为复杂。

（2）供应链是一个动态变化的网络系统。供应链因企业战略和适应市场需求变化的需要，其中节点企业需要动态地更新，这就使得供应链具有明显的动态性。消费需求在不断变化，即使制造商和销售商能够较准确地得到某些消费信息，例如各种合同与订单，还需要面对消费季节性波动、消费趋势、广告、促销、竞争对手的定价策略等因素，这些因素直接影响成本构成和计划的制订。供应链管理的目标，既要满足消费需求，又要实现系统成本最小化。然而，消费需求和成本结构参数都是随着时间不断变化的，这增大了供应链管理的难度。另外，还受行业竞争的制约。最后，原材料供应商、制造商、物流者和销售商等合作伙伴的组成结构和行为方式，也需要不断优化组合。

（3）以客户为中心，满足市场客户需求。这使供应链上的供需匹配成为一个持续的难题，从而导致了供应链上的消费需求和生产供应，始终存在时间差和空间分隔。通常，在实现产品销售的数周或数月之前，制造商必须先期决定生产的款式和数量。这一决策直接影响供应链系统的生产、仓储、配送等功能的容量设定，以及相关的各种成本构成。而供应链的形成、存在、重构，都是基于一定的市场需求而发生，并且在供应链的运作过程中，客户的需求拉动是供应链中信息流、产品/服务流、资金流运作的驱动源。这些供应链上的供需匹配隐含着巨大的财务和供应风险。

（4）供应链是一个价值链与实体网络交叠的利益共同体。网络节点企业可以是这个供应链的成员，同时又是另一个供应链的成员，且每个网络节点企业还有自己的供应链，众多的供应链形成交叉结构，而每个供应链都追求运作高效率与低成本，力求实现整体利益最大化，这增加了协调管理的难度。

总之，供应链的以上特征对供应链管理来说是一个巨大的挑战，同时也增加了供应链的风险。

2.1.3 供应链管理（SCM）的概念

关于 SCM 的定义还没有达成共识（New，1997；Lummus et al.，2001；Mentzer et al.，2001；Kauffman，2002）。Houlihan（1985）被认为是第一个提出供应

链的学者，但是对于什么是供应链的管理，不同的学者有不同的看法。Kathawala and Abdou（2003）认为对 SCM 的定义还相当不完善，人们头脑中对 SCM 的认识存在着相当大的可变性。Mentzer et al.（2001）针对上述说法，提出了一个相对广义的定义，该定义没有局限于特定学科，充分反映了 SCM 问题的广度：供应链管理是公司内部各职能部门之间、供应链内各企业之间系统的战略性的合作，其目的是提高单个企业和整个供应链的长期绩效。(Mentzer et al.，2001)。

马士华（1998）认为，供应链管理是通过前馈的信息流（需方向供方流动，如订货合同、加工单、采购单等）和反馈的物料流及信息流（供方向需方的物料流及伴随的供给信息流，如提货单、入库单、完工报告等），将供应商、制造商、分销商、零售商和最终用户连成一个整体的模式 。Cooper et al.（1999）认为 SCM 是指从最终用户到提供产品、服务和信息以及增加客户和其他利害关系者价值的原始供应商关键经营过程的集成。国家标准《物流术语》对 SCM 的定义是：利用计算机网络技术全面规划供应链中的商流、物流、信息流、资金流等并进行计划、组织、协调和控制。虽然定义不同，但基本思想是一致的，都强调一种集成的管理思想和方法，把供应链上的各个环节有机结合，实现供应链整体效率最高。即指企业通过整合供应链的关系，优化供应链中的信息流、物流、资金流，以获得企业的竞争优势，使企业提高市场反应速度和综合竞争能力。而核心企业（Flagship Firm）是供应链全体合作伙伴公认的具有核心地位的企业，它通常是一个供应链中市场机遇的发现者和供应链合作关系构建的发起者。

马士华（2000）认为，供应链管理主要涉及四个核心领域：供应、生产作业、物流和需求，具体如图 2-1 所示。

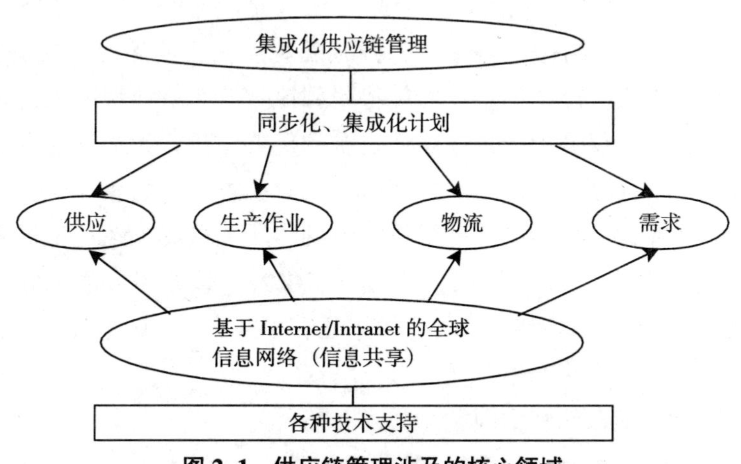

图 2-1　供应链管理涉及的核心领域

2.2 供应链集成模式分析

Prahalad 指出，组织若不能迅速适应动态的竞争现实，不能以创新方式去重组实体和智力资源，这些将成为竞争劣势的根因。其所谓创新方式即指无疆界的思维，借之建立新的协同合作、学习与生产模式，并塑造组织成功新范式：速度、柔性、集成以及创新（Ashkenas et al.，2002），这些主要成功要素是评价网络的指标，也是价值链的目标，在这些思维的影响下，战略网络始具备战略价值，有战略价值的网络才会具有竞争能力，而竞争优势则是在此战略网络的基础上，集成个别资源与能力，并产生效益，发挥作用。

2.2.1 关系地租（Relational Rent）

供应链是一种混合型网络。许多研究结论认为“企业间关系”是专用的战略性资产，该资产内容包括企业间之信任、承诺、行为规范等，这些资产是竞争优势的来源之一。通过将个别企业资源、特有能力结合，不仅有协同效益，而且个别企业的资源与能力因其投入与作用的分量而决定了个别企业的竞争地位（Borys and Jemison，1989）。对于“企业间关系”能否成为战略性资产及成为战略性规划的一部分，基本上需视其集成效益而定。这种看法意味着专用资产并不必然产生“关系地租”，如果关系性资产能成为核心企业的专属资产，其他竞争网络想模仿或取代就很难。Porter 产业结构优势论与资源基础观点优势论解释超常利润的原因，忽略一个重要的事实，即个别企业的优势受到该企业与所处网络的关系影响。因此探讨竞争优势时，仅着重于企业内部资源的优势分析，无法显现供应链的集成优势。Dyer and Singh（1998）以企业间关系为基础，针对企业网络的常规（Routines）和作业程序分析，探讨维持企业网络所创造的关系地租机制。这一机制其实是价值链改造方案（Ashkenas et al.，2002），该方案认为供应链应依网络观点改造其企业的“基本假定”，建立以下运营模式：

业务运营计划由协调产生；

广泛分享信息和合作解决问题；

制定一致而公平的会计、衡量和赏罚制度；

协同销售流程；

资源共享。

关系地租是此种模式下的绩效点。事实上，企业要先组合、交换或投资某些特有资产、知识、资源/能力，并且具备有能力将这些资产、知识、资源/能力整合的治理机构，才能获取关系地租。以下将探讨关系地租的四个主要来源（Dyer and Singh，1998）：

（1）特定关系资产。资产要能产生地租及具有战略价值，就得有特殊性。Williamson（1995）定义资产的特殊性为下列三种类型：地点特殊性、实体资产特殊性及人力资产特殊性。各种类型的资产均可对特定关系发生作用。许多研究发现，对特定关系资产的投资是通过降低价值链成本，较大的产品差异化，以及较快的产品开发循环而产生关系地租；之后，值得注意的是，有两个情形会影响交易伙伴获取关系地租的能力，首先是为防范投机而设置的维护机制通常成本较昂贵，这种机制持续期间长短关系着交易伙伴投资特定关系资产的能力与意愿；其次是交易伙伴间交易总量（Scale）及交易项目（Scope）亦会影响资产的专用性，例如对已达经济规模的企业，即可以专用资产替换通用资产以增加生产力。对此，Williamson（1995）认为对频度与重复性高的交易，可以采用更专业与复杂的治理机制。

（2）企业间知识分享体系。许多研究发现组织间通过协同合作而彼此学习对提升竞争优势有显著效益，如许多创意来自顾客或供应商的建议，因此普遍认为与顾客、供货商有通畅的知识分享体系的企业比缺乏这种机制的企业，其创意与创新能力会有更好的表现。Koput et al.（1996）在其对生物科技产业的研究中发现，生物科技厂商的创新技术许多是来自网络内各企业的集体智能，而处于竞争劣势的厂商则无法凝聚这种学习网络，足见知识分享是创造“地租”的重要渠道。有学者在探讨供应链管理时提出知识链概念，认为知识链是构建核心竞争力的基础，其与外部环境知识网连在一起，企业的知识链能够与外界的知识网进行动态匹配与沟通互动，以实现最佳知识节点定位（刘冀生等，2002）。那么，究竟何种知识具有分享价值而且能产生企业间的关系地租，根据一些学者的说法，这类知识分为两种：信息；诀窍（Know-how）。信息是可以整理、传递而不怕失去完整性的知识；而诀窍则指难以详细整理，不易模仿及传递的知识，由于后者较可能产生可持续的优势，因此，这类知识的分享效果较显著。不论何种知识，只要能形成价值，必得交易伙伴对知识具有吸收能力，并能将知识转换为商业用途；另外，也要提供足够的诱因使企业愿意更为透明地与其他企业分享其知识。

（3）互补性资源整合。在许多情况下，企业单独利用其自有资源不如与其他企业的资源配套来得有利，这表示其资源有互补性，因此集合利用会产生较高的地租。互补性的前提是这些资源具有独特性，不可分性，这些特性提供企业形成联盟或网络的诱因。Oliver（1997）认为，企业联盟让企业购得在要素市场无法随时购买到的资产与能力，特别是那些特殊专长、企业声誉等。企业伙伴各自提供互补性的资源形成比原来个别企业更稀少、更难模仿的综效资源，由此，具有更强的竞争地位。然而，并非所有资源均具互补性，因此在结成联盟前即应评估资源的互补潜质；但是考虑到内部评价能力，以及信息完整性，评估比较困难。尽管如此，这对一些供应链的核心企业是相当重要的课题，什么样的企业与本企业能有互补性以及如何去评价互补性。若没有一套完整的方法去解决这些前端的事项，供应链的效果可能会受到影响，因此有些企业会设置专职机构，负责寻找互补性厂商及评估其能力及资源的配套可能性。评估时，经验值和信息的完整正确决定评估的质量。当然，质量并非是企业成功互补的唯一关键要素，另一个需要注意的问题是"组织互补性"（Organizational Complementary），包括企业决策过程、信息及控制制度和文化等（Kanter，1994）。战略性资源虽已具备互补潜质，但是如果没有制度与文化的磨合，仍然无法具体实现关系地租。

（4）有效的治理机制。依据交易成本理论的论点，治理机制会影响交易成本以及合作伙伴投注价值创造的意愿。一项资源专用化程度越高，对此项资源持有者的风险较通用资源大，因此要减少风险，降低成本，增加价值，就需要设置一套有效的治理机制。治理机制大致上分为他人强制与自我强制两种，一般说来在降低交易成本与创造价值上，自我强制机制要比他人强制机制有效，其原因包括：由于彼此间对公平分配报偿的互信，降低商定合同的成本；由于未订合同，而不必利用他人来监督合同的执行，也不必因状况改变而费事进行合同的增修。不过，尽管非正式的自律治理机制在成本与基于互信的潜质表现较为优越，但因其需要花时间去培养与漫长的互动磨合过程，以及"信任悖论"（Paradox of Trust）所述的对信任的滥用和不设防的交易等，因此许多供应网络不会单用一种，而会交叉运用两种或两种以上的治理机制。

关系地租观点的竞争优势理论有别于资源基础观点与产业结构观，前者以联盟或网络为适用对象，其前提是企业采取供应链关系的战略，否则无法由个别企业产生关系价值（Zajac and Olsen，1993）。此观点与资源基础观点大不相同，因为资源基础观认为企业应保护其有价值的独门技术，以避免核心技术泄露，而关系地租观点则强调知识分享。对企业而言，如何取舍绝非易事。Dyer and Singh（1998）建议采取分享战略时要考虑知识交流的期待价值是否超过知识泄露在优势地位上的损失。尽管如此，企业在心理层次的疑虑有时仍旧是很难估计的，因此供应链的关系模式会有许多类型，基本上都是为了建立防护措施。

2.2.2　信息分享

针对供应链交易伙伴信息分享的研究是近年的热点，这些研究主要探讨涉及单层或多层零售商的需求信息联系，面向市场紧张的竞争局面，不限于需求信息，实际上企业如何集成与协调彼此的信息系统，使成为有效率、有效能，以及及时响应的系统，是一个极为重要的课题（Sikora and Shaw，1998）。企业间的信息系统，依其紧密程度与作用分为三个层次，即沟通（Communication）、协调（Coordination）和合作（Cooperation）（Premkumar，2000）。沟通层次的企业间信息系统仅是利用电子计算器取代纸张、电讯传输，进行传送交易资料，交易资料仍需人工处理，且与内部系统未作集成。协调层次的系统则指企业间交换的资料和内部系统集成，因此，系统全自动地传递生产排程、交期、及运输路径等，省却人工操作，在这一层次，交换的资料越多，表示双方信息系统关联越密切。至于合作层次的企业间信息系统则指交易伙伴设定共同的目标与绩效指标。基于此，通过信息交换达成某些较高的战略性需求，譬如产品共同开发，一体化的物流系统等。Lee and Whang（1997）探讨“长鞭效应”时，认为供应链是克服“长鞭效应”的方法之一，即为信息分享。上游企业能及时得知下游的需求及库存信息，随时更新需求预测及供货，下游企业成为被动型的交易伙伴，提出可利用两个信息分享的协调机制：

（1）持续补货规划系统（Continuous Replenishment Planning，CRP）。这一机制由零售商将销售点的信息用信息系统传递给上游供货商，改变供货商的预测模型，增加其预测的准确度，以规划存货的分配与生产数量、排程作业。由于供货商通过掌握零售端信息，而自动地按其存货水平、提前期及安全库存自动持续地补货，因此供应链的成员企业全局存货水平下降，减少缺货率与存货持有成本，因而创造顾客价值。利用这一机制，快速响应（Quick Resposne，QR）及有效顾客响应（Efficient Consumer Response，ECR）成为可能。两者均指在成本最优化的前提下，让顾客满意，包括产品品项管理、销管点信息反馈及投诉处理等。

（2）供货商管理存货系统（Vendor Managed Inventory，VMI）。VMI 的概念出自沃尔玛百货（Walmart）的供应管理制度。整个供应链的存货管理由供货商主导，通过电子资料交换（Electronic Data Interchange，EDI）等信息技术，供货商有权进入零售商的存货系统了解其库存信息，同时零售商必须将其营销活动及顾客订单的汇总资料公开给供货商，由供货商建立需求预测及作生产规划，各个零售端点的需求数量与交货时程也是由供货商决定。因此，供货商与零售商间不存在过多的谈判与协商，不仅减少交易成本，而且有效控制全局存货水平。

以上两个信息分享的协调机制，其目的都是在降低供应链中因信息扭曲导致全体缺乏效率及生产资源分配不当的问题。①Baner Jee（1994）探讨在一供货商与多零售商的情况下，用 EDI 技术改善信息传递的时间差距，以相关成本最小化为前提，求得最适存货水平的模式；②Gavirneni et al.（1999）了解传统供货商仅有零售商的历史资料；③供货商了解零售商的需求及下单的或然率分配且供货商可实时取得零售商的需求信息；供货商全盘了解零售商的状况三种情境研究供货商的产能、库存以及信息掌握度，与零售商的需求或然率分配值间的数学关系，进而评估供货商因不同信息情境的效益差异。Lee et al.（2000）研究简单的双层供应链（即一制造商与一零售商）。在有信息分享与无信息分享两种情境下，利用制造商订货数量的平均数与变异数评估受信息分享影响的存货数量减少与相关成本节省的幅度而计算出信息的价值。前面若干研究的结论均对信息分享的价值持正面的看法。Gavirneni et al.（1999）认为三个情境中，情境③比其他两个情境有利（库存持有成本节省），而情境②又比情境①有利，因此，结论是信息分享经常是有利的。Lee et al.（2000）认为在制造商分享信息的方案下，平均存货量与成本显著下降，因此，亦认为零售商的需求信息对制造商是颇具价值的。

有许多企业尝试借改造供应链的方案改善其效率，其内涵在于加强供给需求的配合度，以降低存货持有及缺货成本，这种看法是信息分享的实际意义所在。所谓供给需求的配合度，即是需求的准确度，需求信息的扭曲是形成“长鞭效应”的主要原因，其造成供货商需求预测粗糙、低产能利用率、过多存货以及不良的顾客服务（Lee et al.，2000），因此需求信息是信息分享的中介，其内容为需求预测的依据。本质上需求预测是变异的，此项变异的大小影响生产计划，生产计划是物料需求展开的指令，因而该变异影响了订购数量、提前期、安全数量等，最终导致存货持有成本增加。Chen et al.（2000）发现，更多的需求信息会使需求预测更平滑（Smoother），负向相关的需求比正向相关的需求会引起更大的订购量变异，因此，需求预测模型与需求形态对供应链的绩效有极大的关联性。

Zhao et al.（2002）针对不同需求预测模型与信息共享间的关系进行研究，发现与供货商分享订单信息比分享需求信息更为有利。需求形态、需求预测模型以及产能紧张度影响分享信息的价值，模型越精准，信息价值越高。在某些条件下，分享信息对整体供应链成本的节省高达 60%，包括提高产能利用率。不过，不同条件下，供应链各节点企业共享的利益也不同，供货商改善其全部成本与服务水平最为显著，而且一致性也高；唯零售商在供货商产能过剩的时候，分享信息可能让其全部成本与服务水平恶化，在此情形下，供货商得提供一些激励措施，否则零售商不会愿意参与共享信息。另外，因个别需求预测变异数较合并或协同需求预测变异大，另外有一些学者提出协同（Collaborative）需求预测的概念作为信息共享的手段。事实上，协同预测是合并预测（Combining Forecast）的应用，Bathelor and Dua（1995）曾提出合并预测理论，运用数学方法导出合并预测的绩效变异（以个别预测的误差相关系数为衡量指标）与个别预测的编制方法、时间维度、成员数目间的关系，其研究结论显示合并预测其预测的效用值比个别预测高，其程度因编制方法、时间向度与成员数目不同而异。协同预测是基于此项论点而产生的，指供应链成员各自有其预测方法，唯其预测可以动态调整，随时更新其预测值进而产生补货计划。以往，供应链成员企业为了有效协调一些政策而彼此间分享全部静态资料，包括顾客需求特性、预测方法以及成本结构，这种做法的目的在于降低供应链的长期平均成本；而在协同预测模式下，供货商与零售商联合制定一套预测机制，将此机制纳入个别的补货政策（Aviv，2002）。在实务中，此种模式称为“协同、规划、预测以及补货”（Collaborative，Planning，Forecasting and Replenishment，EPFR），该模式下，交易伙伴共享信息，共同管理某些重要的业务流程，其中预测是重中之重。通过 Internet 以及 EDI 网络，各成员企业协同编制需求预测和生产排程，进而分享决策支持系统和战略。相关研究结果显示，CPFR 会降低供货商的全局性成本，当更多个零售商加入时，其降幅更大（Raghunathan，2003）。因此，CPFR 引起诸多专家的注意，许多企业为了使供应链上的成员企业愿意分享各种信息以提高协作价值，竞相采用 CPFR，成效也相当显著（Aviv，2002）。Yossi Aviv（2002）曾对 CPFR 进行数学模式分析，其研究假设企业处在信息分散处理的单纯供应链环境，因此不可能逐日交换信息而突出协同预测的潜在需要。此项研究结论认为，协同预测的价值在于交易伙伴将预测风险分散，以及个别企业独特的预测能力均有助于提高预测的准确度。

综上，协同预测是共享信息的有效工具之一。供应链的集成在某种角度上指方方面面的协同运作，因而探讨信息共享、协同预测是非常重要的一环。不论何种需求预测模式，要跨过企业界限，进入扩展企业，信息的质量是相当关键性的要素。目前，需求的变异速度与内容，因网络科技而变得复杂而快速，因此，信息分享的环境难度有增无减。如果信息分享的方法不能精进，势必影响供应链的绩效。

2.2.3 同步与协同机制

严格地说，同步（Concurrent，Synchronized）或协同（Collaborative，Coordinated）机制是信息分享机制。O’Neal（1993）指出，整个价值链上，同步或协同机制主要是同步工程（Concurrent Engineering）。同步工程内容包括产品设计阶段，同时考虑其可生产性，而将生产线上的零配件考虑为装配点的必要性，以及考虑导入生产线的难易度。日本企业 Hitachi 甚至把同步工程化为独门技术，而成为权利金收入的来源。实际上，同步工程是顾客导向的行为，由顾客提出或参与产品概念的形成。顾客的需求越来越复杂而多样化，越来越多的企业发现其竞争力或生存空间由产品研发的速度与效率决定。成功的企业利用有组织的产品设计降低竞争环境的不确定性与模糊性，重组过去的产品设计流程，将设计流程延伸至企业外部，与供货商或顾客共构（Koufteros，et al.，2001），由此减少执行工作所需信息与企业已拥有的信息间差距（Galbraith，1977）。同步工程三大基本要素（即早期参与，团队设计，不同阶段同步开始）可以让此信息差距通过面对面沟通而消失。对于跨职能的团队，其成员可以彼此表达关心与相互学习，有助于产品概念的清晰与设计知识的提升。Loch and Terwiesch（1998）对同步工程的沟通问题作出研究，探讨依据产品研发项目特性，有多少作业可以同步化？如何协调这些同步的作业？其将同步化分为时间同步与信息同步，时间同步系指并行操作，信息同步与信息分享意义接近，这种区别成为解决前述两个问题的方法。前述论点基本认为产品设计并行操作可以避免设计瑕疵和设计重工，进而压缩产品上市时程，而不断地沟通与协调产生同步化是必要的途径。同步工程需要跨职能的团队同时间参与规划产品、制程以及采购等作业（Dowlatshahi，1999），一般从产品创新开始，产品创新促使企业不断学习及尝试缩短上市时间，密集的创新产品才能满足顾客需求，同时提升企业本身的技术能力。

许多研究显示，供货商提早参与产品（Early Supplier’s Involvement）开发可以降低成本，缩短新产品上市时间，改善质量，以及提供有助于提高市场份额的创意科技。但是供货商的集成并非易事，需要设置一套能考虑供货商能力、技术复杂性以及风险水平的正式评价机制（Handfield et al.，1999）。事实上，与供货商的集成领域不仅包括新产品开发，还包括存货管理等，但是最能鉴别供货商能力的还是新产品开发。在新产品开发进程各阶段，供货商均可参与，包括创意开发、商业/技术价值评估、产品/制程观念探讨、产品/制程工艺设计以及原型设计和试产，供货商以客观与专业的想法使产品概念更具制造可行性，有别于传统“象牙塔”式的产品设计职能。通过供货商的参与，不但会显著地缩短开发时程，而且可以减少产品失败的风险。此外，由于集成过程加强了彼此间的知识与技能交换，不但可增进供货商的供应能力（包括成本、质量与交期），同时间接强化了企业本身的竞争优势与地位。据调查，全球制造企业购入的原料占其营销成本的50%以上，而且逐年增加（Hanfield et al.，1999；Gunasekaran，1999）。因此，与供货商在原材料的供应与采购的集成上极具重要性。原材料的采购与存货管理是一体的两面，采购战略是供应链管理的核心，学术界与实务界对此领域的研究甚多，其中，如何将采购战略转化为战略性采购较具关键性，在各式各样的采购战略中以达到最高效率与最低总成本者，更具有战略价值且能形成竞争优势（Rajagopal and Bernard，1993）。

竞争优势的表现主要是质量、成本、柔性与技术能力，采购主管了解这些因素后，在选择供应来源、订定合同、评估供货商绩效、辅导供货商等决策上，作出优化选择，如此方能与竞争优势联结。采购的同步化可以用适时采购（Just In Time Purchase）作为代表。适时制度是一种运作的观念，是同步化的体现。从材料的管理、生产线作业，到成品的管理，其集成了采购与生产制度，为增加材料流动的效率而创设“看板”（Kanban）制度，看板数量显示生产线上的材料量，看板量越少表示存货越少，最终以“零库存”为目标。此制度需要“适时采购”的配套，要求供货商使用小量供应线来生产所需，有时候每天供货，有时一天两次，因此，在这种制度下，订单量小，供货次数频繁，有可靠而短促的提前期，货品质量稳定。首先，这种采购模式脱离理论上的优化模式，而以其独特的产业组织结构（如集体技术、终身雇用等）为基础，建立了这种供应链同步作业的典范，并且突出了一些优点，如显著降低存货水平，日本企业的营运资本周转率因而较美国企业优异；其次，适时采购显著缩短提前期而降低安全库存；另外，因减少换线次数而增加排程的柔性；然后，因交货批量小，质量问题易于确认，改善材料质量，确保最终产品质量的可靠性；最后，则为显著的成本节省，通过与供货商的协同关系和紧密的伙伴关系，减少了交易成本与库存成本（Hahn et al.，1983）。

由于适时采购与供应链管理在许多层面上很相似，因此供应链管理经常探讨如下问题，如供货商家数（Riehardson，1993），供货商的绩效评估（Car and Pearson，1999）等，而在这些层面上，同步化的绩效是评估供应链绩效最有效的指标。面对逐渐严峻的市场竞争，企业可能被迫跳出传统的层级式制造链进入同步化的作业模式。同步化将带来三个方面的好处，包括改善质量、降低成本、缩短作业时程，进而让顾客满意以获得顾客长期的忠诚度（O. Neal，1993）。

除了与供货商的协同或同步外，在产品产出后需要考虑的是面向顾客的物流同步化。物流能力根据价值理论的看法可利用“与顾客的亲近度”（Intimacy）与“运营的卓越性”（Excellence）两个尺度来评估（Morash et al.，1996）。“与顾客的亲近度”强调利用差异化服务或产品以及优质的服务内涵，体现顾客价值，包括需求层面者如售前服务、售后服务、交货速度、交期可靠性、迅速响应能力等，以及供给层面者，如铺货面广、区位佳、价格低等，经理人员可以利用前述的价值链分析或SWOT分析，对各个层面的能力逐一检讨，做出改善以提高与顾客的协同性；“运营的卓越性”则强调内部作业的集成能力。依据资源基础观点的竞争优势理论，企业内部职能的集成是核心能力的重要来源，企业积累了集成的竞争优势，最终反映在顾客价值上（Prahalad and Hamel，1990），而企业要保持竞争优势，其提供的服务及提供服务的方式，需要符合大部分顾客的购买原则。

企业内部供应链的集成包括各部门间的互信关系、信息共享、共有决策权以及对结果共同负责，一旦工作上有需要，这些部门集体作业所能展现的能力必须确定能够提供给顾客最佳的服务。协同行为来自合作与自愿，而不是谨守规定，因此，集成成效与各职能间的关系强度有些联系。至于如何规范组织内的协同关系，可以从两个方向来探讨（Kanter，1994）：

（1）运营集成。即建立一些措施，提供给各部门有权限人员以取用信息、资源或任务所需的物，譬如导入信息系统，可以作为思想沟通、资料交换、技术知识分享的媒介，特别是信息传递与资料交换功能已成为现代企业的沟通模式。此外，利用信息系统整合类似职能而删减不必要的作业，不仅提升服务顾客的能力，而且强化各职能或价值链各作业的效率。许多研究认为，供应链的集成顺序应由内部集成到外部集成（Asimhan and Kim，2002），即如果内部集成无法奏效，可以与其他企业集成。

（2）人际关系集成。用来建立部门或职能间的共同价值观，改变为以合作代替对抗的局面。一般需要相关制度配套，譬如部门评价及酬赏制度。企业若要让个别部门摒除本位主义而认定协同的价值，进而愿意分享信息、推介顾客、热诚参与团队，必须建立一套公平合理的评价与酬赏制度。毫无疑问，跨职能的集成可以影响营运循环的作业时间、顾客价值的认知、顾客服务的质量，因此，跨职能的集成与有效的部门关系将影响物流的绩效。

有不少企业（如Dell）发现物流可以成为差异化战略的工具，但若物流未经同步化，则仍无法表现优势。因此，物流能力必须是在顾客导向的观念下，将相关的作业一体化能力，包括快速响应、准时供应等，通过精确的库存管理，快捷的运送能力（如第三方物流）、严格控制的产品退货率、稳定的质量以及低顾客投诉或完整的投诉处理等，取得较高的顾客满意度。如果缺乏协同，则无法响应顾客需求，因此无法实现顾客价值（Ellinger，2001）。

2.3　供应链管理研究的演进

SCM 源于物料管理、货物流通、职能物流（不同管理者负责不同职能）和整合物流（单一管理者负责所有职能）这一演进轨迹。Forrester（1958）首次在职能物流基础上进行创新，利用系统分析方法说明了影响成长、波动和衰退的决定性力量，发展了一个完整的公司模型用以描述信息流、物流、人力资源、装备和资金流的流动。Bowersox（1969）首次讨论了整合物流，同时简单涉及供应链方面问题。Langley（1992）建议了发展四阶段：成本控制；利润导向；物流作为主要产品差异性；物流主要的战略优势。Pohlen（1994）总结了物流演进三阶段：职能物流（1960~1970）；内部整合（1980s）；外部整合（1990s）。La Londe（1994）说明了整合物流发展三阶段：货物流通（Physical Distribution）、内部链接（Internal Linkages）、外部链接（External Linkages）。

不同学科（包括营销、经济学、系统动力学、运筹学、管理科学、运作管理等）也为 SCM 的发展做出巨大贡献。如营销学中的延时思想（Anderson，1957）就被 SCM 加以运用并发展，用以解决库存管理和控制问题（Jones and Riley，1984；Lee and Billington，1995；Zinn and Levy，1988；Zinn and Bowersox，1988）。

Forrester（1958，1961）运用经济学和系统动力学说明了供应链上游存在不确定性放大问题，也就是现在常说的“牛鞭效应”或“Forrester 效应”（Lee，Padmanabhan and Whang，1997；Berry and Naim，1996）。

OR/MS 和运营管理应用更是广泛：多层次库存模型（Clark and Scarf，1960；Clark，1972）、工厂和配送中心选址模型（Geoffrion and Graves，1974；Cohen and Lee，1988；Revelle and Laporte，1996；Camm et al.，1996）、订单分配计划（Anupindi and Akella，1993）、精益生产（Lamming，1996；Levy，1997）、快速响应（QR）（Fisher，1997）、供应商管理库存（VMI）（Cachon and Fisher，1997）、准时供应（JIT supply）（Leenders，Nollet and Ellram，1994；O’Brien and Head，1995）。

近年来，经济学甚至社会学的理论陆续被引入，用来研究供应链问题，如博弈论与激励理论（Cachon and Zipkin，1999；Chen，1999；Cachon G.，2001；Kimbrough S.，2002；Pedro M. Reyes，2006；Li Ming Wang，2007）、RBV（Bharadwaj A.S.，2000；Fang Wu，2006；Tomas M. Hult，David J.，2006；Mark Barratt and Adegoke Oke，2007）、关系理论（Martin Hingley，2001；Caroline Emberson and John Storey，2006；Antony Paulraj，2007）、交易成本理论（Varun Grover，2003；Thomas Y.，2006；Weiling Ke and Kwok Kee Wei，2007）等。表 2-1 是按照时间顺序说明 SCM 的研究发展情况。

表 2-1 SCM 发展沿革

时 间	作 者	内 容
1957	Alderson	首次阐述了延时的概念
1958/1961	Forrester	说明了放大的上游需求不确定性
1960	Clard and Scarf	多层次库存管理模型
1969	Bowersox	整合物流
1974	Geoffrion and Graves	多种商品的分配系统设计
1977	Heskett	物流—战略重点
1985	Houlihan	提出供应链管理（SCM）
1988	Zimm and Bowerson	对延时扩展性应用
1993	Lee and Billington	分散供应链
1995	Bloemhof-Ruwaard et al.	绿色供应链
1996	Gentry	战略性的供应伙伴
1997	Lee H.L	牛鞭效应
1997	Cachon and Fisher	供应商管理库存（VMI）
1998	Beamon BM	供应链模型构建
1999	Beamon BM	供应链绩效评价
2000	Lee HL	信息共享与传递
2001	Guide and Van Wassenhove	逆向物流
2001 2004	Gunasekaran A	供应链绩效
2001 2004 2005	Cachon GP	供应链合约
2002	Zhao XD	预测模型及应用
2003	Pant，Sethi and Bhandar，etc.	电子供应链
2003	Sarkis	绿色供应链
2004	Nagurney and Toyasaki	逆向供应链

续表

时　间	作　者	内　容
2004 2005	Chan FTS	供应链模型构建
2005	Christopher and Gattorna	供应链中的成本管理
2006	B.Tomlin	供应链风险
2007 至今	Kevin B；Dehning et al.	供应链系统与企业绩效实证研究

2.4　供应链管理研究分类与热点问题

2.4.1　供应链管理研究分类

由于 SCM 的研究涉及多学科、多领域，形成了 SCM 研究的多角度和内容的多样性，再加上其本身的发展历史也比较短，目前对 SCM 研究的主要内容以及学派划分还没有一个比较统一的观点。

Becthtel and Jayaram（1997）将供应链管理研究分为五个学派以概括供应链研究的内容，这五个学派分别是：①功能认识学派；②整合过程学派；③物流学派；④信息学派；⑤未来学派。而根据供应链结构和功能，Johnson（1999）提出了供应链研究的 12 类问题：选址、运输和后勤、库存和预测、市场和渠道重构、采购和供应商管理、信息和电子媒体环境、产品设计和新产品投放、服务和售后支持、逆向物流和绿色问题、外包和战略联盟、评价和激励、全球化问题。

Ganeshan（2000）则从战略层面（目标、设计、竞争优势、历史视角）、策略层面（关系开发、一体化运营、运输配送、系统）、运营层面（库存管理与控制、生产计划与排程、信息共享、协调与监控、运营工具）加以分类。Hvolby（2002）指出了当前供应链研究中的六个重要问题，包括供应链信息共享与监控系统，供应链的多级协调以减少库存，不同管理层次下的联合计划，减少供应商以提高协调效果，提高运作、信息和库存流动的速度以及供应链成本与费用共享。

虽然上述分类各有不同，但总的来看，SCM 的研究主要包括如下几方面：供应链优化；供应链合约；供应链中 IT 应用；供应链信息沟通；供应链战略；供应链整合；供应商管理；成本管理；绩效评估；逆向供应链；绿色供应链。

2.4.2 供应链管理研究热点问题

2.4.2.1 电子供应链的研究进展

互联网、信息技术以及电子商务很大程度上促进了供应链的发展，应该说，供应链热潮的兴起，互联网、信息技术以及电子商务功不可没。技术改变了信息传递的速度、信息的准确性以及商业模式，也在很大程度上改变了供应链，为供应链整合提供了很好的契机。根据我们对 SSCI 上录用供应链类文献的统计，2003 年发表的电子供应链文献突然增多，2004 年又恢复正常。总而言之，电子供应链是供应链研究的一个重要领域。

（1）互联网和供应链发展。在供应链管理中，互联网的应用越来越多，对互联网的应用也开始从漫无目的地应用新技术转向了有着具体期望和目标的有计划的应用。Lancioni，Smith and Schau（2003）探讨了互联网在供应链中的应用模式和具体应用。互联网的应用促进了信息流动，从而促进了供应链中商业流程的整合。不仅如此，互联网还促进了市场机制的运用（如拍卖），促进了价格竞争。Garcia-Dastugue and Lambert（2003）提供了一个关于互联网如何发挥作用的分析框架。

Lancioni，Schau and M. F. Smith（2003）则介绍了互联网技术对供应链管理的影响。而 Rahman（2004）则使用了印度的企业作为案例分析对象，探讨了互联网在供应链管理中的具体应用过程。

（2）信息技术和供应链发展。信息技术的发展对供应链的应用和发展产生了很大的影响，对供应链的发展有很大的促进作用（Subramani，2004）。Premkumar（2000）从信息处理的视角，研究了组织间信息系统和供应链管理的间的关系。作者重点论述了组织间信息系统对供应链管理的潜在利益、需要处理的管理事务以及信息系统实施的指导原则。然而，信息技术在不同供应链中的应用情况差别很大。是什么因素影响了信息技术在供应链管理中的应用呢？ Patterson，Grimm and Corsi（2003）指出，企业规模、组织结构、供应链整合战略（与组织战略）、财务业绩、伙伴压力、环境的不确定性都是重要的影响因素。

很多学者也研究了供应链软件的体系架构、具体开发策略，如 Chandra and Kumar（2001）做了供应链整合的企业级架构框架分析，Akkermans 研究了 ERP 系统对供应链管理的影响，Doran（2003）则对模块化在供应链管理中的意义进行了分析。Holland（1995）通过案例研究了组织间信息系统对供应链组织结构和管理的影响。Pant、Sethi and Bhandari（2003）则研究了电子供应链系统的选择和实施战略。Helo and Szekely（2005）分析了一个能够辅助解决供应链协调问题的物流信息系统。

电子数据交换对供应链中各企业信息共享发挥了很大作用。然而，调查显示，企业视 EDI 为改善效率而不是促进供应链整合的工具。企业更愿意迎合客户而不是供应商（Hill、Scudder，2002）。Zeng and Pathak（2005）研究了如何通过 B2B E-hubs 实现信息整合，他们针对采购和运输的情况进行了研究。

供应链管理的本质是供应链的协调和整合。在供应链的整合中，信息技术和电子商务如何发挥作用呢？Frohlich（2003）发现，对于供应链绩效来说，供应链中的电子整合具有积极意义。他探讨了电子整合的障碍，指出企业内部的障碍要远远大于企业间的障碍。

随着互联网的发展，电子市场也开始发展起来。Skjott-Larsen、H.Kotzab and Grieger（2003）研究了互联网驱动的电子市场和供应链间的关系。他们指出，不同的买卖关系需要不同类型的电子市场，同时给出了买卖关系——电子市场类型对应表，帮助人们正确选择电子市场战略。

（3）电子商务和供应链发展。随着互联网技术的发展，过去的一些障碍因素，如高昂的交易成本、量少而质劣的信息、部门间以及组织间的复杂关系和壁垒等逐渐消除。Johnson and Whang（2003）从电子交易、电子采购和电子协作三个角度出发，针对电子商务对供应链的影响展开了研究。

电子商务的发展影响着供应链的全球应用，Murillo（2001）认为，电子商务的发展是在制度和电子基础设施等外部环境因子的影响下发展起来的，他分析了电子商务的演变历史，并且分析了影响因素（如互补资产和制度）。

人们意识到，电子商务应用在供应链管理中的重要作用后，就开始关注电子商务在供应链中的应用战略。Cagliano、Caniat and Spina 找出四类电子商务战略，并分析了这四类战略与相关影响因素及供应链整合机制的关系。他们在调查中发现，互联网技术的使用和公司与客户、供应商的整合程度密切相关。

组织间信息系统的设计和使用会涉及供应链中强大的参与公司的战略利益以及他们间的争斗。Webster（1995）利用技术的社会学观点（即技术还是经济和政治问题）对此进行了研究，并得出结论：电子交易网络更多地受到竞争环境的影响，而不是流行管理理念的影响。

2.4.2.2 供应链中的机制设计问题研究

一个市场中可能有多个供应链利益共同体，每个供应链包含着多个经济主体，他们都有自己独立的利益追求，他们的追求目标是不一样的，甚至是互相矛盾的。事实上，局部最优的行为可能并非全局最优（Whang，1995）。“囚徒困境”是一个典型的例子。供应链整合的目的是从供应链整体的角度考虑，最大化全局利益，摆脱传统上各自为战，然而大家的利益都受损害的局面。

从产业的角度，各个供应链实体可以选择合作，也可以选择竞争。这是由市场结构决定的，作为市场主体的他们，也可以策略性地做出自己的选择。从一个具体的供应链整体来看，有两种情况需要我们考虑，一种是在供应链中，各个经济实体利益密切相关，甚至具有共同的目标，接受统一指挥。另一种情况是供应链中的经济实体进行分散化决策，有不同的利益追求。后一种情况将是我们重点研究的对象，因为利益冲突以及信息不对称，后一种情况存在着我们所说的“局部最优，全局不最优，从而导致局部也很差”问题。可以通过合作、合理的制度安排和技术安排，来改善传统做法。

我们面临的最本质的问题是：如何让供应链中的各个成员做出最优决策？决策的依据是信息，决策的准则仍然是个体利益最大化。充分的信息能够消除不确定性，增加决策的质量，改善决策者的利益。如果合理的机制设计可以使个体利益和供应链整体利益一致起来，那么局部最优就是全局最优，局部最优选择就是全局最优选择。一般情况下，不存在这么一个全局操纵者，但是供应链中的某些成员却有权力设计“游戏规则”，使其他成员根据“游戏规则”选择自己的行动，实现游戏规则设计者的利益最大化。当然，只有成员的利益有了改善，他们才会接受“游戏规则”，这个就是机制设计问题。所以说，改善信息质量，改变信息不对称情况以及设计合理的制度，对于供应链的优化，是非常重要的。

（1）供应链中说真话机制设计。改善信息不对称的情况，让决策者和利益相关者获得充分而真实的信息，可以通过技术的手段实现，如互联网、信息技术以及在此基础上发展起来的电子商务。这在电子供应链部分有比较详细的分析。我们现在主要关注如何通过合理的制度设计（合约等）来使拥有信息的成员真实地把信息传达给需要信息进行决策的一方。

现实生活中，多数产品需求是波动的，上游厂商和下游厂商需要根据需求信息决定生产多少产品，并保持适当的库存，以降低风险和成本。共享需求信息会给双方带来收益（Raghunathan，2001）。然而，在市场处于乐观情况下，下游厂商为了保证自己的零部件有充足的供应，容易夸大需求，因为他们并不承担多余零部件的风险和成本。而上游厂商了解下游厂商的策略，不会完全按照下游厂商预测的需求信息进行生产，从而导致需要的中间产品不能和市场需求很好地吻合，上下游厂商都会因此而受损。

Cachon G. P. and Lariviere M. A.（2001）考虑了下游厂商作为决策者时的随机需求情景。除了考虑完全信息情景下的制度设计外，他们重点分析了不完全信息下的制度设计，上游厂商根据下游厂商设计的可供选择的方案判断下游厂商所面临的真实需求（Separating Equilibrium）。然而，Cachon GP and Lariviere MA（1999）同样在一篇供应商选择生产能力和进行商品供应分配（多零售商）的文章中认为，说真话不一定就能够实现社会最优，甚至利益各方的收益反而会因此而减少。

博弈论中的拍卖理论也被引入到供应链制度设计中，以优化整个供应链效益（Chen R. R.，Roundy R. O.，Zhang R. Q.，and Janakiraman G. E.，2005）。运输成本在这样的模型中第一次被考虑进来，通过拍卖机制，采购人员从服务商那里获得真实信息。

（2）供应链中的机制设计。更常见的情况是，供应链中的决策者不需要知道其他成员所掌握的具体信息，也可以改善自己和供应链的收益。一般来说，上游厂商和下游厂商通过价格来交易，因而价格方案的设计也就成了制度设计的核心问题。供应链合约设计除了可以增加供应链的整体收益外，还可以在供应链伙伴之间分担风险（Tsay et al.，1999）。

Tsay et al.在一篇综述文章中，根据决定企业间关系的条款，找出了以下合约方案：决策权的分配；定价；最少的商品购买承诺；QF；回购和退货政策；分配规则；延迟交付时间；数量。

价格折扣用来协调供货商和零售商，以发现最优定购数量。QF 模型用来解决供应链各方面临时的需求不确定性问题。零售商提供预测，并承诺至少购买预测数量中一定比例的商品，供应商则生产超出预测量一定比例的商品。QF 体系减少了“牛鞭效应”（Bullwhip Effect）（Tsay and Lovejoy，1999）。

Backup 协议与 QF 合同有些类似，零售企业承诺购买一定数量的商品，制造商则保留一定比例（ρ）的承诺商品，并交付其余商品。观察到需求后，零售商可以以同样的价格购买备份数量的商品，但是如果不买就要对每一单位未购买的备份商品付一定的罚金（b）。这一协议帮助零售企业减少需求不确定性带来的影响。Eppen and Iyer（1997）研究了备份协议下的一个随机动态规划模型。他们分析了比例（ρ）和罚金（b）对零售商利润的影响。罚金的增加必然伴随着利用备份协议的降低，而 ρ 的增加则会导致更多地利用备份协议。

在退货政策下，零售商可以把未销售的商品退给供货商。这类协议比较适合流行商品。制造商的生产延迟时间较长，而销售时间很短。零售商决定定购数量，制造商决定批发价格和回购价格。Emmons and Gilbert（1998）研究了退货政策对双方利润的影响。通过实行回购未销售商品，双方的收益都得到了增加。

Cachon and Lariviere（2000）提出了 RS（利润共享）合约，并研究了这一合约对供应链绩效的影响。模型被刻画为（ω，φ），供货商向零售商索要产品成本的 ω 比例，而分享零售商销售商品收益的 φ 比例。Giannoccaro and Pontrandolfo（2004）对利益分享方案做了进一步研究，并建立了三层次模型，分析最优的收入分享方案。

Taylor（2002）提出了制造商奖励给零售商的两种回扣方式：线性回扣和目标回扣。前者是指零售商每销售 1 单位的商品都会得到制造商给予的相应回扣，后者是指只有在零售商销售额度超过某个数额时才能获得这种奖励。他同时分析了何种情况利用何种方式方能实现最优。

Cachon（2001）论述了竞争与合作的选择问题。文章构造了一个 1 供应商 N 零售商的模型。在模型中，成本包含库存持有成本和退货成本。竞争性的解决方案是一个 NASH 均衡解。要决定的变量是订货点。Cachon 讨论了三个合作战略：改变激励（Change Incentives）、改变均衡（Change Equilibrium）、改变控制（Change Control）。作者提供了一系列合同安排，改变企业的激励方式，但并不能保证实现最优。均衡点的改变能够改善绩效但不一定实现最优绩效；改变控制的方式，如供应商控制订货点（VMI 的重要部分），会实现供应链绩效最优化。供应链合作不但要保证合作各方的当期利益，还要考虑长期利益，因而供应链中的创新就显得非常重要。上游企业可以通过战略性价格承诺，来激励下游企业的产品创新（Gilbert and Cvsa，2003）。

供应商可以通过两种渠道销售自己的产品：直销和零售商渠道。那么，这两种渠道可不可以并存呢？事实上，可以构造一个供应商和零售商间的价格设定机制来解决这个问题，而且直销渠道并不总是对零售商有害的（Chiang，Chhajed and Hess，2003）。

在机制设计中，有一个重要的概念，那就是转移支付。也就是说，总是可以通过合理的转移支付方式，使各个成员的选择和社会最优达成一致，使总体利益得到改善的同时，使各个成员的利益都得到改善，或者至少没有损害。Gjerdrum，Shah and Papageorgiou（2001）利用纳什博弈模型，辅以混合整形非线性规划，通过转移支付手段，解决了供应链整体最优的问题。

在对供应链的一般研究当中，多是关注一条供应链，没有考虑到统一市场中多条供应链的竞争。Boyaci and Gallego（2004）则构建了一个具有两个供应链的市场。

三种场景：合作、竞争和混合。作者讨论了均衡服务战略、响应的库存策略以及每种场景下的利润，并进行了比较。结论表明，合作是占优均衡，但是此时双方陷入了“囚徒困境”，情况反而恶化。

供应商管理库存（VMI）是一个很多学者关注的问题，那什么时候 VMI 是管理库存的有效安排呢？Kraiselburd，Narayanan and Raman（2004）对此进行了研究。在消费者会购买同一零售店的替代产品时，制造商和零售商的断货成本是不同的。制造商的损失并不意味着零售商的损失。因此，这种差异影响双方的合约和代理成本，合约则决定着均衡库存水平和补充率。作者构造了一个一阶段的供应链，该供应链由单厂商当零售商组成。并讨论了三种情景：一体化、零售商做决策、供应商做决策。经过比较得出：供应商努力是消费者需求驱动力的情况下，VMI 是有效的方式。但当供应商的努力无关紧要或者替代非常严重时，VMI 会恶化渠道的效率。

2.4.2.3 供应链中的信息传递与共享

（1）“牛鞭效应”。Lee H. L.，Padmanabhan V. and Whang（1997）根据前人的文献，解释了“牛鞭效应”的存在，然后对“牛鞭效应”出现的原因进行了分析，总结出了四个原因：需求信息处理（Demand Signal Processing）、理性博弈（Rationing Game）、批量订单（Order Batching）和价格变动（Price Variations），并进行了论证。作者最后根据提出的“牛鞭效应”出现原因给出了解决这种问题的一些对策。不同于以前文献的地方是，作者建立了供应链的数学模型，用数学模型和数学方法对“牛鞭效应”出现的原因进行了论证。Chen、Drezner and Ryan（2000）对“牛鞭效应”进行了数量验证。模型包含了需求预测和订单延迟两个因素。作者指出，“牛鞭效应”可以减少，但是并不能通过中央命令信息消除。

（2）信息共享的价值。人们在开始采取共享信息的举措，Lee HL and Tang（2000）对共享信息带来的收益提供了一个衡量方法，并辨别了带来这些收益的驱动力。作者设定了一个非静止终端需求的两层供应链模型。他们通过分析得出，信息共享的价值非常高，尤其是当需求和时间高度相关时。Yu ZX、Yan H and Cheng（2001）也指出，增加信息共享程度会产生整个供应链的 Pareto 改进（分散供应链）。而 Cachon and Fisher（2000）则构造了一个确定的随机需求模型，包含 1 个供应商和 n 个零售商。作者比较了共享信息和不共享信息两种情景，得出前者的供应链成本要比后者低 2.2%和 12.1%。作者还通过调查验证了高快和更低廉的订单处理会导致更短的提前期和更小的批量，延迟时间减少接近一半，平均减少 21%的成本，批量减少一半会平均减少 22%的成本。

当然也有不同的声音。Tang（2001）就与以前的学者得出了不同的结论。

Tang 认为，POS 数据的共享能显著使制造商受益。作者认为并不显著（使用 AR 方法）。Jung et al.（2005）研究了信息共享在 VMI 时的情况，并使用模拟方法，得出信息共享会增加收益的结论。

2.4.2.4 最优化与模型构建

Beamon（1998）在一篇供应链评述文章中，根据输入特性和研究目标，把建模方法分为四种：确定模型、随机模型、经济模型和模拟模型。

Ishii 开发了一个确定性模型，来确定最低库存水平和最优延迟时间，以最小化运作成本，同时保证不会出现断货的情况，并最小化过时库存。

Cohen and Lee 描述了一个确定、混合整型、非线性数学模型，该数学模型基于经济定购数量（EOQ）技术，形成了一个“全球资源配置”政策。模型中的目标函数最大化了税后总利润。

Gupta and Maranas（2000）考虑了需求不确定情景下的库存管理，他构造了一个两阶段随机规划模型，以实现客户满意度和生产成本的平衡。Tsiakis，Shah and Pantelides（2001）等人设计了一个需求不确定性时的供应链网络，其中需要决定的变量有数量、位置仓库和配送中心的容量、运输线路以及物料的流动和生产。需求具有不确定性，然而却需要提前做出决策，进行定购和生产。Gupta and Maranas（2003）利用随机规划模型方法，对运作成本和客户满意度进行了平衡。还有文献研究跨国公司如何通过转移定价和运输成本的分配，实现全球化协调，获取最大化全球税后利润。Vidal and Goetschalckx（2001）用线性规划模型解决了这一问题。Nagurney，Dong and Zhang（2002）给出了一个供应链均衡网络模型。他们先识别出网络结构，然后给出均衡条件，根据均衡条件得出均衡。

2.4.2.5 其他研究领域及最新研究方向

关于对供应链进行再设计，以实现更平稳、更迅速地反映这方面的研究越来越多。Berry 等对用来改善供应链绩效的基于 BPR 的战略进行了模型化和模拟，通过模拟模型预测的改善需求放大模式可以用于很多供应链。

Christopher and Gattorna（2005）把关注点放在了供应链中的成本管理。创造性的价格策略和供应链管理可以显著地降低成本，增加利润。作者证明了这一点，并且给出了一个方法，用来发现通过合作的策略来降低成本提高收益的方法。

Nagurney and Toyasaki（2004）研究了反向供应链问题。他们描述了反向供应链中涉及的各种决策者行为，包括污染源、再循环利用者、处理者以及消费者。作者构建了一个多层次的电子化回收网络模型，并且建立了变动的非均衡方程，得出物料流动和价格。

随着研究人员对供应链伙伴关系的重视，人们开始关注供应链伙伴间的信任关系，信任对供应链伙伴关系的影响。Sahay 对供应链合作伙伴间的信任本质和信任的作用进行了论述。

Sarkis（2003）阐述了绿色供应链管理的组成要素，并且分析了各个要素是如何用来支持绿色供应链决策的。Zhu and Cote（2004）则对绿色供应链问题进行了研究，把环境问题引入了供应链管理。

2.5 供应链管理与企业绩效的相关研究

一般来讲，有效的绩效评估系统具有如下特性：包容性、一般性、可测性、一致性（Beamon 1996）。同时，标杆法（Benchmarking）也是一种重要的评价绩效的方法。Camp（1989）对标杆法有深入的分析。Neely et al.（1995）将研究绩效的文献加以分类，包括质量、时间、柔性和成本四个类别。这种分类法是系统分析中的一种有效工具。尽管有大量的研究绩效方法，但是目前还没有普遍可行的绩效评估系统方法。不同类型的系统需要特定的评估系统，因此很难得出普遍适用的方法。因此，以往的工作都是针对特定类型的系统发展出各种绩效评估框架。

Shepherd and Hannes（2005）对供应链绩效评价系统和度量指标的选取做了文献综述，但是他们主要关注的是运营管理方面的文献。事实上，还有许多研究其他层面的绩效评价系统同样值得关注，包括战略管理（Lowe and Jones，2004）、人力资源管理（Soltani et al.，2005）、管理控制系统（Van Veen-Dirks，2005）等。虽然在供应链绩效评价方面取得很大进展，但是有些问题仍有待解决，包括影响供应链绩效评价系统成功实施的重要因素；供应链绩效评价系统的动态性研究；对于中小企业而言，通过绩效评价系统来评价供应链绩效在成本上是否可行等。

20 世纪 80 年代末，美国学者查斯曼（Strassman）调查了 292 个企业，结果发现这些企业的 IT 投资和投资回报率（ROI）间没有明显的关联。对信息技术的大规模投资没能提升生产力水平——这个质疑后来逐渐演变为著名的“生产力悖论”。然而随着市场全球化，竞争强度的日益激烈，不断增加对顾客导向重要性的认识，这些通常被认为是供应链管理被大量采用的催化剂（Gunasekaran et al.，2001；Webster，2002）。在这样的背景下，人们认为通过有效的供应链管理，可以改进企业内部和企业间的关系，进而拥有持续的竞争优势（Ellinger，2000）。供应链管理可以带来的一系列收益包括成本的降低，市场份额和销售量的增加，坚实的客户关系（Ferguson，2000）。众多实践工作人员和研究学者都声称实施企业信息系统可以提升企业绩效（Akkermans et al.，1999；Davenport，1998）。因此，众多学者围绕供应链绩效评价问题展开了深入细致的讨论。主要包括供应链绩效评价指标体系的构建和评价方法的研究（A. Gunasekaran，2001；Beamon B.M.，1996；Lee and Billington，1992，etc.）。大量运营管理方面的文献则研究了如何提升供应链的绩效水平，指出良好的供应链计划和合作会带来诸多好处（Cachon and Fisher，2000；Cheung and Lee，2002；Milner and Kouvelis，2002）。

尽管有一些学者研究了实施 ERP 对财务绩效的影响，但关于实施 SCM 与财务绩效关系的文章少得可怜或者基本没有。而且，现有的关于系统实施与财务绩效关系研究中采用的度量标准、评价绩效的方法、时间跨度的选择也缺乏统一。供应链系统投资和绩效的关系目前还不是十分明确（Kevin B.，2007）。Hayes et al.（2001），Ranganathan and Samarah（2003）研究了 ERP 实施公司的股票市场回应，样本量分别是 91 和 136。Chatterjee et al.（2002）则研究了 112 家实施 IT 技术投资的公司的股票市场回应，上面的研究都发现了 0.5% ~ 0.84%的异常股市收益率，而且结果在统计上是显著的。这表明对于实施 IT 投资公告，市场反应积极。

Byrd and Davidson（2003）与 Vickery et al.（2003）通过发放问卷，进行实证分析，得出 SCM 可以提升企业绩效。Dehning et al.（2004）通过分析 123 家制造企业数据，选取行业绩效中值作为标杆来剔除行业和经济环境影响，发现供应链系统可以增加毛利率、存货周转率，提高市场份额，增加利润和销售收入，并减少销售、一般和行政性支出，进而得出 SCM 的实施与财务绩效存在正向相关。Kevin B.（2007）则进行了更为细致的研究，针对不同类型的信息系统（ERP，SCM，CRM），分别讨论各自对实施企业财务绩效的影响，通过股票收益率和企业盈利能力来反映企业的财务绩效，得出对于实施 SCM 的公司，选取的样本包括 186 家宣称实施 ERP 的公司，140 家实施 SCM 和 80 家实施 CRM 的公司。平均来看，SCM 实施与股票收益率和盈利能力有正相关关系，说明 SCM 实施可以提升企业财务绩效。由此可见，目前关于供应链实施和企业财务绩效的关系研究中，国外得出的结论是在统计上具有正相关关系。国内由于数据问题，还没有相关的实证研究。

2.6　供应链管理研究发展趋势分析

2.6.1　文献统计

表 2–2　1998~2006 年的供应链研究统计（按照研究方法与高引用率文献归类）

论文类型	数量	比例
建模	8	32.00%
概念性/框架	8	32.00%
综述	4	16.00%
案例	3	12.00%
调查	2	8.00%

表 2–3　2004~2006 年的供应链论文（按照研究方法与高引用率文献归类）

论文类型	数量	比例
调查	9	39.13%
建模	7	30.43%
案例	3	13.04%
概念性/框架	2	8.70%
综述	2	8.70%

2.6.2　结论

基于调查方法的论文数量大幅攀升，概念以及理论框架型论文大幅减少，建模方面的论文基本保持不变。20 世纪 90 年代，供应链方面的研究有：信息共享与传递（最典型的如“牛鞭效应”）、供应链战略、供应链优化、绩效考核。关于信息共享与传递，目前学者对其的关注已不如从前，供应链决策优化（如库存、订单等决策）则得到了持续的关注。20 世纪 90 年代 IT 方面的研究也有，但影响力不够。最近几年与 IT 相关的供应链研究逐渐多起来，而且有不少有影响力的论文出现（Subramani M.，2004）。在 21 世纪初，供应链合约方面的研究开始发展，到现在供应链合约方面的研究已经相对成熟。供应链合约主要是基于经济学中的博弈与激励理论，利用数学模型进行研究，可参考 Cachon GP 的研究。

最近几年的新研究点：供应链风险、绿色供应链。尤其值得注意的是，在供应链研究方面，经济学甚至社会学的理论陆续被引入，用来研究供应链问题，如博弈论（Game Theory）与激励理论、资源基础观（RBV）、关系理论、交易成本（Transaction Cost）理论（如其中的专用资产理论）。这是一个很重要的趋势。

第3章
企业成长系统性分析

3.1　企业的本质与大企业成长

企业在本质上永远是一个能力体系，应当以最本质的、同质的东西来规定企业的内涵，这种同质的东西就是能力。本书认为，企业的动态能力是一种企业层面上的整体变革能力，不是一种局部的、特定的经营技能，所以动态能力的外在表现可以用企业作为一个整体在整个生态系统中的变革水平来进行刻画。动态能力越强，企业在环境中生存和发展的可能性越大；反之，动态能力越弱，企业越容易被环境所淘汰。如果将企业能力这样一个长期动态的概念具体化，企业在面临某一次投资决策时所拥有的其他企业不具备的选择权，也是企业能力的重要组成部分。企业能力往往难以在市场上获取，也是难以交易和转移的，只能在企业内部开发和积累形成。在实践中，资源和能力的应用是不可分割的，因为它们之间相互作用。

对企业能力的内涵进行界定，离不开另外两个概念：资源和知识。在现代企业理论中，资源、能力和知识是三个不能分离的概念，使用非常频繁，但对资源、能力及知识的理解、界定是比较模糊的，且表现出同义反复。"基于资源"、"基于能力"和"基于知识"的战略管理理论已成为当今战略管理最活跃的理论，它们既有区别，又有共同之处，在企业理论研究中有明显的融合趋势。为了能够清晰地进行研究和应用三个概念，本书将对它们进行比较和分析。

Grant（1996）指出知识是企业最具战略性意义的资源之一。在动态竞争的市场环境中，企业要想创造并保持竞争优势，就要通过创造新知识、整合开发现有知识来建立其能力（Kogut and Zander，1993）。本书将知识视为企业重要的资源之一。

战略管理资源学派开创人物 Barney（1991）从竞争优势的角度，对企业资源进行了界定，认为企业资源包括为企业所控制的各种资产、能力、组织过程、公司特性、信息、知识等，并可以分为三类，即物质资本资源、人力资本资源、组织资本资源。

企业的成长既包括量的成长又包括质的成长，是量的成长和质的成长的辩证统一，动态持续性发展轨迹是企业成长的外在特征。在稳态环境下，企业只要拥有独特的资源与能力，就能打造持续性竞争优势，实现持续成长。而当今企业面临的环境瞬息万变，科学技术日新月异、消费者偏好与市场需求变化多端、竞争空前激烈，企业与市场边界愈加模糊，企业生与灭的频度不断加剧。在这样一个动态复杂的环境下，企业要想基业长青，必须建构动态能力，实施与动态变化环境相适应的动态战略，通过创新应对"万变"，克服能力刚性，获得新柔性和持续性竞争优势。

3.2 企业成长的可持续性

3.2.1 企业可持续成长的内涵

英国经济学家马歇尔在其著作《经济学原理》（中译本，1964）中用森林中的树木生长规律来描述企业的成长原理，指出："一个企业成长、壮大，但以后也许会停滞、衰退，在其转折点，存在着生命力与衰退力的平衡或均衡。"马歇尔关于企业作为生物有机体成长的观点明确了企业成长是一个适者生存、自然淘汰的过程，符合达尔文的生物进化论思想。潘罗斯（1959）提出了企业成长的概念，认为"企业的成长是一个过程，规模是一种状态。成长过程的结果是大规模化"。美国经济学家希克斯（H.G. Hicks）说："所谓组织成长，就是规模扩大或者向预定目标前进"。我国学者毛蕴诗认为，"习惯上，成长是指企业原有业务规模的扩大"。杨杜则认为，企业成长不仅具有量的扩张，还具有质的变化。量的扩张包含销售额的增加、资产的增长、人员的增加等；而资源结构改善、业务领域变化、组织变革与创新等与量的扩张无关的结构性变动，则属于企业质的变化。事实上，杨杜的企业成长概念较其他学者的概念已经有了较大的进步。

企业成长概念一直是经济学家、管理学家以及企业实践者探究的话题，他们更多是从企业（或产业）自身发展的角度来定义企业成长，直到社会经济可持续发展概念的提出，人们开始注重和追求人—自然—经济的和谐发展，注重与环境的协调一致，企业被看作社会经济的微观细胞和子系统，其如何在保持自身利益追求的同时，又能符合社会经济可持续发展的要求，企业可持续成长概念才日益被人们所重视。尽管企业成长和企业可持续成长都回答了一个企业如何实现由小变大、不断创新发展的过程，但两者有着本质的不同。企业成长概念是囿于企业自身，而企业可持续成长概念则放眼于社会；企业成长概念下的企业行为是追求自身利润的最大化，最终将陷入"利润短视症"的泥潭而自我毁灭，企业可持续成长概念下的企业行为是追求企业长期生存与发展，谋求企业和社会、经济、资源、自然和环境的“和平共处”、“和谐发展”，最终实现企业生命力的延续和长寿。

关于企业可持续成长概念，目前还没有一个比较完整的表述，因此，要想定义一个完整的概念也是困难的，因为企业可持续成长概念具有历史的局限性，即它要随着时间和空间的变化和转移而不断地呈现出新的内涵和特征。事实上，企业可持续成长是指企业在市场竞争中持续存活、由小到大、由弱变强、不断进行量的扩张和质的飞跃的发展过程。它一方面体现为企业发展的持续性，即在时间维度上超过企业的平均寿命；另一方面体现为企业的成长性，即价值维度上的经营业绩的提高、组织规模的扩大以及资产数量和质量的增长；还体现为企业发展的创新性，即通过技术、产品、服务、管理、组织、文化等方面的变革，为企业的持续成长提供强大的动力。因而，企业可持续成长是指企业在追求长盛不衰的过程中，既要考虑近期利润增加和市场扩大，又要考虑持续的长期盈利增长，以及建立和维持与社会经济发展的良好公共关系，以不断实现企业质量互变、螺旋上升的生命成长过程。这个定义涵盖了以下几层内涵：

（1）企业是经济性与社会性相统一的经济实体，因而企业可持续成长过程是经济性与社会性内在一致的过程。企业不仅有经济性的要求，即维持自身生存与发展而不断获取利润的要求；又有履行社会对企业的要求，即承担社会责任，获取经济成就，改善人们生活，推动社会技术进步等要求。经济性是企业实现可持续成长的必要条件，而社会性是企业实现可持续成长的充分条件。日本经济学家堺屋太一在考察企业的经济性和社会性时，把企业称为功能体和共同体。作为功能体，企业通过提供产品和服务，提高效率，赢得利润。作为共同体，企业要妥善处理企业文化形象与权力分配，使其成员有认同感与满意感，同时履行社会责任。

（2）企业是质与量相统一的经济实体，因而企业可持续成长过程是企业质量互变、螺旋上升的过程。量的扩大表现为企业的外延式成长如销售额的增加、资产的增长、人员的增加、利润的提高等；质的改善表现为企业内涵式成长如研发能力、资源利用能力、环境适应能力、核心竞争能力等。企业质与量的成长是动态地互相促进、互为条件的。量的扩张必须以质的提高为基础和保证，质的提高决定着量的扩张边界，决定着企业成长的后劲。没有量的积累与成长，质的成长就失去了物质保证的基础；没有质的提高，量的扩张也就失去了前提和条件。

（3）企业是短期利润目标与长期可持续成长目标相统一的经济实体，因而企业可持续成长过程是短期利益与长期利益协调均衡的过程。利润增长是企业扩大再生产的前提，是实现企业可持续成长目标的必要条件，但不能以牺牲长期可持续成长目标换取短期高额利润增长。因此，我们不否认企业可能在一段时期出现成长道路的曲折，例如暂时的经营业绩下降和组织机能弱化，这种现象在持续成长企业看来是正常的，甚至是为了实现可持续成长这一根本目标所必需的，但持续成长是企业永恒的追求目标。

（4）企业是追求永续发展的生命有机体，因而企业可持续成长过程是遵循新陈代谢规律、不断演变的过程。作为一个生命有机体，企业要按照一切生命有机体生存与成长的新陈代谢规律，走一条在今天的事业中孕育明天事业的发展道路。要善于应对变化和不断创新，唯有善于进化者才能更好地活下去，一旦企业学会了进化，那么它与竞争对手相比，就多了一种选择，它会变得更有盈利能力，从而在竞争中获得更多的生存机会，出色的企业并不迷信出色，他们只是在不断地改进和不断地变化。

3.2.2 企业可持续成长的条件

3.2.2.1 经营条件与环境变化是企业可持续成长的客观条件

随着企业组织形态的进化和现代企业制度的建立和完善，企业所面临的经营条件和经营环境发生了很大变化，这些变化促使企业不得不思考如何适应复杂激烈变化的环境，又如何寻求长久生存之道。企业经营条件和环境的变化主要表现在以下几个方面。

第一，世界经济全球化和区域经济一体化的加剧，促进了跨国公司的大量增加，企业组织规模和经营范围迅速扩大，组织边界趋于模糊，企业竞争更加激烈。这种趋势迫使企业直接或间接参与国际竞争。企业要取得成功，就必须使自己的产品、技术和人力资源等具有国际竞争力，同时企业的资源配置、产品开发管理范围、增长方式等，也都需要适应全球化的要求。

第二，信息技术的飞速发展、知识经济时代进程的加快以及互联网（Internet）的普及应用不仅大大加速了信息传递、世界金融和贸易市场的运转速度；而且对企业管理模式产生了深远的影响，改变了人们的行为模式和工作方式，也将改企业内部管理业务流程，改变企业间的交易、合作和竞争关系。

第三，企业内部资源的可获得性和可控制性的降低以及外部环境的复杂化，企业危机频发，迫使组织变革频率加快，企业死亡率激增。

第四，随着人们生活水平的不断提高，人们的需求质量日益提高，需求层次种类、花样等呈现多样化特征，必将导致企业从规模经济转向特色经济、个体经济、弹性经济的方向发展。

第五，社会经济可持续发展对企业持续成长的要求。企业既是产品生产的主体，又是有效利用资源和环境保护的主体，企业适应社会经济可持续发展的要求必须树立绿色价值观、使用绿色技术、开发绿色产品、推行绿色生产、开展绿色营销和塑造绿色企业形象。因而，企业经营条件和环境的变化客观上要求企业必须走持续成长之路。

3.2.2.2　组织进化是企业可持续成长的必要条件

现代企业理论认为，企业的发展演化一般经历以下几个典型的阶段：原始企业阶段、古典企业阶段、现代单体企业阶段和现代集团企业阶段。现代企业追求持续成长，不是理论上应该不应该的问题，而是企业组织演化发展的内在客观必然。

相对于自给自足的经济状态，原始企业所带来的本质变化是市场的出现，生产者制造的产品或服务是提供给消费者的，而不是留给自己用的，生产者与消费者之间的关系就是市场关系。到了古典企业阶段，由于生产者分化成了资本家和劳动者，资本家只管投资与管理，而将日常的生产劳动交给专职的劳动者去完成。因而，在市场关系之上，又附加了企业内部的管理关系或称雇佣关系。到了现代企业阶段，分化进一步加深，资本家又分化为投资者和经营者，这就是我们通常所说的所有权与经营权的分离，这种分离使企业产生了一种新的关系，即委托—代理关系。随着企业的进一步发展，又出现了专职的代理者阶层，如投资公司、管理公司、投资基金会等。目前，我国的一些国有行业总公司、国有资产代理投资公司等也属于这一类别。因而，企业的逐步发展，促使其内外部关系不断复杂化，现代企业已经是市场关系、管理关系、多重代理关系并存的极其复杂的组织了。在企业的进化、发展过程中，不仅是职能在分化、规模在扩张，更重要的是其经营主体的换位、核心生产要素的替换及经营目标的演变。

首先是经营主体的换位。支配企业经营资源的主体在企业进化过程中不断发生变化：在原始企业，这一支配主体是生产者；在古典企业是资本家；在现代单体企业是经营者；而在现代集团企业则是一个经营者阶层占据支配地位。这就是现代企业由所有者支配到经营者支配的历史性转变。当然，从法律意义上讲，企业“最终”仍是由所有者支配的。其次是核心生产要素的替换。原始企业的核心生产要素是土地和劳动力；古典企业的核心生产要素则是资本；而到了现代单体企业和现代集团企业，其核心生产要素已被知识资本所取代。最后是不同支配主体有着不同的目标。由于各自立场和利益的不同，企业支配主体有着各自不同的核心目标。这些目标在很大程度上决定着企业的行为导向。一般来说，在原始企业，生产者追求的是家庭生计目标；在古典企业，资本家追求的是利润最大化目标；现代单体企业追求的是资产增值和可持续成长目标；现代集团企业追求的是资源有效配置与可持续成长目标。因而，企业组织的进化使企业可持续成长成为可能。

3.2.2.3 经营者地位的相对独立是企业可持续成长的充分条件

现代企业中，与企业经营相关的利益群体是复杂多样的，一般认为企业有九类相关利益群体：政府、社区、环境、供应商、债权人、消费者、劳动者、经营者和投资者。他们各有自己的核心目标，其中后四种利益群体的核心目标对企业影响最直接也是显著不同的：一般来说，消费者的核心目标是产品（或服务）的性价比最大化；劳动者的核心目标是工资收入最大化；投资者的核心目标是投资收益最大化；经营者（含代理者与管理者）的核心目标是成长最大化。相关利益主体目标的差异性，使得企业成为一个复杂的矛盾体。然而要维持企业的生存和持续发展，又要求企业必须有一个明确的、各方利益主体都能接受和获益的主导性目标。在现代企业中，这些利益主体目标中哪个能成为主导性目标呢？我们认为，只有也只能是经营者目标。因为，没有经营者的企业成长最大化目标，就不可能使消费者持续获得价廉物美的商品或服务，也不可能使劳动者工资收入最大化和投资者投资收益最大化。经营者目标的这种主导性是由经营者地位的相对独立性所决定的。

第一，经营者的立场和利益是企业本位的。无论是消费者、劳动者还是投资者，其行为都是以“分取价值”为主的，而经营者则不然，经营者的行为是以“留存价值”为主的。这不是由于经营者多高尚，多么为企业发展着想，而是与其他利益群体相比，他们的利益确实更多地来自企业本身的成长，他们的利益主要存在于企业的持续成长之中，失去了企业，他们就失去了一切。

第二，经营者在各方利益关系的平衡中获得自己的独立立场。经营者有来自投资者阶层的，也有来自劳动者阶层的，因而他们的价值观也可能有一定的偏向。有的偏向投资者，有的偏向劳动者。但随着企业现代化的发展，企业经营者越来越职业化，他们的根本立场也越来越具有独立性。为了实现企业的可持续成长，他们既要保证为市场上的消费者提供满意的产品或服务，又要保证为劳动者提供尽可能多的收入；他们不仅要尽力保证投资者获得合理分红和资本增值，还要满足和服从政府、社会和环境对其经营活动各方面的要求和制约。换句话说，经营者就是在处理各相关利益群体既矛盾又协同的关系中实现企业的可持续成长。正是这些关系中的矛盾，促成了经营者地位的相对独立性。因此，经营者地位的相对独立使得企业具备了实现可持续成长的充分条件。

3.3 企业成长研究现状

对企业成长问题的关注与研究最早可以追溯到亚当·斯密（Adam Smith，1776）的劳动分工理论。此后，各个经济学流派从不同角度不同程度地涉及企业成长问题，但是，企业成长问题一直处于主流经济学之外。企业管理学虽然以企业为研究对象，但长期以来主要涉及企业管理职能方面，对企业成长问题关注较少。真正关注与重视研究企业成长问题发端于产业组织理论的兴起。而企业可持续成长问题也只是在 20 世纪 80 年代后期，随着社会经济可持续发展理论的兴起才开始受到人们的关注。然而这方面的研究也刚刚起步，现有的理论研究成果依然处于零碎分散的状态。迄今为止，无论是在经济学领域还是在管理学领域都还没有一个独立的、完整的、规范的企业成长理论。

3.3.1 国外企业成长理论相关研究

亚当·斯密（Adam Smith，1776）用分工的规模经济利益来解释企业成长问题，马歇尔（Marshall A.，1920）则在坚持规模经济决定企业成长这个古典观点的同时，试图将其与稳定的竞争均衡条件相协调。斯蒂格利茨（Joseph Stiglitz，1996）以企业的功能划分为基础，根据产业寿命周期分析了企业成长的一般规律。

新古典经济学的企业成长理论的核心思想是，企业成长的动力和原因就在于对规模经济以及范围经济的追求。企业在新古典经济学中被看作一个生产函数，企业成长就是调整产量达到最优规模水平的过程。而且这个过程是在利润最大化目标既定，所有约束条件已知的情况下，根据最优化规则进行的被动选择，企业没有任何主动性。Marris 则在新古典经济学的分析框架下假设企业的目标是规模增长的最大化，而不是以利润最大化作为目标，从而构建了一个企业增长的稳态模型（R. Marris，1963；1996）分析企业长期的增长趋势。

钱德勒（Chandler D.，1987）认为从组织制度上可以把企业分为古典企业和现代企业，企业成长中由古典企业向现代企业发展的这种制度变迁不仅对企业本身意义重大，而且对社会经济体制的转变也具有决定性作用。在钱德勒看来，企业成长的重要方面就是企业内部组织结构的变革。

潘罗斯（Penrose E.，1959）是企业成长理论的代表。她从理论上定性分析企业成长过程，研究了决定企业成长的因素和企业成长机制，建立了一个“企业资源—企业能力—企业成长”的分析框架，认为企业拥有的资源状况是决定企业能力的基础。企业能力决定了企业成长的速度、方式和界限。企业能力的关键是管理能力，它是限制企业成长的基本因素，现在通常把管理对企业成长的关键性约束作用称为“潘罗斯效应”。同时她强调创新能力对企业成长的重要性。认为产品创新和组织创新均是企业成长的推动因素，企业成长的重要一环是发现潜在的成长机会，它取决于创新能力的大小。以她的观点为基础，许多学者（Rumelt，1991；Foss，1997；Foss and Knudsen，1996；Hamel and Heene，1994；Hamel and Prahalad，1994）建立并发展了基于企业资源和企业能力的企业成长理论。他们认为，企业的成长依赖于企业组织的内部管理能力，尤其是生产、研发、财务和市场等方面的内部管理能力。

Prahalad C.K.（1990）认为企业经营战略的关键在于培育和发展企业的核心竞争力。核心竞争能力要在企业内部资源、知识、技术等的积累与整合的过程中形成。但是并不是企业所有的资源、知识和能力都能形成持续的竞争优势，而是只有当资源、知识和能力同时符合稀缺性、异质性、不可模仿、难以替代这四个特征时，才能形成核心竞争力，并形成企业持续的竞争优势，促进企业持续增长。

彼得·圣吉（Peter M. Senge，1996）提出“学习型组织”，认为在工业社会进步及新的技术经济条件下，企业组织必须靠系统思考，依靠使各阶层人员全心投入并有能力不断学习的组织——学习型组织来塑造竞争优势。

其他研究包括格瑞纳（Greiner，1972）提出五阶段模型描述了企业成长阶段中演变和变革的辩证关系；伊查克·爱迪思（1997）对企业成长过程和成长阶段的特征加以分析；纳尔逊和温特尼（1997），克里斯蒂安·克努森（1998）对促使企业内生成长的资源、能力、知识等本质因素加以研究。

近来的研究将学习能力也看作企业成长的重要因素之一。这种能力包括技术学习和组织学习两方面。Michae A. Hitt et al.（2000）将技术学习看作企业增强竞争力的关键因素，他认为技术学习与企业发展核心竞争力的能力密切相关。

Marten Goos（2000）从产业组织视角研究了劳动需求与企业成长、产业演化的关系。他以企业雇用员工数量的增加来衡量企业成长，因为理性的企业会根据成本和收益比较情况来选择最佳的用工人数。由于不同企业的用工决策存在差别，所以不同产业内的企业用工情况表明企业规模是存在较大差异的。他构建了企业用人行为与企业或产业特征之间关系的模型，分析得出企业规模、企业年龄和产业类型的差别，会增加或减少劳动用工需求这一基本结论。

Eugene Sadler Smith 等（2001）认为，组织学习是通过经营管理知识资产来提高企业竞争力的有效途径，并试图在组织学习与绩效之间建立某种联系。他们认为，组织学习无论是在个体层面还是在集体层面，都可能在被动定位（在现有框架中活动）和主动定位（对现有框架提出质疑）之间变动。运用其主动—被动结构框架，通过对 300 家制造和服务类小企业的学习定位的考察，他们发现，高成长率的制造企业具有很高的主动学习意识，它们能够比成长缓慢的企业更充分地利用知识资产。

Jozef Konings and Ana Xavier（2002）以斯洛文尼亚这个从计划经济向市场经济转型的国家为例，考察了 1994~1998 年企业层面以雇员人数为指标的企业成长和以剩余企业的比例为指标的企业续存问题，试图找出决定转型国家企业成长和续存的主要因素。实证研究表明，在斯洛文尼亚的第一个四年转型期间，私有企业和外资企业及资本集中度相对较高的企业发展得最快；小企业比大中型企业成长得要快一些；大企业或那些之前利润水平较好的企业存续下来的可能性较大，而那些有财务隐患或融资成本高的企业很可能会倒闭；参与国际贸易的企业因承受了比其他企业更大的竞争压力而很可能失败，但一旦它们存续下来的话，就会拥有较高的成长绩效。

Torsten 等（2002）用 54 个国家企业层面的调查数据论证融资、法律和腐败是否对企业成长率产生实质影响。Natalia Utrero Gonzalez（2002）研究了经济管制对企业成长的影响，证明了金融发展水平与经济增长、企业成长之间的正相关性。

A. Del Monte，E. Papagni（2003）通过分析 1989~1997 年 500 家意大利公司的数据，研究了企业的创新活动（如 R&D 等）和企业成长之间的关系,得出两者具有正相关的关系。

Lockett A. and Thompson（2004）再次强调了潘罗斯企业成长理论对于资源基础观的重要作用，指出潘罗斯提出的基于路径依赖的企业演化过程很好地预见了资源基础观的主要问题。

R. Lensink，P. Steen，E. Sterken（2005）通过对 1097 家荷兰中小企业发放问卷实证研究了不确定性和企业成长之间的关系，认为销量的不确定性对各种不同的投资决策产生不同的影响，同时分析了不同的融资结构和公司规模对成长—不确定性关系的影响。

E.K. Laitinen（2006）通过建立企业成长的微观经济模型，对平衡记分卡进行实证研究，认为在公司成长战略中，价格折扣会降低利润，但是可以提升生产率，如果将战略重点转移到收益最大化，那么公司应该更加关注平衡记分卡中的客户关系和组织学习能力这两方面。

Peter J. Buckley and Mark Casson（2007）研究了潘罗斯的企业成长理论对于跨国公司战略的影响，通过建模研究了产品多样化和市场进入时机的选择问题。

3.3.2 国内企业成长理论相关研究

杨杜是我国较早系统研究企业成长理论的学者。在其著作《企业成长论》（杨杜，1995）中，以经营资源为关键概念，从经营资源的数量、性质、结构和支配主体四个方面来考察企业成长，运用实证和比较方法，对企业成长过程和成长机制进行了分析，总结了五个重要的结论。①企业成长主要取决于经营资源的积累，企业未利用资源以及由此造成的不均衡状态是企业成长的内在动力；②企业成长是经营者的最终目标；③多样化是企业成长的基本方向；④企业成长是质与量结合的动态过程，通过技术—产品创新，业务结构变革，经营制度革新来促进企业质的成长；⑤提出了企业成长的三大规律：成长模式、非均衡模型和复合经济模型。但是其理论仍然局限于企业系统内部，而不顾成长的外部经济性，仍然是一种内生成长论。

张林格（1998）则认为，企业成长仅有规模经济和多样化经营是不够的，应增加企业竞争能力这一因素，并据此提出了三维空间企业成长模式。其理论主张有两点。一是在企业成长过程中，竞争力随着规模的扩大而增强，当企业规模超过最佳规模后，竞争力又开始下降。二是在企业成长过程中，企业因达到最佳规模而走上多样化经营道路，由于多样化经营效应，导致企业竞争能力进一步加强，但企业的多样化率超过最优多样化率时，企业的竞争能力呈现停滞或下降趋势。

刘力钢（2001）借鉴社会可持续发展目标函数的内容与含义，运用系统动力学的思想建立了企业可持续发展的“五力”理论，即提升力、引导力、支撑力、扩张力和阻力。但其没有分析影响企业可持续发展的相关因素。

方明（2003）从产权、组织结构、技能、资本结构和资源结构的变化等角度分析企业的成长，认为企业成长方式包括规模成长型、产权成长型、组织成长型、技能成长型、文化成长型和资本成长型六种成长模式。这种分析方法注意到了企业在不同时期的不同成长方式，具有较强的针对性和现实意义。

王峥等（2004）研究了产业集群与企业成长之间的关系，提出了一个分析集群内企业规模大小的理论框架：集群内企业的规模取决于集群和市场两方面的因素。当企业市场规模有限时，企业集群促进企业生产效率的提高，但分工的深化使企业规模较小。当企业市场范围扩大时，企业集群就是一种低费用的生产环境，促进企业规模随着市场范围的扩展而不断扩大。

贺小刚等（2005）基于国内 277 家企业调查的数据，确定了测量中国企业家能力的四个维度：战略能力、管理能力、政府关系能力和社会关系能力，并对企业家能力差异性的根源，以及企业家能力对企业成长的贡献进行了分析。经验数据表明：企业家能力的发挥受到经济结构和企业家背景因素的影响，尤其是后者的影响更为显著；相对于战略能力和管理能力，企业家的关系能力对企业成长的贡献呈现一定程度的弱化；企业家对企业绩效的直接贡献十分有限，其主要功能在于培育组织能力。

李斌等（2006）研究了我国各地区金融发展对上市公司融资约束进而对公司成长产生的影响，研究结果表明：金融发展水平的提高能减轻企业的融资约束；对于那些依赖外部融资来成长的企业而言，金融发展水平的提高能促进企业的成长；金融发展水平的提高能促进企业的规模扩张。

邬爱其等（2007）对企业成长机制理论的相关研究做了综述，指出目前主要存在着内部成长、并购成长和网络化成长三种基本的企业成长方式和机制，分别对应于企业资源基础理论、环境学派、资源依赖学派和集群理论的战略思想。

由上可知，国内学者对企业成长研究工作的共同特点是较多定性研究、案例研究和经验统计研究，比较关注企业成长概念、动因、成长方式和途径的界定和辨识，以及对实际企业的成长性、成长潜力的判断指标体系的构建，而建立正式模型的工作较少，本书则通过建立企业成长系统动力学模型，分析企业成长的动态特性，同时分析供应链系统实施对企业持续成长动态特性的影响。

3.4　与企业成长相关的动态企业理论

3.4.1　动态企业理论

企业的成长既包括量的成长又包括质的成长，是量的成长和质的成长的辩证统一，动态持续性发展轨迹是企业成长的外在特征。而企业成长的本质则是隐藏在现象背后的事物发展的质的规定性。本书从企业动态持续性发展轨迹中探寻企业成长的本质。

动态企业理论是和新古典经济理论对立的流派，与主流现代企业契约理论也存在根本的区别。新古典企业理论把企业看作是同质的，决定企业活动边界和生产率的变量是外生的，严格的“供给—需求”分析框架是静态的，这样企业自身的能力问题被完全忽视了。科斯则将企业视为一个契约，认为企业之所以出现，是由于用管理协调来代替市场协调能达到节省交易费用的目的，“企业的本质特征就是对价格机制的替代”（科斯，1937）。市场交易费用与组织协调管理费用的比较确定了组织的边界。科斯之后，威廉姆森、克莱因、格罗茨曼和哈特虽然从不同侧面进一步完善发展了交易成本理论，但同样没有走出新古典理论的分析范式。企业只是在不确定性条件下的同质企业，企业的成长力量是外生的。因此，可以说现代主流企业理论——企业契约理论是静态理论，或者说是比较静态理论。

动态企业理论扬弃了新古典与企业契约理论的静态和比较静态的分析范式，开创了对企业的动态分析方法。动态企业理论的源头是潘罗斯的《企业成长理论》，这也是“基于资源的企业观”（The Resource-based View of the Firm）和企业能力理论的奠基之作。她通过构建“企业资源—企业能力—企业成长”的分析框架，把管理能力作为企业成长的解释性变量，把知识的增加定义为基于内部资源的企业成长的主要动力。认为企业拥有的资源状况是决定企业能力的基础。由资源所产生的生产性服务推动知识的增长，而知识的增长又会导致管理能力的增长，从而推动企业演化成长。指出企业内部总存在着未利用资源，这成为企业创造能力的重要来源，因此，创新是企业的内生过程，创新能力对企业成长具有至关重要的作用。

熊彼特认为，资本主义的本质特征就是创新，创新是“企业家对生产要素的新的组合”，是一个“创造性毁灭”（Creative Destruction）的过程（约瑟夫·熊彼特，1990）。熊彼特的创新理论使我们明白了，以企业为主体的创新是经济进化的发动机，企业具有超越外部经济条件的自主能力，而且能够塑造市场条件。熊彼特的理论框架虽显宽泛，但为后来学者研究动态企业理论提供了思路。

对组织能力的关注源于潘罗斯的企业成长理论。1959 年潘罗斯的《企业成长理论》，是一部继承熊彼特传统从经济学角度通过研究企业内部动态活动来分析企业行为的开山之作，也是“基于资源的企业观”（The Resource-based View of the Firm）和企业能力理论的奠基之作。潘罗斯通过构建“企业资源—企业能力—企业成长”的分析框架，揭示了企业成长的内在动力。在继承熊彼特传统的基础上，提出了新古典理论的均衡分析框架，把管理功能作为企业成长的解释性变量，把知识的增加定义为基于内部资源的企业成长主要动力，为当代动态战略管理学奠定了理论基础。

经济学家理查德森受潘罗斯的启发，在《企业组织》一文中首先提出了企业能力概念，认为"能力"（Capabilities）是企业的知识、经验和技能，企业倾向于专门从事其能力可以带来比较优势的活动（Richardson，1972）。普罗哈拉德和哈默尔（1990）提出，一个企业的长期竞争力来自于这样一种能力：以比竞争者更低的成本和更快的速度开发具有差异性的创新产品。企业是一个能力体系或能力集合，企业能力最终决定企业的竞争优势与经营绩效。而企业持久竞争优势的源泉是企业的核心能力，即企业内嵌化的具有范围经济效应的知识与组织技能。

动态能力理论是当代战略管理领域迅速发展的一种理论。该理论集中探讨企业组织能力的演进与竞争优势之间的核心关系，把企业看成是一个知识产品库、生产性知识和能力的集合。把组织能力看成是企业竞争优势的根本源泉，是企业持续成长的保证。动态能力理论里程碑性的文献是 Teece，Pisano and Shuen（1997）的《动态能力与战略管理》一文。在这篇文献中，作者提出了一个"动态能力"战略观的框架，强调了以前战略理论忽视的两个关键方面。一是"动态"，即为适应不断变化的市场环境，企业必须具有不断更新自身胜任（整合重构内外部组织技能资源）的能力。二是"能力"，指战略管理在更新自身以满足环境变化的要求方面具有关键的作用。企业动态能力是企业整合、塑造和重组内部和外部竞争力以应对不断变化环境的整体能力。在该框架中组织和管理过程、资产状态和发展路径成为三个关键要素。

网络组织理论主要探讨导致企业间相互联结的网络安排及其演进的各种要素。认为无论是在市场之中还是在企业内部，市场机制和组织机制都是共同存在的。也就是说，市场和企业不是相互对立的，而是相互联结、相互渗透的。这种相互联结和相互渗透最终导致了企业间复杂易变的网络结构和多样化的制度安排。理查德森（1972）认为企业倾向于与其自身能力相适应的活动即"相似活动"，但企业所从事的只是某种分工活动，这种分工活动不是孤立的，而是社会经济活动价值链中的一环，因此，企业间的活动是互补的。互补性活动需要由企业之间的合作来承担。理查德森扩展了潘罗斯的企业成长理论，提出了企业外部市场、企业内各部门协调机制之外的第三种协调机制——企业间协调机制。对理查德森从互补性分析企业间制度安排的支持性观点就是资源依赖论。该观点认为，在企业间协调方面，为了获得和保有资源，企业必须与环境交互作用。资源的内在化并非企业的必然选择，有很多资源可从外部获得，这就意味着企业可以获得“联结经济效应”。也就是说，核心企业可以通过实施供应链实现网络中的持续成长。

由上可知，动态企业理论不是一个理论体系，而是一个理论流派，是现代企业理论的一个分支。动态企业理论克服了新古典理论静态均衡分析的弊端，扬弃了企业契约理论的比较静态企业观，开辟了企业动态研究的新领域。

3.4.2 企业能力理论

企业能力理论以企业内在成长论为理论渊源，以 Diericks and Cool（1989）的资源基础论为发展始点，经过 Prahalad and Hamel（1990）、Leonard Barton（1992）核心能力理论研究的推动，以 Teece 等（1997，2000）的动态能力理论研究为正式形成标志，现在又出现了新的企业能力理论——企业知识理论。

3.4.2.1 企业能力理论发展路径

企业内在成长论为企业能力理论的起源与发展奠定了基础。而企业内在成长论可追溯到亚当·斯密 1776 年出版的《国富论》。阿尔弗雷德·马歇尔进一步发展了斯密的劳动分工论思想。他认为，企业中的一项职能工作通常可以分解为多个新的次级职能单元，而且企业之间、产业之间同样存在着“差异分工”，这种分工直接与各自的技能和知识相关。然而，这种“差异分工”的增加导致了新的协调问题，这又需要产生全新的内部专门职能来对原有的和新的专业职能进行协调与整合（马歇尔，1965）。这样，企业生产和协调能力就会在内部获得持续成长，从而推动企业不断进化。

现代经济学中对企业能力的讨论起源于潘罗斯 1959 年《企业增长理论》。潘罗斯通过建构“企业资源—企业能力—企业成长”的分析框架，揭示了企业成长的内在动力。她把企业定义为“被一个行政管理框架协调并限定边界的资源集合体”（Penrose，1959），企业拥有的资源状况是决定企业能力的基础，由资源所产生的生产性服务发挥作用的过程推动知识的增长，而知识的增长又会导致管理力量的增长，从而推动企业演化成长。她认为，组织学习和知识积累能提高企业的资源积累率，而资源及其服务的积累又为组织学习创造了条件。潘罗斯特别强调团队作业的经验积累，认为其是企业的组织资本，起到推动企业内部合作和协调的作用。基于此，她提出管理团队是企业最有价值的资源之一，这些资源决定了企业的管理能力。潘罗斯还认为，企业内部总存在着未利用资源，这成为企业创造能力的重要来源。虽然潘罗斯没有使用“能力”的概念，但她区分“资源”与“服务”的做法具有革命性意义，其基于内部化的企业增长理论为企业能力理论的发展奠定了基础（克努森，1996）。

第一个提出“企业能力”概念的经济学家是理查德森（Richardson，1972）。他认为，能力反映了企业积累的知识、经历和技能，是企业活动的基础。理查德森（1972）还从企业能力的角度，区分了“相似性活动”(Similar Activities）和“互补性活动”(Supplementary Activities)，相似性活动在企业范围内部组织协调，因为企业倾向于从事与其自身能力相适应的活动即“相似活动”；互补性活动则要由具有不同能力的企业之间进行整合和交流来实现，当企业遇到既非“相似性活动”，也非“互补性活动”时，更好的决策方式是交由市场来承担。理查德森扩展了潘罗斯的企业内在增长理论，为企业能力理论的形成奠定了基础。20 世纪 80 年代以后，企业能力理论出现了两大流派，即资源基础论和企业核心能力理论，到了 90 年代，又发展到动态能力理论与企业知识理论。

资源基础论是在潘罗斯的企业成长理论的基础上，经过沃纳菲尔特（Wernerfelt，1984）、巴尼（Barney，1986）等的发展而形成的。1982 年 Lippma and Rumelt 通过对“不确定模仿力：竞争条件下企业运行效率的差异”分析，坚持“如果企业无法有效仿制或复制出优势企业产生特殊能力的源泉，则各企业间的效率差异状态将永远持续下去”。企业中存在一种根本性的、与能够导致企业成功的特殊资源密切相关的不确定性，“原因模糊”使产业中的企业获得比产业外的企业高的利润，同时后者无法有效进入产业并挤占前者的利润（Rumelt，1984)。“隔离机制”（Rumelt，1984）使得资源完全不能被仿制或难以仿制（存在时间劣势或经济劣势)。沃纳菲尔特在 1984 年发表的《企业资源基础论》一文中提出，资源“位势障碍”（Wernerfelt，1984）保护了自身的优势资源，并在其被利用的过程中将其转化为成本优势，从而保证了企业的持续竞争优势。巴尼认为，假如战略性资源在所有相互竞争的企业中均匀分布且可以自由流动，企业不可能利用战略性资源获得持续的竞争优势（Barney，1986)。因此，引发竞争优势的“资源”必然具备以下五个充分条件：①有价值；②稀缺性；③难以完全仿制；④无法替代；⑤以低于其价值的价格为企业获得。那么“资源”可被定义为“一个企业所控制的并使其能够制定和执行改进效率和效能的战略的所有资产、能力、组织过程、企业特征、信息、知识等”（Barney，1991)。迪瑞克斯和库尔（Diericks and Cool，1989）在批评巴尼的基础上，以“资产存量积累”分析框架强调带来竞争优势的资源内生性，企业有效竞争的资产存量只能通过连续性投资才能积累起来，即内生发展起来，而不能通过公开市场交易获得。换句话说，带来持续竞争优势的生产要素不是可交易的资产流量，而是在一段时期里所选定时间路径的资产流量（Flows）所积累起来的战略资产存量（Stocks）。

企业资源理论的核心是对企业持续竞争优势根源的探讨，从企业外部的环境条件以及市场定位转向了企业内部资源。可以说，它开创了企业理论研究的新天地。在科学技术迅速进步和消费者偏好多变的动态环境中，仅仅依赖已经拥有的优势地位来获得持续的竞争优势显然是有困难的。企业所拥有的资源多种多样，但并非所有资源都可以成为企业竞争优势之源。基于这些考虑，一些学者提出了企业能力理论。企业能力理论认为，能力与资源不同，能力是以人为载体的，是配置、开发、保护、使用和整合资源的主体能力。理查德森认为"能力"是指企业的知识、经验和技能。而企业资源观把竞争优势的根源归因于企业拥有的物的资源上，这样归因显然是有欠缺的。企业能力理论认为，企业的本质是"能力的独特集合体"，企业的长期竞争优势来自于企业的核心能力。正如哈默和普拉哈拉德所认为的，决定企业竞争优势的能力是组织的积累性知识和各种技能与技术流的有机组合，而不是单纯的企业资源（C. K. Prahalad and G. Hamel，1990）。自从1990年普拉哈拉德和哈默在《哈佛商业评论》上发表划时代的《企业的核心能力》一文，正式确立了核心能力在管理理论上与实践中的地位以来，核心能力的研究成为管理理论界的前沿问题之一得到了普遍关注。企业核心能力理论是企业能力理论发展的新阶段，它更强调能力的独特性特征、稀缺性特征和不可模仿性特征。专家学者围绕着企业核心能力掀起了理论研究的热潮，发表了大量的研究论文，各大公司也开始注重企业核心能力的培养问题。研究者们从不同的角度来描述企业的能力，诸如整合观、网络观、协调观、组合观、知识载体观、元件—构架观、平台观、技术能力观等核心能力概念和理论探讨（陈劲等，1999）。到了20世纪90年代中后期，学者基本上倾向于两种认识：一种是从核心能力的构成要素来定义核心能力，认为企业核心能力是指企业的研究开发能力、生产制造能力和市场营销能力；另一种则着重从核心能力的知识特性方面来定义，即从知识能否被竞争对手获得和模仿来定义企业核心能力，认为专有知识和信息是企业能力的基础，学习是提高企业核心能力的重要途径。企业核心能力来自于独特的、异质的、路径依赖的、不易为外界获取和模仿的知识体系。这样，企业如何进行知识管理，即如何获取、创造、运用知识成为培育企业核心能力的关键问题。虽然企业核心能力理论迄今尚未形成统一而严密的理论体系，但在一些问题上已达成初步共识，即基于企业内部资源的、令竞争对手难以模仿的能力是企业竞争优势的来源，而核心能力是企业持续竞争优势的根本所在。

由于环境的动态变化与不确定性，对企业来说，某一时点形成的核心能力有可能转化为核心刚性（Core Rigidities）（Leonard Barton，1992），成为企业成长的障碍。为此，替斯等学者提出了动态能力理论（Teece，Pissano and Shuen，1997）。动态能力是“企业整合、建立以及重构企业内外能力以便适应快速变化环境的能力”（Teece etc.，1997），是模仿及实验产生替代资源格局的能力（Zott，2003），是组织活动集体学习的模式（Zollo and Winter，2002），是企业应用资源的流程，尤其是整合、重组、获取和让渡资源的流程，来匹配甚至创造市场变化（Eisenhardt and Martin，2000）。

动态能力理论秉承了熊彼特“创造性毁灭”（Creative Destruction）的思想和演化经济学的组织惯例观点。演化经济学认为，企业的决策是由其惯例决定的，即由企业实行得很好的活动模式决定（Nelson and Winter，1982）。给定任一时间，组织的惯例决定了企业的独特能力。由于改变惯例的成本高，企业不常改变惯例就成为很自然的事。因此，企业倾向于根据外部环境变化对惯例作出适应性调整，即对企业能力作出微调，而不是变革。另外，企业能力的刚性特征的存在，使得企业很难在动态复杂的环境中作出重大的变革。为了获得持久的竞争优势，企业需要的是能够进行“创造性毁灭”的动态能力。动态能力战略观强调企业必须努力应对不断变化的环境，更新发展自己的能力。而提高和更新能力的方法主要是通过技能的获取、知识和诀窍的管理、学习。Teece，Pissano and Shuen 认为动态能力是指企业组织长期形成的学习、适应、变化、变革的能力，动态能力的内容主要包括三个方面，即组织惯例、技能和互补资产。由于组织能力内嵌着大量独特的隐性知识，所以特定企业的组织能力是难以被复制和模仿的。企业动态能力理论不仅从深层次认识到了企业竞争优势的根源，而且认识到为应对不断变化的外部环境，企业必须不断更新自身能力，发展新的能力。

能力是企业竞争优势的来源，这一认识已成定论。但企业能力的决定因素又是什么呢？随着对能力理论的进一步深化研究，越来越多的人认识到，隐藏在企业能力背后并决定企业竞争优势的关键是企业所掌握的知识，尤其是很难被竞争对手所模仿的缄默性知识以及与知识密切相关的认知学习。按照巴尼关于资源在什么条件下才能够产生竞争优势的讨论，企业的知识满足有价值的、稀缺的、不能完全被模仿的和不能完全被替代的四个条件。事实上，无论是能力理论还是基于资源的企业理论都强调企业的能力来源于企业的“独特资源”，这种“独特资源”不是别的，正是企业所拥有的、难以交易和模仿的知识。可以说资源理论、能力理论最终都走到了企业知识理论这一轨道上来，Zollo 等（1999）认为企业是知识的集合体，组织知识尤其是缄默性知识，是企业核心能力的基础，核心能力是使企业独具特色并为企业带来竞争优势的知识体系，而且要随着环境的变化不断更新、提升。

3.4.2.2 企业能力理论基本观点

企业能力理论融汇了企业资源理论、企业能力理论、核心能力理论、动态能力理论和企业知识基础论，其基本观点如下：

(1) 企业本质上是其所拥有的各种资源和能力的集合体。对企业本质的不同认识是不同企业理论流派的标志。有些企业理论把企业看作是一个产品、业务或者资源的集合体，能力理论则把企业看成是一个能力的集合体，企业之间之所以存在异质性是因为其拥有不同的资源和能力。

(2) 能力是企业拥有的关键性技能和缄默性知识，是企业拥有的一种智力资本，是关系着企业生存和发展的根本性力量。

(3) 企业的边界最终由企业的能力来界定。企业规模经济的范围、多元化领域的抉择和跨国经营战略等都取决于企业自身的能力。因此，企业边界就是企业能力所及之处。

(4) 有价值的、稀缺的、不可模仿和替代的关键资源和核心能力是企业竞争优势的来源。企业内部稀缺性的战略资源、能力和知识的积累是企业获得超额收益和保持竞争优势的关键性因素。企业的能力来源于企业所拥有的资源，归根结底是企业的积累性知识。与企业的外部条件相比，企业内部因素对于企业占据市场竞争优势具有更大的决定性作用。

(5) 动态能力是企业持续竞争优势的源泉。在动态环境下，企业应具有柔性，企业能力应处于一种动态的不均衡状态，也就是企业能力必须持续不断地构建、积累、培养、维护与提升，形成正反馈的增强回路。

(6) 打造企业核心能力、建构企业动态能力是企业的根本性战略，是对传统战略方法的补充或替代。

3.4.2.3 企业能力理论的局限性

现代企业契约理论把“交易费用”看作是企业成长的关键变量，认为企业可以通过节约交易费用来实现企业的成长，企业成长的边界取决于市场交易费用与企业内部行政协调费用的均衡点。现代企业契约理论关注企业的交易性，可以说其对企业理论的发展是有开拓性贡献的。但该理论对企业生产性本质的忽视不能不说是一个很大的缺陷，正是这个缺陷使其现实的解释力较弱（现实中，市场的发达程度与企业的成长正相关）。事实上，企业既具有生产性又具有交易性，且生产性是首要的，因此，企业是生产性与交易性的统一体。真正从企业的生产性与交易性相统一的角度来研究企业成长问题的就是企业能力理论。

企业能力理论回归新古典经济学传统，克服了现代企业契约理论片面关注企业交易属性的缺陷。该理论既关注企业的生产性，又关注企业的交易性，而且致力于探讨持续竞争优势和企业成长的内生因素，弥补了主流战略管理理论上的缺陷，对现实问题更具解释力。作为经济学和管理学交叉融合的企业能力理论，尽管其在理论上具有丰富价值，在实践中也有较大的应用意义，但终究形成的时间不长，尚未形成完整的理论体系。企业能力理论存在的局限性主要表现在以下几点：

（1）企业能力理论竭力关注企业内部因素，在很大程度上忽略了外部环境对企业的影响，动态能力理论试图弥补这个缺陷，但还有待完善。例如，企业核心能力理论强调组织学习和知识积累，从企业内部探索企业持续竞争优势的源泉，但忽略了外部环境的影响，从这个角度来看，通过核心能力建立竞争优势并保证其持续性很难得到实证支持。

（2）企业能力理论的现有研究成果在定量分析与实证研究方面很薄弱。一门学科成熟与否的标志之一是其理论体系参数化的完成情况。企业能力理论体系的参数化工作远未完成。企业能力理论的参数化、数量化研究的不足，妨碍了该理论的定量分析、实证分析以及实际应用。

（3）企业能力理论的三大分支（基于资源的企业理论、基于能力的企业理论和基于知识的企业理论）都存在一定的片面性。基于资源的企业理论忽视了战略资源之外其他资源的价值。基于能力的企业理论中，其核心能力理论有三大不足。一是迄今尚未形成统一的核心能力概念，从前面提到的核心能力十大类观点就略见一斑，这无疑加深了人们对其内涵理解上的分歧，也增加了人们对其识别的难度。二是这一理论目前尚未形成完整的理论体系，正如该理论的代表人物尼古拉·福斯（Nicolai Foss）所坦承的，企业核心能力理论缺少科斯那样的代表人物，缺乏严密的范畴、基本命题和定理，与其说是一种理论，还不如说是一种“流派”或“思潮”。三是核心能力的识别、积累、保持与提升等能力战略管理问题缺乏切实可行的操作方法，在这方面还有很大的研究空间。动态能力理论主要还停留于抽象的概念与框架研究阶段，其实证研究远远不够，尤其是缺乏对动态能力系统的、可操作化的研究。而且学者们研究企业能力问题，通常都是从核心能力与动态能力的区分这一角度着手的，忽略了两者之间的有机联系。基于知识的企业理论还是一种不成熟的理论，还存在着许多尚待解决的问题，例如知识的度量问题、知识对剩余的索取问题以及知识的交易问题。

作为国家经济微观基础的企业，其成长问题直接制约着国民经济的增长，企业成长是一个复杂的动态过程，影响企业成长的因素很多，不仅有内部的、经济性的制约因素，还存在外部的、制度性的制约因素。企业成长不仅是以规模扩张为特征的“量的成长”，而且是以生存和发展壮大为目的的“质的成长”。制约企业成长的因素虽然有许多，但最根本的是能力因素。这也可以说是企业能力理论兴起与迅速发展的一大原因。

3.4.3 基于动态能力观的企业成长

在稳态环境下，企业只要拥有独特的资源与能力，就能打造持续性竞争优势，实现持续成长。而在动态复杂环境下，企业要想基业长青，必须建构动态能力，实施与动态变化环境相适应的动态战略，通过创新应对“万变”，克服能力刚性，获得新柔性和持续性竞争优势。根据自组织理论和动态企业理论的许多观点，例如企业自我演进的观点、创新的观点、企业成长制度变迁的观点、动态能力的观点以及企业间协调机制的观点等，本书认为，企业成长本质上就是企业能力的动态演进。而实施供应链系统正是在购买企业动态能力的期权，最终目的是企业的持续成长。

从企业的发展历程来看，企业的演进经历了从古典企业（业主制企业和合作制企业）到现代企业（现代公司制企业）进而到后现代企业（网络型企业、虚拟企业、联盟企业等）的历程。后现代企业是由一个核心企业实行战略领导、众多独立企业参与或若干企业为了相似的战略目标而联结成的战略性经营集团，这恰恰体现了供应链系统的思想。任何成长性企业都是一个自组织系统，具有开放性、非平衡性、涨落性、自主性、自适应和自催化等自组织特征。因此能够实现自组织成长。但企业自组织功能的影响因素又是什么呢?显然是企业能力，企业能力与其自组织功能呈正向相关关系，动态能力是企业成长的内在动力。

企业核心能力对于企业有着重要的战略价值。企业内部核心能力的培养和提高是一个具有路径依赖性的累积过程，其积累过程伴随着企业核心产品和技术的发展，与企业核心产品和技术平台的动态演进息息相关，企业的竞争优势也会随着技术的动态演进和产业演变及市场变化而发生改变，企业核心能力带来的竞争优势只有和产业生命周期、技术生命周期和产品生命周期的发展相协调，才能实现其持续性。倘若企业核心能力不能动态转化，不能随着企业内外环境的变化而动态地发展变化，也就是说，核心能力得不到进一步更新、升级时，企业的创新欲望就会衰减，创新效果就会弱化，因而企业不能继续享有核心能力所带来的“能力租金”。这样，企业原有的核心能力就会成为企业进一步发展的障碍。因此，企业要想拥有持续性竞争优势以实现持续成长，必须拥有核心能力，同时促使核心能力动态转化，不断自我创新和超越。我们把企业促使核心能力动态转化这样一种能力理解为动态能力。企业要想保持竞争优势的持续性以实现持续成长，其根本出路在于培育、发展动态竞争能力，通过不断创新获得一连串短暂的竞争优势，从而在整体上体现出企业连续逻辑时间的动态竞争优势。

由上可见，企业在制定战略的过程中，必须把能力置于环境中分析，不能忽视环境的作用，不仅要关注能力的突出性、特殊性，还应着眼于能力的动态性、适应性。也就是说，要求企业是动态的企业，有效应对环境变化所带来的挑战。企业不但要具有核心能力，而且要具有促使核心能力动态转化的能力，即动态能力，这样才能获得动态竞争优势，实现持续成长。因此，从本质上看，企业成长就是企业的知识集聚和能力获得与提升的过程，也就是企业能力的动态演进。企业能力的动态演进必然要有必要的资源与之配对，这样才能实现企业成长在“质”和“量”上的辩证统一。

第 4 章
供应链管理与大企业成长关系分析框架

4.1　基于东阿阿胶的案例分析

伴随着全球经济和社会的重大变革，企业所处的商业环境发生了根本性的变化：技术创新不断加速、产品生命周期不断缩短，顾客需求瞬息万变，市场竞争日趋激烈、全球一体化加剧成型，市场不确定性增加，企业面临着巨大的压力，业务外包和企业间的合作越来越广泛，供应链战略也经受着巨大的变革。企业认识到供应链管理已不仅仅是为了降低成本，更重要的是提高顾客满意度，持续保持竞争优势。众多实践工作人员和研究学者都声称实施企业信息系统可以提升公司绩效（Akkermans et al.，1999；Davenport，1998）。实际上供应链系统的实施是一种基于全新的思路来改造或重组原企业旧的管理模式的方法，更重要的是，体现了一种先进、有效的管理理念，是一种战略投资。供应链带来的企业各方面能力的提升所产生的价值往往是巨大的，会对企业的持续成长和未来盈利能力产生重大的影响。正如 Robert（1992）所说，“单纯用财务数据作为测评公司绩效的主要指标是不够的。产品质量、消费者满意程度、市场份额和创新能力等能反映企业经济状况和发展前景的指标组合比财务报表中的收益指标更有用”。

供应链系统实施是否一定会提升企业绩效？在现有的文献研究和实践中还没有取得共识，实际上供应链系统投资和绩效的关系目前还不是十分明确（Kevin B.，2007）。Byrd and Davidson（2003）和 Vickery et al.（2003）通过发放问卷，进行实证分析，得出 SCM 可以提升企业绩效的结论。Dehning et al.（2007）通过分析 123 家制造企业的数据，选取行业绩效中值作为标杆来剔除行业和经济环境影响，发现 SCM 的实施与财务绩效存在正向相关关系。Kevin B.（2007）则进行了更为细致的研究，针对不同类型的信息系统（ERP，SCM，CRM），得出对于实施 SCM 的公司，平均来看，SCM 实施与股票收益率和盈利能力有正相关关系，说明实施 SCM 可以提升企业的财务绩效。由于统计结果只能得出相关关系，而不能得出因果关系，再考虑到数据可获取性，所以这里，我们选取了案例的研究方法。旨在提出问题，发现现象，以期抛砖引玉。本章采用的是单一案例研究方法，选取了有代表性的实施供应链的上市公司，研究的案例是东阿阿胶公司实施供应链前后绩效的变化情况。本章通过对东阿阿胶公司进行案例分析，考察案例企业实施供应链前后是否真的实现了财务绩效的提升，如果提升，则对上述实证结论是一个佐证；反之，则向我们提出一个问题，实施供应链的价值在哪里得以体现？企业为什么要实施供应链？实施企业又有哪些特征？本章后面尝试通过战略管理相关理论，借鉴期权的思想构建供应链系统实施与企业成长关系的分析框架，解释供应链系统实施提升企业能力进而实现企业持续成长的内部机理。

4.1.1 案例概况

东阿阿胶股份有限公司（以下简称东阿阿胶）是全国最大的阿胶生产企业，1952 年建厂，1993 年 5 月改组为股份制企业，1996 年成为上市公司，7 月 29 日“东阿阿胶”A 股股票在深圳挂牌上市，累计融资 5 亿多元。发展至今已拥有八个成员企业（股份公司、阿华包装材料厂、阿华医疗器械有限公司、阿华制药有限公司、阿华生物药业有限公司、东阿泉啤酒有限公司、阿华保健品有限公司等），三个生产分厂。随着东阿阿胶的不断发展，医药保健品市场占有的份额不断增大，销售业务也越来越复杂。目前东阿阿胶的产品有生产中成药、生物制剂、保健食品、医疗仪器、药用辅料等七个系列 32 个品种，药品部有 20 余个办事处，约 200 家经销商，2000 家分销商，4 万多个终端网点。年生产能力 18000 吨，阿胶年产量、出口量分别占全国的 75%和 90%以上，东阿阿胶 2004 年实现主营收入 88135 万元，主营利润 44698 万元，净利润 13139 万元，同比分别增长 17.87%、24.52% 和 35.72%。

4.1.1.1 项目背景

随着东阿阿胶的不断发展，医药保健品市场占有份额不断增大，销售业务也越来越复杂。国内医药保健产品的竞争异常激烈，如何理顺与经销商、分销商、终端网点的业务流程，建立良好的销售渠道，更好地控制经销商、分销商、终端网点，提高对市场的反应速度，进一步防止库存积压，提高经销商、分销商、终端网点的满意度，提高服务水平，进一步扩大市场份额是东阿阿胶面临的一个严峻挑战。为迎接这一挑战，东阿阿胶必须进一步借助 IT 手段，建立一个从销售活动、产品出货、资金回笼、推广管理到产品服务的分销管理系统，借助 IT 手段来加强营销管理，提高服务水平，以便降低营销成本，进一步加强对经销商、分销商、终端网点的掌控力度，扩大市场占有率。而目前的 ERP 系统只能应用于公司内部及分公司平台，在市场活动、渠道费用、经销商、分销商的进销存，终端网点的销量方面有所不足或欠缺。

4.1.1.2　项目实施

明基逐鹿供应链管理专家自 2005 年 6 月始，历时半年，通过项目准备、系统调研、系统实现、系统试运行、系统上线等阶段圆满实施了东阿阿胶分销供应链管理项目。东阿阿胶分销供应链管理项目包括分销渠道管理平台、数据采集平台及 BI 商务智能分析平台。迄今为止，该系统已经成功应用于东阿阿胶的 21 个办事处，100 余家经销商，并逐步向分销商层面推广。

4.1.1.3　项目范围

项目范围包括 Guru DCM 平台、组织架构设定、产品资料设定、经销商分销商资料设定、目标管理、经销分销商数据采集、B2B 管理、库存管理、BI 分析系统等；系统实施的业务部门范围包括营销中心（上海总部）、销售管理中心（商务部、客服部、商务信息部）、药房部及其 20 个办事处、财务部。

4.1.1.4　系统功能

根据需求分析及总体解决方案，在东阿阿胶首先实施 DCM 平台、渠道管理模块、B2B 模块及 BI 分析模块。

4.1.1.5　渠道管理

明基逐鹿的 Gurue Channel 系统通过信息化手段协助企业提升对渠道、经销商、销售终端的控管和深耕力度。构建企业客户管理、销售终端管理平台。通过客户管理平台可以整合 ERP 系统。本系统的重点在于对渠道和终端的管理，包括渠道架构、渠道销售目标、网点管理、货物流向、渠道库存等功能。每项功能均考虑到企业的实际情况，如网点数据收集的多样性以及操作者的区域性权限等。主要包括如下模块：系统基础设定、订阅管理、功能导航设定、组织架构设定、产品资料设定、客户资料设定、分销商及网点维护、任务管理、发货管理、采集管理、库存管理、报表管理。

4.1.1.6　B2B 管理

通过 B2B 管理系统，可以自动从东阿阿胶的经销商、分销商处获取系统数据，目前 B2B 的实现方式为从 WEB 网页获取或从客户端获取两种方式。BI 分析：Analyzer 能够让使用者在客户端轻松地存取、分析置放于 SQL Server Analysis Services 多维结构数据库中的数据，对既有的广大微软用户来说，是当前市场上构建最迅速且最具成本效益的商业智能分析应用前端工具。

（1）与 SQL Server 的高度整合性。若企业已经在交易数据库或数据存储系统上采用 SQL Server，便可立即享受到 Analyzer 的强大分析功能，实现迅速构筑一个完整商业智能分析环境的理想。

（2）与微软商业智能解决方案的高度整合性。Analyzer 的用户依然可以因为微软的报表服务与平衡记分卡等商业智能解决方案而受惠，并更有可能收到其与Analyzer结合的综合效益。

（3）强大的分析效能 Analyzer。能让使用者实时存取及动态地选取纯网页形态的各式分析图表，为使用者创造最流畅的分析流程。最佳的数据分析呈现工具Analyzer 能在同一画面上多图多表地呈现使用者希望掌握的各类分析结果，更有利于理解特定量值（Measure）背后的含义，以及进行不同维度（Dimension）或阶层（Level）间的比较。

（4）完整的解决方案架构。Analyzer 除具备最完整的强大数据分析能力外，更有最优异周详的系统、操作与报表管理功能，让商业智能应用可真正落实至使用者的工作环境之中。

（5）最具扩展性的产品系统架构具备高度的弹性。可响应分析系统最需要的是高度扩充性，一旦有新的分析需求出现，即可模块化地在既有平台上迅速加入新的对象。

（6）使用者自制分析报表使用者可在无须依赖信息人员的情况下，自行将个人需求的分析结果制成精美报表，同时亦可节省以往开立报表规格与沟通往返的时间。

（7）清晰易用的操作接口。

4.1.1.7 实施时程与结果

实施进程为 2005 年 6 月 15 日到 2005 年 10 月 31 日。2005 年 12 月 15 日，在由《环球供应链》主办，英国皇家运输与物流学会、香港长江商学院联合协办的“首届中国供应链管理大奖颁奖仪式暨环球供应链管理论坛”上，东阿阿胶“销售协同供应链管理解决方案”荣获中国供应链管理大奖（China SCM Awards 2005）。

4.1.2 案例分析

东阿阿胶的供应链基本符合完整意义上的供应链定义。并且 2005 年还获得中国供应链管理大奖，可以说供应链实施得很成功，下面选取公司财务指标分析案例企业的财务绩效在供应链实施前后的变化情况。这里我们选取的指标是生产运作能力、企业现金流、盈利能力和市场状况。同时对比东阿阿胶所属的整个医药生物制品行业的平均水平来解释理论中实施供应链企业的特征。在做对比分析研究时每年引入一个对比样本（行业内资产规模相当企业）控制当年一些其他因素的影响，数据采集来自色诺芬数据库的上市公司数据。

4.1.2.1　生产运作能力分析

一直以来，供应链的实施对于企业运作能力的影响是供应链研究中的焦点。运作能力主要是指人员能力和设备能力，对资本集约度较高的制造业企业而言，尤指设备能力。生产运作能力是保证一个企业未来长期发展和事业成功的核心。本书研究生产运作能力主要采集的财务指标有：管理费用、营业费用、主营业务成本、资产周转率、存货周转率。通过对以上指标的分析，研究实施供应链对企业生产运作能力的影响。

管理费用是指企业为组织和管理生产经营活动所发生的各种费用。管理费用包括的内容较多，以工业企业为例，具体包括：公司经费，即企业管理人员工资、福利费、差旅费、办公费、折旧费、修理费、物料消耗、低值易耗品摊销和其他经费咨询费（即企业向有关咨询机构进行科学技术经营管理咨询所支付的费用）、技术开发费，即企业开发新产品、新技术所发生的新产品设计费、工艺规程制定费、设备调整费、原材料和半成品的试验费、技术图书资料费、未获得专项经费的中间试验费及其他有关费用；无形资产摊销，即场地使用权、工业产权及专有技术和其他无形资产的摊销；递延资产摊销，即开办费和其他资产的摊销；坏账损失，即企业按年末应收账款损失；业务招待费，即企业出于业务经营的合理需要，在年销售净额一定比例内支付的费用；这些费用都与供应链的绩效衡量有密切关系。2001~2006 年东阿阿胶的管理费用、行业的平均水平以及配对公司的管理费用对比如图 4-1 所示。

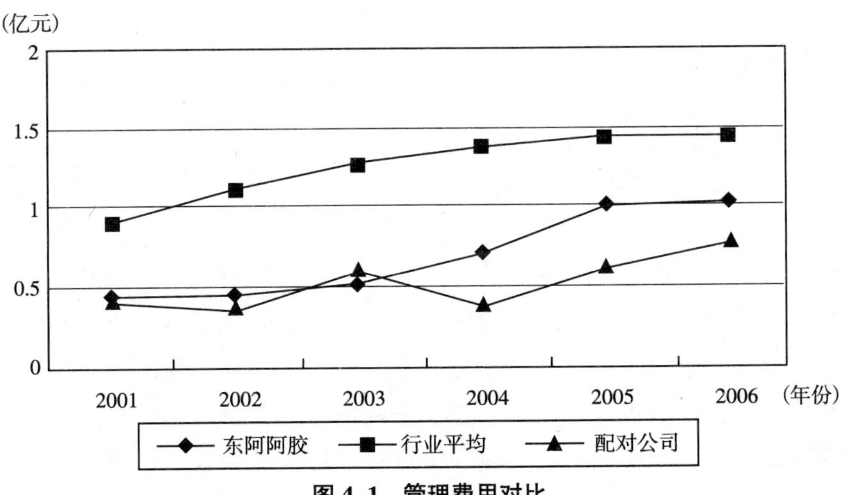

图 4-1　管理费用对比

从图 4–1 可以看出，东阿阿胶和配对公司都是行业中比较优质的公司，管理费用低于平均水平，后发现东阿阿胶公司的管理费用在没有实施供应链时其控制规模已经低于配对公司，但是在 2005 年实施后供应链后管理费用略有上升，经过一年的磨合，管理费用仍然高于配对公司。从管理费用角度来说，供应链实施没有改良这一财务指标。

营业费用是指企业在销售商品过程中发生的各项费用，包括企业销售商品过程中发生的包装费、运输费、装卸费、保险费、展览费和广告费，以及为销售本企业商品而专设的销售机构（含销售网点、售后服务网点等）所支付的职工工资及福利费、类似性质的费用、业务费等经营费用。商品流通企业在进货过程中发生的费用（包括进货途中的运输费、装卸费、保险费、运输途中的合理损耗和入库前的挑选整理费用等），也作为营业费用处理。所以，营业费用也是与供应链实施绩效指标相关联的。2001~2006 年东阿阿胶的营业费用、行业的平均水平以及配对公司的营业费用对比如图 4–2 所示。

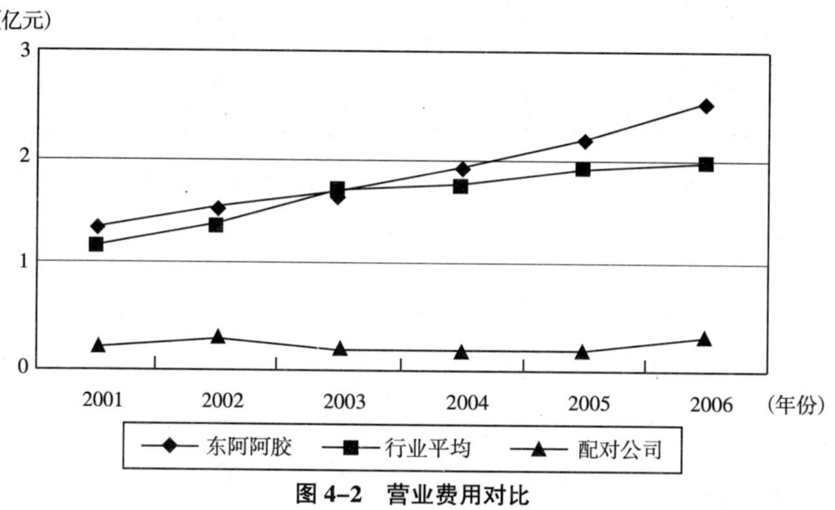

图 4–2　营业费用对比

由于营业费用与企业的经营状况相关，配对公司虽然和东阿阿胶的资产规模相当，但是营业费用差距比较大，由图 4–2 可以看到，东阿阿胶在 2005 年实施供应链后，营业费用与行业平均水平的差距开始拉大。这个拉大趋势使东阿阿胶的营业费用上升幅度加大。以往四年里，东阿阿胶的营业费用一直与行业平均水平相近。因此，就营业费用的角度看，实施供应链后的营业费用增加幅度超过行业平均水平。

主营业务成本是相对于主营业务收入的，是日常活动中对于相应利益流入所发生的成本。主营业务成本是指企业销售产品、商品或提供劳务等经营业务的实际成本。主营业务成本是与企业生产经营活动密切关联的成本核算科目，实施供应链影响的成本目标可以反映在这里。2001~2006 年东阿阿胶的财务费用、行业的平均水平以及配对公司的财务费用对比如图 4-3 所示。

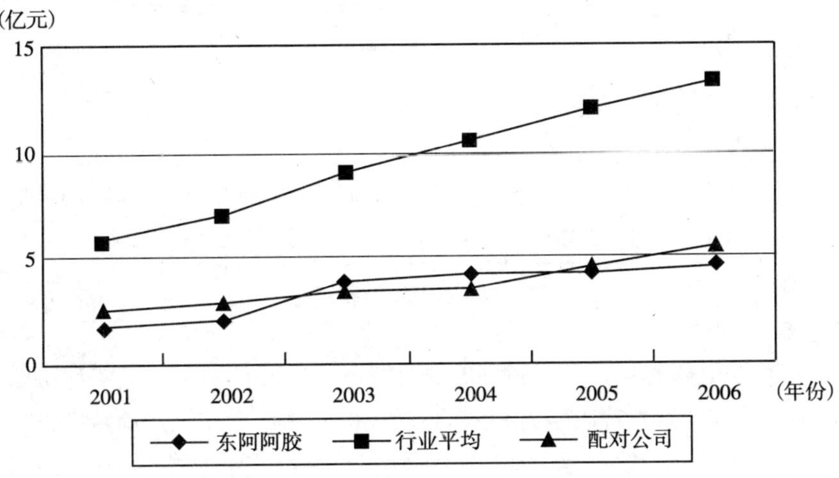

图 4-3　主营业务成本对比

配对公司的规模变化受到个体影响，东阿阿胶主营业务成本每年的变化率很小，呈稳定上升趋势。但是和行业平均成本的差距开始拉大，这种拉大趋势从 2003 年开始，并不是预测到的 2005 年，也就是说，这种主营业务成本优势不是因为供应链的实施而出现。而且可以看到，配对公司 2005 年的主营业务成本略高于东阿阿胶，2006 年东阿阿胶成本优势有所加大，但也不是很显著。

资产周转率是衡量企业资产管理效率的重要财务比率，在财务分析指标体系中具有重要地位。这一指标通常被定义为销售收入与平均资产总额之比。存货周转率是指产品销售成本与存货平均余额的比率。用以衡量一定时期内存货资产的周转速度，反映企业购、产、销平衡的效率。这两项指标都可以反映企业在供应链管理方面的绩效，是体现供应链的重要能力指标。图 4-4 和图 4-5 是 2001~2006 年东阿阿胶的资产周转率和存货周转率、行业平均水平以及配对公司的资产周转率和存货周转率对比。

如图 4-4 所示，东阿阿胶公司的资产周转率有稳定的上升趋势，而且 2002 年已经优于行业平均水平，这种优势一直保持到 2006 年。但是东阿阿胶公司的资产周转率并没有在 2005 年实施供应链后出现明显的增长，反而与行业平均水平愈加贴近。配对公司 2004 年的资产周转率最低，但是 2006 年的资产周转率也贴近行业

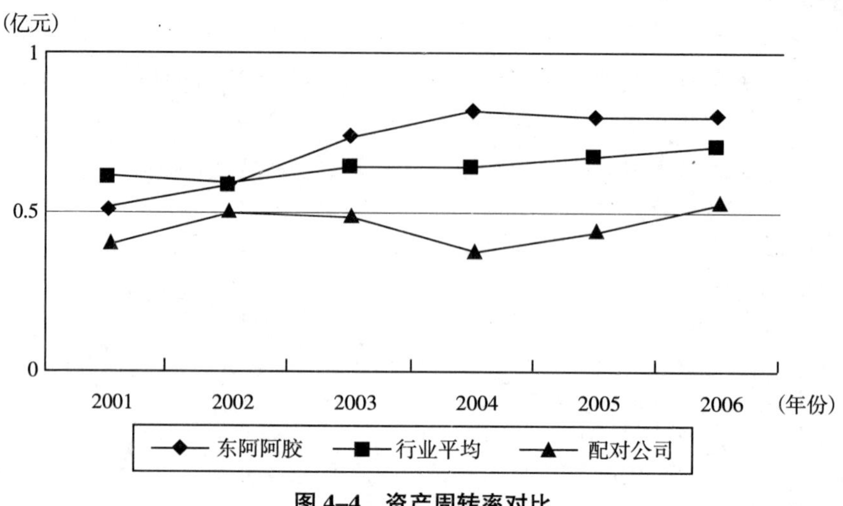

图 4–4 资产周转率对比

水平。因此有理由认为，资产周转率的变化受到了行业的影响，与供应链的实施没有显著的相关关系。2005 年供应链在东阿阿胶的实施，对于资产周转率没有显著的影响。

存货周转率的分析结果如图 4–5 所示，东阿阿胶的存货周转率从 2003 年开始优于行业平均水平。但是在以后的年份中，东阿阿胶的存货周转率一直与行业平均水平几乎保持一致，到 2006 年，存货周转率已经贴近行业平均水平。因此有理由认为，供应链在东阿阿胶公司的实施没有引起存货周转率的显著变化，而且对比配对公司，发现存货周转率仍然受到行业的较大影响。

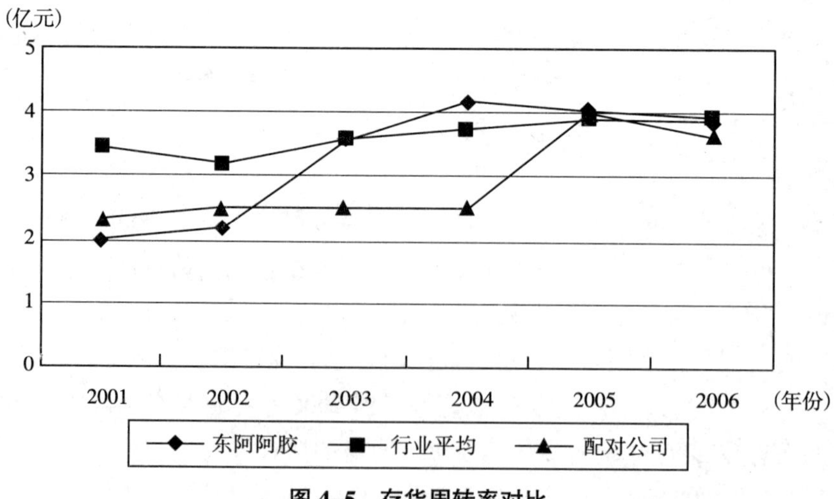

图 4–5 存货周转率对比

从以上指标对比结果分析可知，供应链在东阿阿胶的实施没有引起企业生产经营能力的显著变化。有些方面的行业优势地位甚至开始下滑，因此，可以证明实施供应链的企业没有获得生产经营能力绩效的提升，可能的原因是，企业当初在实施供应链决策时并没有把目标放在提升企业的生产经营能力和绩效上，而是更加关注其他方面的问题。

4.1.2.2　企业现金流分析

现金流一般是针对企业而言的，所以，现金流是指某一段时间内企业现金流入和流出的数量，例如，企业销售商品、提供劳务、出售固定资产、向银行借款、上市等都会取得现金，形成现金流入；购买原料、支付工资、构建固定资产、对外投资、偿还债务等都需要支付现金，形成企业的现金流出。在企业中，现金流是指：企业在经营过程中，根据决策与现金流动的方向，通过对现金流的监控可以看出公司的决策是否正确。通过企业现金流的变化情况，可以分析供应链实施决策的目的。2001~2006 年东阿阿胶的现金流、行业平均水平以及配对公司的现金流对比，如图 4–6 所示。

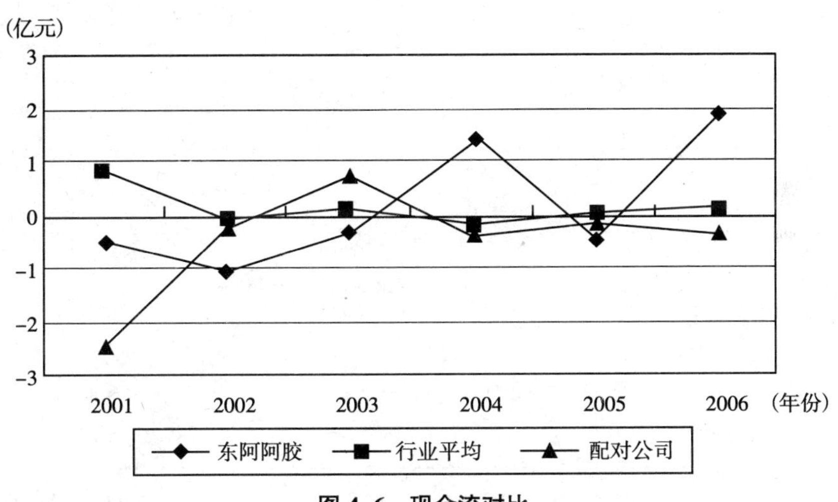

图 4–6　现金流对比

企业现金流对比分析结果如图 4–6 所示，2006 年东阿阿胶的现金流同比增加幅度比较大，似乎可以证明企业供应链的实施提升了企业绩效。但是从时间序列上分析，2002 年以来，东阿阿胶的现金流量开始出现上升的趋势，而且 2003 年超过行业平均水平。这种变化在 2005 年发生转变，现金流变成负值。供应链实施期间的现金流变成负值反映了其成本耗费巨大，2006 年现金流量出现了反转。其主要原因是供应链实施完毕，对于现金流的要求降低。对比 2006 年与 2004 年的东阿阿胶公司现金流发现，现金流的增长都为3000万元左右。并没有出现所谓的“供应链实施后现金流对比行业平均水平大幅度提高”的现象，同时注意到配对企业的现金流变动情况，2005~2006年的现金流反转可能是行业因素导致的。

因此，通过以上分析发现，供应链的实施对于企业的现金流没有显著影响。实施后一年发生反转是因为供应链实施当年这一重大事件导致现金流转为负值的缘故。所以有理由认为，供应链的实施对于企业的经营能力并没有显著影响，企业实施供应链决策的目的也不在这方面。

4.1.2.3 盈利能力分析

企业的盈利能力主要反映企业经营活动中获取利润的能力。实施供应链的主要目的是帮助公司提升自身获取利润的能力，用盈利能力指标来衡量供应链绩效可以佐证这一观点。本书选取了财务会计常用的盈利能力指标——净资产收益率。净资产收益率又称股东权益收益率，是净利润与平均股东权益的百分比。该指标反映股东权益的收益水平，指标值越高，说明投资带来的收益越高。净资产收益率是公司税后利润除以净资产得到的百分比，用以衡量公司运用自有资本的效率。2001~2006年东阿阿胶的净资产收益率、行业平均水平以及配对公司的净资产收益率对比，如图4-7所示。

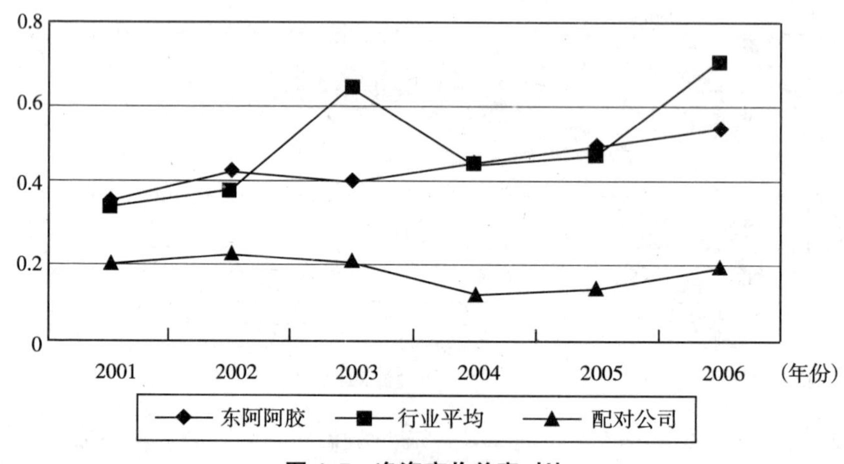

图4-7 净资产收益率对比

从图4-7的结果分析可知，东阿阿胶公司的净资产收益率与行业平均资产收益率基本保持了一致的发展水平和趋势。2004年和2005年几乎和行业平均水平一致，但是2006年行业平均净资产收益率超过了东阿阿胶，东阿阿胶的净资产收益率明显低于行业水平，也就是盈利能力开始减弱。参照对比的配对公司发现，2005年实施供应链后并没有继续拉大配对公司与东阿阿胶的差距。因此，从上述分析可以认为，东阿阿胶公司在 2005 年实施供应链后企业的盈利能力并没有获得显著的提升。

4.1.2.4　市场状况分析

对于市场状况分析，这里引用 HHI 和 CR4 指数来表示医药生物制品行业的指数，同时引入东阿阿胶的市场份额作为对比。HHI 指数，全称是赫尔芬达—赫希曼指数（Herfindahl-Hirschman Index），是度量产业部门市场集中度的指数。其计算方法是把某一部门的每一家企业的市场份额平方后求和，其计算公式为 HHI=∑Si2，其中 Si 是第 i 家企业在某一部门中的份额，HHI 介于 0~10000，数字越小，集中度越低，竞争激烈程度越大；反之，则集中度越高。该指数侧重从宏观上测算整个产业部门的集中度，从而掌握某行业在某一时期的市场集中状况。CR 指数，全称是集中比率（Concentration Ratio），是某一产业部门的业务被若干大厂商经营的比率（用百分比表示），用来表明该部门中少数厂商占有或控制的程度。通常按照四到八家大厂商占有部门的资产、产量、销售额、职工人数或利润的百分比计算，百分比越大则集中程度越高。其中按照市场占有率居前四位的大厂商计算得出的指数称为 CR4 指数，按照市场占有率居前八位的大厂商计算得出的指数称为 CR8 指数。该指数能够测算某个产业市场前四位或前八位的大厂商在整个产业市场中的地位，从而掌握该产业市场在某一时期的寡头市场状况。一般认为，CR4 指数超过 50%，CR8 指数超过 75%，则该行业被视为高度集中的行业。本书按照东阿阿胶公司占 HHI 指数的百分比以及相对于 CR4 和 CR8 的百分比对比来研究东阿阿胶的市场状况变化，具体的数字对比如图 4-8、图 4-9、图 4-10 所示。

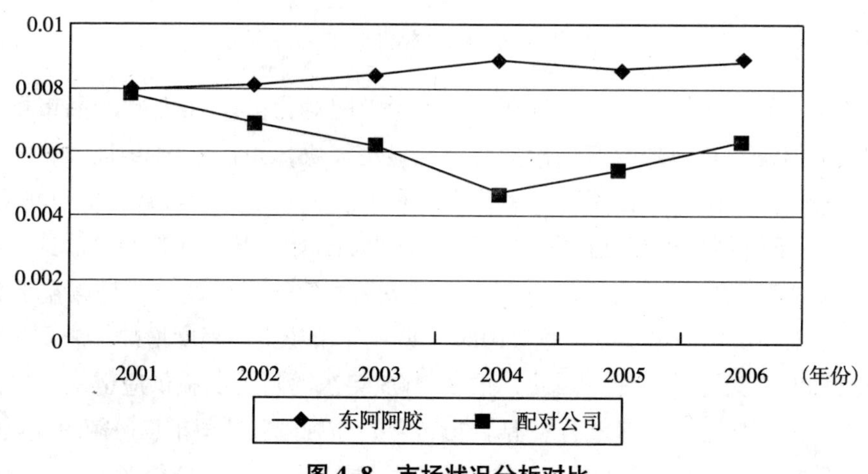

图 4-8　市场状况分析对比

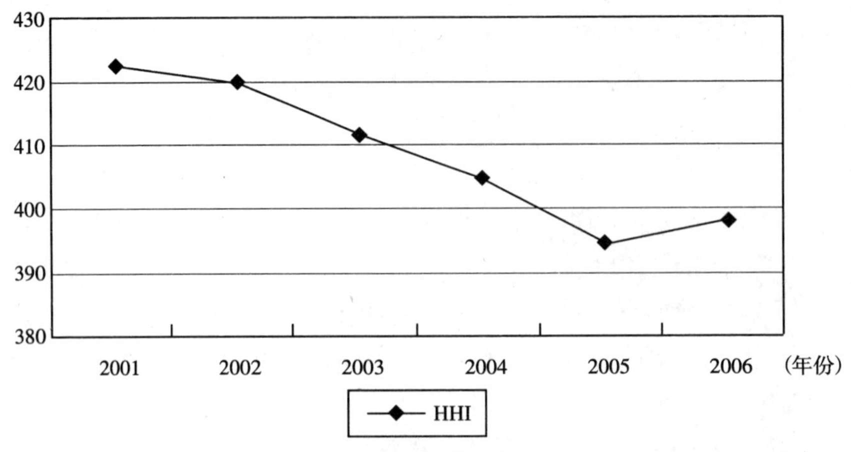

图 4-9　HHI 指数变化

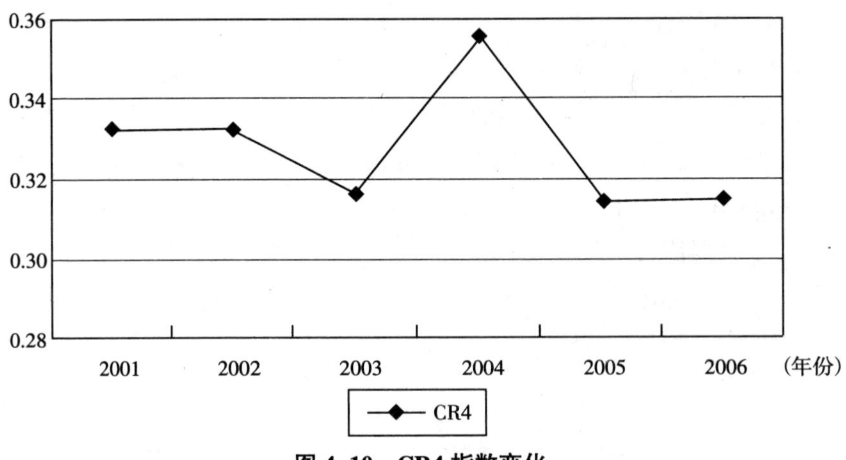

图 4-10　CR4 指数变化

如图 4-8 的对比结果所示，东阿阿胶公司与配对公司在 2001 年产品市场份额基本相当，但是，东阿阿胶市场份额增长明显比较快，并且 2004 年最大，配对公司的市场份额与东阿阿胶公司的差距最大。东阿阿胶不仅保持了自己的市场份额，而且随着市场竞争激烈程度的上升，公司的市场份额开始上升（见图 4-9）。这充分证明了东阿阿胶强劲的竞争力。2005 年东阿阿胶公司实施供应链应该是得益于 2004 年的逆势而上，所以做出实施决策。同时，2004 年市场集中程度增加，表示企业整合行业资源的势头开始高涨。因此，推断 2005 年东阿阿胶实施供应链决策也是在市场竞争中的战略之一，即整合资源。2006 年，东阿阿胶公司市场份额的变化明显开始与市场集中程度并行（见图 4-9 和图 4-10），成为行业中的佼佼者。对比配对公司，虽然 2004 年展开激烈竞争，但是其市场份额仍旧远低于东阿阿胶公司。因此有理由认为，供应链在东阿阿胶公司的实施证明了东阿阿胶公司保持并且优化了自己的市场地位，获得更多的市场份额。同时可以认为，东阿阿胶公司实施供应链增强了其竞争实力，获得了更多的市场份额。

4.1.3　问题的提出

通过上面的案例分析，发现实施供应链企业的财务与运营绩效相对于配对公司并没有发生显著变化，这就引出一个问题：企业当初为什么要实施供应链？实施供应链是否一定提高企业财务绩效？还是说，企业当初在进行供应链实施决策时考虑的是更高的战略目标？就是说，企业在进行供应链实施决策时可能考虑了环境不确定性和战略的互动，是在进行一种战略投资，而这种战略投资看重的恰恰是企业未来的、持续的市场价值。

案例分析结果表明，实施供应链企业的市场份额发生了显著变化。而且市场份额的变化迎合了行业的市场变化，增强了企业的行业竞争能力。由此，中国实施供应链的企业其主要目的可能是在保持现有市场份额的基础上再努力获得市场竞争优势。根据战略中领先理论和资源理论，企业做出供应链实施决策出于两种目的。一是整合市场资源，获得市场竞争优势；二是根据领先理论，供应链实施企业应该具有了交易成本领先的优势，开始向转移领先转化。案例中，东阿阿胶公司的市场份额保持了稳定，无论行业集中程度如何变化，其都保持了平稳上升。证明案例企业获得交易成本优势可以稳定自己的市场份额。同时注意到，2004 年，东阿阿胶的上述各项指标都处于最佳状态。为了维持其优势地位，实现企业持续的发展，于是东阿阿胶 2005 年实施供应链决策，2006 年获得与行业市场同步变化的优势。在市场集中程度上升的过程中，东阿阿胶公司的市场份额不降反升。在掠夺市场资源的竞争中，东阿阿胶公司明显占据了优势，转移优势和整合资源的效果开始得到体现。也就是说，企业在实施供应链决策时，可能考虑了环境不确定性和战略的互动，是在进行一种战略投资，而这种战略投资看重的恰恰是整合市场资源，提高企业的能力，进而促进企业的持续成长。

4.2 提升企业竞争力的管理模式——供应链管理

4.2.1 供应链管理涉及的内容

供应链管理涉及的内容并不仅仅是物料实体在供应链中的流动，它注重以下几个主要问题：

（1）随机性问题，包括供应商可靠性、运输渠道可靠性、需求不确定性、价格波动影响、汇率变动影响、随机固定成本、提前期的确定、顾客满意度的确定等研究。

（2）供应链结构性问题，包括规模经济体、选址决策、生产技术选择、产品决策、联盟网络等研究。

（3）供应链全球化问题，包括贸易壁垒、税收、政治环境、产品各国差异性等研究。

（4）协调机制问题，如供应—生产协调、生产—销售协调、库存—销售协调等。

此外，供应链管理还包括以下内容：①战略性供应商和顾客合作伙伴关系的管理；②供应链产品需求预测和计划；③全球节点企业的定位、设备和生产的集成化计划、跟踪和控制；④企业内部和企业之间的物料供应与需求管理；⑤基于供应链管理的产品设计与制造管理；⑥基于供应链的顾客服务、运输、库存、包装等管理；⑦企业间资金流管理（汇率、成本等问题）；⑧基于 INTERNET 或 INTRANET 的供应链交互信息管理。

4.2.2 供应链管理提升企业竞争力

借鉴平衡记分卡的思想，从下面四个维度进行分析：

（1）财务角度。供应链管理的核心思想就是，当供应链达到企业内部和成员企业之间功能整合、信息共享和合作协调时，就能实现减少废品和提高供应链运行绩效的目标。因为供应链的各项活动都很协调，所以运输费用、订单处理费用、订单选择费用、入库费用和库存费用都降低了，也就是说，供应链管理使得企业具有成本优势，公司最常被报导实施供应链管理的好处就是低成本。核心企业通过实施供应链管理可以通过一种合理的成本方式来满足顾客的特定需求。供应链管理就是致力于将需求服务的成本降到最低水平，再加上从原材料到成品的周期变短了，供应链中资金的流通速度也加快了。这就带来了更高的投资回报率、更高的边际收益和高速的现金流通，这样，收入和利润就有了保证。

（2）顾客角度。供应链管理使得供应链中废品减少、订单周期压缩、灵活反应和最小化成本，这些好处都将传递给最终顾客。在这种情况下，供应链及其成员就应该把精力放在顾客利益指标上，关注这些指标被实现的程度和那些阻碍这些利益实现的因素。影响顾客满意度的因素主要包括产品质量、柔性和订单周期。顾客满意度的提高意味着企业产品未来需求的增加，市场份额的增加，同时还会形成品牌和信用等无形资产的增值。

（3）学习与成长角度。经营环境一直在变化，所以，企业必须不断地学习和创新才能确保将来能够持续获益。学习与成长能力是完善流程、满足顾客期望、最终获得财务回报的关键因素。平衡记分卡的创始人卡普兰谈及学习与成长角度时，把它描述成一棵枝繁叶茂的大树的根，这是支撑和滋养财务回报的源泉，把它放在底部正是因为它充当了基础的角色。供应链管理属于典型的横向管理模式，它较纵向管理模式的进步之处就是它是一个学习型组织，永远处于不断的进步中，这也是组建供应链的初衷。

（4）潜在投资者角度。供应链的实施，核心企业的市场占有率的上升、品牌和信用等无形资产的增值、学习和成长能力的提升、对系统内上下游企业了解程度的增加等，所有这些在为企业带来产品市场利润回报的同时，还会极大程度地影响潜在投资者对公司的估价，这会通过金融市场上的股票价格得以体现。

4.3　实物期权理论与战略投资

4.3.1　实物期权理论的引入

20 世纪末，源于期货交易领域的期权思想被国外学者引入投资评估中，并在实践中取得了良好效果。期权思想为投资决策提供了一条全新的评价思路。Myers

(1977) 最早识别出企业的成长机会，认识到期权定价理论可以用来指导企业的投资决策，在非金融投资领域内具有重要的应用前景，并且创造了“实物期权”(Real Options) 这一词汇，正式提出实物期权的概念。

狭义上，实物期权是金融期权理论在实物（非金融）资产期权上的扩展。广义上，实物期权是一种思想，是一种把金融市场规则引入企业内部战略投资决策中的思维方式。尽管金融期权能够在金融合约中得到详细的说明，但实物期权却隐含在企业的决策过程中，具有更加复杂的现实世界特征，必须加以辨别和特别说明，其条件设置往往更加宽松。与金融期权一样，实物期权也体现着或有决策，其损益也是非线性的，但实物期权方法是利用金融市场的输入量和概念，来为各种实物资产的复杂损益进行定价。通过把非市场风险转化为市场风险，并利用金融市场来度量，可以使管理柔性、内部投资机会和外部交易机会（包括合资、技术许可证、收购等）具有等值基础上的可比性。通过识别、运用和控制实物期权，可以减少企业投资决策的不确定性暴露，实现最优决策。

Trigeogis（1996）把实物期权分为七类：延迟投资期权（Option to Defer Investment）、改变运营规模期权（Option to Alter Operating scale）、转换期权（Option to Switch to Use）、放弃期权（Option to Abandon）、增长期权（Corporate Growthoptions）、分阶段投资期权（Option to Staged Investment）和复合期权（Multipleinteracting Options）。

Amram and Kulatilaka（1999）将实物期权分为五类，它们是：等待期权（Waiting -to -Investment）、增长期权（Growth Option）、柔性期权（Flexibility Option）、退出期权（Exit Option）和学习期权（Learning Option）。

4.3.2 定义

实际上，关于实物期权的定义目前还没有共识，一般来讲，主要分为四种（Mcgrath，2004）：

（1）期权价值是公司总价值的组成部分。公司的市场价值可以分为现金流价值和成长机会现值（Miller and Modigliani，1961）。而现金流价值来源于现有的生产能力，成长机会的现值则来源于将来获得增加的生产能力的期权（Myers，1977；Myers and Turnbull，1977）。因此，这里的实物期权是指基于公司的资源和能力，随着环境的变化，公司可得到的未来成长机会。

（2）对具有期权特性的资产的投资。这里的期权价值体现在公司拥有的选择权上，即公司可以在将来得到更多的信息时，选择执行某些活动，包括扩大、减小规模、放弃、转向等。这一定义在管理文献和实证分析中被大量采用。包括成长期权（Kester，1981），R&D 项目投资（Kumaraswamy，1996）等。

（3）关于一个或多个方案的选择。这里将关注的焦点由产生期权的资源转向具体的可供选择的执行方案。将期权进行了细致的分类，包括放弃期权、成长期权、复合期权等。

（4）作为一种启发式战略的期权推理逻辑，实物期权认为，投资者做决策时并不能完全知道将来他可能采取的下一步具体行动方案。实物期权与公司其他资源的显著区别就在于其特有的选择和把握将来可能出现的机会的能力（Bowman and Hurry，1993）。事实上，实物期权是公司追求重要能力发展的途径（Courtney，Kirkland Viguerie，1997；Kogut and Kulatilaka，1994；McGrath and MacMillan，2000）。

上面四种定义相互补充。事实上，实物期权反映的本质是企业以确定或不确定的成本投入获取确定或不确定收益的一种权力（Trigeorgis，2005）。

4.3.3　实物期权相关研究

实物期权的概念是由麻省理工学院的 Stewart Myers 于 1977 年提出的。Myers 把期权的观念应用于实物资产上，为已经停滞的投资决策理论带来新的思考方向。

依据 Miller and Modigliani（1961）关于企业价值和增长机会的观点，Myers and Turnbull（1977）认为公司的投资机会本质上等同于增长期权，因此他们认为，公司的市场价值包括两个部分：一是公司所有有形资产的现值；二是公司所拥有的增长期权价值之和。这也可以从一个侧面解释为什么企业会计上的资产价值一般小于企业的市场价值，因为会计报表不可能包括这些增长期权。

Kester（1984）明确提出可以任意处置的投资机会类似于股票的看涨期权，因此，他把这种投资机会定义为衍生于实物资产的期权，即实物期权。根据 Kester 的看法，战略投资项目的价值应等于该项目未来产生的现金流的现值加上该项目产生的增长机会的价值。这样，任何 NPV 为负的投资项目，只要它带来的增长机会的价值足够大，或者可以选择不必立即投资，等形势好转再进行投资，这样的投资项目仍然具有价值。此外，Kester 还注意到，只要存在管理灵活性，项目的风险水平越高，其增长机会的价值也就越大。这就意味着，决策者根据未来投资环境变化及时采取有效措施将最终增加实现项目潜在价值的机会，减少项目在不利环境下进一步损失的可能性。因此，项目风险越大，决策者从管理灵活性中得到的价值也就越大。

Myers（1987）指出传统 DCF 方法在决策具有战略意义的投资项目时存在严重缺陷，建议决策这些项目时运用期权思维方式。将项目中可能出现的各种机会、灵活性及不确定性通过动态复制当作期权进行一定程度的量化处理，从而提高决策复杂投资的准确性。

McDonald and Siegel（1986）对成本和利润不确定条件下的连续时间随机过程进行最优投资时机决策，Dixit and Pindyck（1994）是最早对期权思想进行合成的开拓性学者。传统的期权定价方法要求市场是完善的，这是由于连续时间实物期权估价研究工作的基本假定允许对项目折现率进行确定（Brennan and Schwartz，1985；McDonald and Siegel，1986）。尽管这对金融资产而言是合理的假设，但对实物资产而言，市场是不完善的。Dixit and Pindyck（1994）对这种情况提出运用动态规划与主观设定的折现率方法，但结果不能提供市场价值和期权价值。Amram and Kulatilaka（1999）系统地提出了 RO 分析框架，并运用案例对不同形式的企业和投资项目价值进行了 RO 分析。Ole Gjolberg and Atle G. Guttormsen（2001）提出均值回复模型；Peter Carr and Liuren Wu（2004）提出时变 Levy 过程分析与期权定价。

Miller and Park（2002）把主要的 RO 计算方法的优缺点作了概括，认为 RO 计算方法主要有两大类，即离散时间型和连续时间型。多项式网格法属于离散型方法，闭合式方程（Closed-form Equation）法、随机微分方程法和蒙特卡洛模拟法则属于连续型方法。

网格法（Lattice Approach）假定基础资产的价值变化遵循离散随机模型，期权价值通过决策树逆推求得。Tian（1993）设计了一种二叉树和三叉树模型计算实物期权价值。Detemple and Sundaresan（1999）在给定资产组合约束的情况下设计出应用于不可交易资产估值的二项式法。Herath and Park（2002）讨论了用网格法来评估复合 RO 值。闭合式方程法的四种主要形式是 Black-Scholes、Margrabe、Geske and Carr 方程。Black and Scholes（1973）开发了第一种解析方程——Black-Scholes 方程，用于评估金融期权与强制支付，Black-Scholes 方程主要用于评估延期期权、成长期权和放弃期权。互换资产期权由 Margrabe（1978）设计，以上两种方程的主要区别是对待期权执行价格的方式不同。Black-Scholes 方程假定执行价格是一个确定数值，而 Margrabe 方程则假定执行价格为随机变量。Geske 方程主要用于连续投资决策，如研发与技术决策项目。Carr 方程用随机执行价格来设计复合期权方程，两种方程的应用范围类似。随机微分方程用来推导以上闭合式方程的解，计算很复杂，需要借助随机微积分知识。蒙特卡洛模拟的优点是理论上能广泛应用，但具体应用模拟法来评估实物期权的文献很少。

常用的期权定价方法有两种：一种是离散时间下的二项式定价模型（Cox，Ross et al.，1979），另一种是连续时间下的 Black-Scholes 定价模型。这两种方法比较精练，在实际应用中比较成熟，但也有共同的缺点——都需要对标的资产的波动率进行估算。

许多投资分析的研究集中于自然资源的投资领域，因为自然资源大多可交易，Brennan and Schwartz（1985）分析指出，由于产品价格的不确定性，企业需要依据产品价格及其波动率水平进行柔性决策，管理者可以通过调节生产水平来控制项目价值最大化，由商品的现货价与期货价导出持有收益，进而得到推迟、关闭或放弃矿藏开掘等柔性决策的期权价值。在自然资源领域，投资理论已经得到了良好的实际应用效果，例如，Paddock、Siegel and Smith（1988）评估了蕴含在未开发油矿中的期权价值，实证得到的结果是：在竞标离岸海洋石油租约时，运用期权方法优于 DCF 方法；Kemna（1993）分析了壳牌石油的案例，评价了开发海洋油田的时间选择型期权，制造型初创企业的成长期权以及炼油生产线的关停期权；Cortazar（1998）运用均值回复过程计算投资扩张铜矿产量（或投资降低单位生产成本）的期权价值，建立了包括启停和推迟投资等管理柔性在内的面向客户的特定实物资产模型等。

当涉及企业投资的一般化项目时，许多文献研究多阶段项目最优投资行为问题。Dixit and Pindyck（1994）研究的是盈利流为正时的多阶段投资，得到每阶段投资机会的期权价值和触发投资的价格闭值。Abel（1996）讨论了一类两阶段投资问题，假设前期投资可扩张并可以完全回收，在后期则不仅都受限制，而且开始点是外生定义的。在这种情况下，投资触发后，企业规模的可扩张性就降低直至消失。Dutta（1997）利用动态规划方法研究了每个中间阶段均可获利的那些项目的研发预算最优配置，分析得到早期较多的预算投资使研发支出的最优路径减少。

Dang（1999）研究了不可逆投资在需求不确定时的最优投资时间和规模问题。当项目按某一最大规模实施后，这一规模作为输出的上界就固定了，以后也不再调整。在这种一旦投资就全投入的决策中，未来需求的不确定性导致了最优实施规模的增长。但这样引起了投资的延迟，甚至小的不确定性也会造成等待和进一步的积累信息。通过限制投资规模可以减弱这种不确定性的影响。

Pennings and Lint（2000）考虑了一种包含多个期权的复杂决策问题，项目不仅包含扩张投资型期权，还包含放弃并回收残值型期权。他们将投资决策时间看作确定值，直接运用欧式期权定价公式，采用多目标规划方法求解最优值，还结合Philips电子的CD-1项目实例探讨了投资的最优时间和最优规模。

Alvarez（1999）运用标准线性扩散理论和非线性规划方法，推导出理性经营的企业的随机现金流以及最优退出的必要条件。该文放弃了常用的动态规划方法和无突变路径假设，指出，只有在不可逆退出期权价值大于未来生产的机会价值时，退出才是最优的。

Alvarez and Keppo（2000）考察了收入不确定和原料供应滞后情况下不可逆投资机会的理性执行和估价，他们发现，由于等待的价值超过了执行的价值，从而左右了理性的投资需求，所以，供应市场的不完美性甚至对有良好获利前景的项目都产生消极的影响。

Alvarez and Stenbacka（2001）利用马尔可夫过程的格林函数表示法寻求技术更新决策期权和采纳当前主流技术期权的最优执行阈值。虽然较早采纳主流技术的风险很大，但却能获得显著的比较优势，能够带来后续新技术所需的经验和知识。企业更新至下一代技术的价值类似于在未来不确定时刻用当前主流技术—— 一种风险资产，去交换换代技术——另一种风险资产。主流技术带来的收益流体现了价格和需求（销量）在市场中的不确定性。在决定是否采纳主流技术时，企业只获得换代技术成功的概率分布。在技术不确定性独立于市场不确定性的假设下，分析未来不确定的技术革新如何影响当前交流技术的采纳决策，描述采纳主流技术的复合期权价值受市场和技术不确定性的影响，以及它们相互依赖的程度。

由于期权拥有者之间的作用不可避免，把实物期权理论与博弈论相互组合的研究是企业项目投资估价和决策方法研究的一个重要发展方向，在国外已形成热点。Smit and Ankum（1993）分析了三种市场角色下企业经济租金的变化。Grenadier（1996）分析了房地产市场上企业基于抢滩博弈的时间安排型期权。Martzoukos and Zacharias（2002）分析了两阶段投资过程中企业在信息匮乏和溢出情况下的策略。

在项目综合评价方法方面，McGrath and Macmillan（2000）给出了基于实物期权逻辑的技术项目评估方法。该方法利用评价对象各指标的定性结果建立概念模型，运用“把握有利机会、规避不利风险”的期权定价思想得到项目的综合评价结果。

我国对实物期权理论与方法应用方面的研究目前刚刚起步，国内理论界对其相关研究一般处于定性的概念探讨阶段，较少涉及定量化，且很少探索其在我国的实际应用。由于实物期权的概念较少被实务界人士理解掌握，因此，在企业投资实际问题中的应用也比较少见。

国内学者从1998年左右已经开始进行实物期权的研究工作，起初主要通过对发达国家公司估价思想和方法的研究，进行有关实物期权概念的导入工作。随后一些学者开展了更多的研究工作，与国外的研究状况相对应，国内的研究可分为定价评估型和应用研究型两方面。国内在对实物期权的定价研究方面主要是针对投资决策过程中的不确定性和投资机会进行定价研究。范龙振（1998）讨论了经营弹性对投资决策的影响，并通过一个投资时间选择模型研究了投资时间选择期权的价值。范龙振和唐国兴（1999）在 Pindyck 的基础上做了进一步推广，假定在不同的时间点，投资项目初始支出也是随时间的不确定性变化的其变化服从均值回复过程。通过解析表达式，可以看出投资支出的不确定性变化对投资机会价值和投资决策的影响。徐民利和张子刚（2001）应用实物期权理论分析了研究与开发项目投资，对研究与开发项目投资的不确定性进行了归纳，建立了求解研究与开发项目投资机会价值的数学模型。黄凯（1998）根据期权理论并结合一部分实证研究结果，探讨了我国企业投资的灵活度问题。在具体行业产品定价领域，范龙振等（2007）对如何利用期权定价方法对产品专利进行价值评估做了初步探讨。陈小悦和杨潜林（1998）把实物期权模型应用到企业的价值评估之中，并使用离散模型和连续模型对实物期权进行估值。高佳卿（1998）在分析传统投资决策分析方法缺陷的基础上，运用期权理论构造了一个新的投资分析框架。茅宁（2000）在《期权分析》一书中对实物期权的概念和实物期权的理论做了一定程度的分析和阐述。王建华和李楚霖（2002）介绍了不确定环境下投资项目的期权评价方法和最优投资规则，比较了传统投资理论和实物期权理论的区别，分析了期权价值及其实践意义。

在国外实物期权理论与方法研究的基础上，国内不少学者也开始了对实物期权的应用研究。廖作鸿（2006）等将实物期权的方法运用于矿业权的评估。马义飞（2007）等做了实物期权在油气储量价值评估中的应用研究。谭跃和何佳（2001）则使用实物期权理论为中国的 3G 牌照作了定价研究。在公司理财领域，刘兵军（2002）等用实物期权的观点对存在于各种组织中的“恶性增资”现象进行了分析，指出实物期权理论对传统假设提出了挑战，并且是对增资行为传统理论的有力补充。张宇（2003）等人通过研究指出，随着实物期权法的运用，公司股东可能会选择某些风险较大但传统净现值为负的投资项目，这些项目的投资对于提高股东权益价值是有益的，但却可能损害债权人的利益。

4.3.4　期权价值的来源

通过期权，企业可以增强上升的潜力，同时控制下降的风险，而正是由于这两个方面的不对称带来了期权价值（Mcgrath，2004）。企业扩大市场份额、发掘潜在市场等行为都可以增强上升的潜力，同时通过初始阶段的少量投资，再分阶段陆续投资和放弃项目达到限制下降风险的目的。但实际上，这种风险是不易控制的。同时所谓的需要预先确定的“放弃条件”往往很难在制定决策时准确制定，随着项目的进行、掌握信息量的增加，原有的不确定性逐渐减小，同时企业自身知识进行积累，这些都可能使企业的“放弃条件”需要加以调整，以适应新的市场环境和不确定性。

4.3.5 战略投资决策中的实物期权分析

在当今不断变化的经济环境中，决策者经常需要在不确定的环境下做出一些重要的战略投资决策。企业战略投资泛指直接影响企业竞争地位、经营成败或中、长期战略目标实现的重大投资活动。典型意义的战略投资项目包括：新产品的研究与开发、新的生产技术或生产线的引进、新领域的进入、兼并收购、资产重组、生产与营销能力的扩大等。这类投资通常资金需求量较大，回报周期较长，并伴随较大的投资风险。企业战略投资在未来将对企业产生重大的影响，这些战略投资具有一些共同的特征。首先，战略投资注重的是未来的收益，战略投资时间跨度大，投资决策者关心的是投资项目将来的巨大收益，并不指望当前就能盈利，甚至暂时的亏损也是可以接受的。其次，战略投资是不可逆的。最后，战略投资与一般的投资相比具有更大的不确定性。

实物期权理论近年来在项目分析和战略投资领域得到了越来越广泛的应用。20世纪末，源于期货交易领域的期权思想被国外学者引入投资评估中，并在实践中取得了良好效果。期权思想为投资决策提供了一条全新的评价思路。

Myers（1977）最早识别出企业的成长机会，认识到期权定价理论可以用来指导企业的投资决策，在非金融投资领域具有重要的应用前景，并且创造了“实物期权”（Real Options）这一词汇，正式提出实物期权的概念。之后，不少学者开始着手研究实物期权并在项目投资分析和特定场景下的单项决策分析方面取得了很大的进展。传统的实物期权是金融期权在实物（非金融）资产领域的扩展（谷明玉等，2003），因为金融期权有着严格的边界限定，传统实物期权方法的适用范围也受到了限制，Adner and Levinthal（2004）指出，实物期权方法有其应用的固有边界，而现实中边界的不确定性将导致项目很难被放弃；并指出实物期权方法容易被不规范的组织行为误用而降低机会应有的价值。Kogut and Kulatilaka（1994，2001）认为企业能力也是一种实物期权。黄卫伟（2007）提出了价值权力这一概念，认为价值权力是能够为企业获取价值并且以获取价值为目的的一般性权力统称。因此，价值权力本质上也是一种权力，是一种选择权，表现为一种灵活性。通过行使权力，企业能够获取价值，也就是权力价值。尽管存在不同的看法，实物期权的核心逻辑及其价值却得到了理论界的一致认可，实物期权连接确定的现在和不确定的未来的功能（Adner and Levinthal，2004）决定了其在战略投资决策分析领域广阔的应用前景。

战略投资通常投入规模较大，周期较长，且直接影响企业的竞争地位与长期发展目标的实现，战略投资失误往往直接导致企业的生存危机。激烈的市场竞争、不断变化的经营环境，对企业的快速反应及灵活性提出了更高的要求。传统的投资分析思路、评价方法和运作模式不能适应这一方面的要求，往往低估项目的潜在价值。用实物期权来对战略投资进行价值评估，既考虑了为项目投资支付的成本，又考虑了项目预期的收益，还考虑了锁定风险的决策柔性价值，甚至考虑到了项目的持有风险所造成的回报短缺，这就是期权思想的优势所在。同时，实物期权评价方法比传统方法需要更多的数据，尤其是把反映项目风险和回报的特性有机地结合到评价中来，说明该方法能够比较全面地反映风险和收益，更加适合高风险高收益的战略投资项目的评价。为了运用实物期权，我们要先在战略投资的过程中识别和创造期权。期权就是选择权，对各种选择权的辨别就是对期权的识别。战略投资的过程就是创造期权的过程。

既然战略投资是一种期权，就必然要关注期权的价值。各种影响企业战略发展的因素都会影响到战略投资的期权价值，例如，人员、制度等都可能从成本、收益增减方面或是通过对风险的改变来影响期权价值。但是对战略投资影响最大的是市场机会、市场竞争的激烈程度和战略发展的存在性，特别是技术标准和基于这些标准的价值流程、价值观念以及相应的组织结构等。

在战略投资决策分析中，我们可以把投资的战略意义或价值也看作一种选择权或期权。根据这一定义，投资一旦包含战略价值，也就为该投资带来了一种在将来某一情况下争取额外回报的可能性。由于目前该投资还没有发生，将来的额外回报又建立在目前投资的基础之上，而将来的额外回报又可能受其他因素的影响，因此它只是一种可能。期权理论的意义在于，不论将来的回报是否成立，目前考虑这一可能性，就为该投资增加了一份争取将来更大回报的选择权，这一选择是有价值的，并能以它的现值计算。

期权定价理论在金融投资领域获得了巨大成功，也为企业战略投资决策分析提供了新的思路和评价方法。与传统评价思路不同，期权定价理论的出发点是适时根据市场价值的随机波动反映投资的价值和潜在价值。期权定价理论的核心内容是根据市场环境的变化采用动态的决策程式来研究战略投资的内在价值。该理论特别注重投资过程中的不确定因素对各阶段投资决策的影响，这对周期长、受不确定因素影响较大的投资项目尤为重要。通过提高决策灵活度以降低投资风险是期权定价理论的基本特色。

4.3.6 确定“什么不是实物期权”的两条原则

Bowman and Hurry（1993）指出，如果满足下面两条原则，则说明一项投资没有期权价值，也就不能用实物期权方法分析。

原则一：资源不会产生未来的选择。

原则二：资源不能帮助企业把握未来的机会。

通过前面对供应链管理的阐述，我们知道供应链的实施给企业带来了一系列的能力，这些能力在整合企业已有资源的同时，还可以产生未来的选择，同时还能帮助企业把握未来的机会，因此，实施供应链就是在购买实物期权，可以用实物期权的思想分析供应链系统的价值问题。

随着市场环境的变化，供应链中的龙头企业（大企业）通过实施供应链管理，不断整合上、下游资源，通过信息共享、合约设计等方式增加了对上、下游企业的了解，通过不断选择、筛选供应商、分销商，调整资源配置能力，对市场变化做出快速反应，进而增强其把握可能随时出现的机会的能力，实现企业持续成长，根据上面第一种和第四种定义的描述，这就是一种实物期权。因此，实施供应链就是在购买实物期权，是一种战略投资，可以借鉴实物期权的思想分析供应链系统的价值问题。

4.4 供应链管理与大企业成长关系分析框架

在战略管理领域中，最基本的问题就是如何让企业获得以及保持竞争优势。在企业竞争战略中有两种战略是目前的主流方向：一种是基于企业效率的资源战略竞争（Resource-based Efficiency）；另一种就是基于企业动态能力的战略竞争

(Dynamic Capability)。前者认为公司就是一个很大的系统，这个系统的盈利方式不是传统的提高价格、降低成本之类的方法，而是集中于企业利用其所有权的手段，依靠企业的独有资源来达到寻租的行为，这种方式完全区别于传统的、通过市场竞争获得经济收益的方式。基于企业效率的资源竞争战略认为，竞争优势来源于产品市场的上游并且存在于公司特制的、很难模仿的一些资源管理方面。企业动态能力的战略竞争要求企业建立、配置和整合内、外部资源的能力，以帮助企业获得新的以及革新性的竞争优势方式，这种方式可以帮助公司找到更好的或者独特的路径，从市场竞争中得益。

综上所述，我们可以构建企业战略竞争框架，如图 4-11 所示。

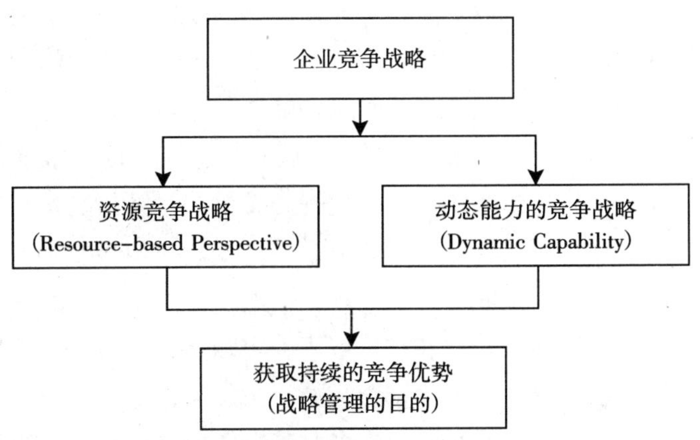

图 4-11 企业战略竞争理论框架

最初的资源竞争战略（Resource-based Perspective）理论认为，企业或者组织的能力是在竞争环境中或者竞争活动中获得优势的（Learned et al., 1969），企业要获得成功或者获得未来良好的发展前景，重要的是找到或者创造一种独有的资源。后来的研究认为，如果考虑企业现有资源，那么每个公司几乎都是同质的，就需要考虑这些同质的资源与不同企业的状况结合后产生的贡献多少，我们认为这就是企业独特的资源管理能力。Wernerfelt（1984）认为公司效率的资源竞争战略是公司依靠自己可以掌控的资源在市场上获得寻租的行为。Wernerfelt and Montgomery（1988）通过实证研究再次证明了这个结论，同时也证明了基于效率的资源竞争战略的焦点主要在于如何开发和使用企业现有资产和资源的战略。因此，基于效率的资源竞争战略的主要内容和主要方式就是企业如何管理和使用现有资源获得竞争优势并且能够保持这种优势。

动态能力的竞争战略理论认为，公司拥有一些独有的、很难复制的优势，这些优势是公司可以创建、维持和扩展的。一般的资产资源可以购得或者出售，不可能是战略优势（Barney，1986）。

通过前文关于供应链管理理论、企业成长相关研究以及期权和企业能力理论的阐释，我们知道供应链的实施给企业带来了一系列的能力，这些能力在整合企业已拥有资源的同时，还可以产生未来的选择，同时还能帮助企业把握未来的机会，因此，实施供应链就是在购买实物期权，是一种战略投资，可以借鉴实物期权的思想分析供应链系统的价值问题。而这里选取的切入点是站在企业成长的角度来分析供应链系统的价值问题。

在企业能力体系中，能够创造价值的能力是其现有业务的经营能力和企业所拥有的增长能力。这两种能力构成了企业在未来生命周期内价值增值的基础。从实物期权角度来讲，这种企业通过投入某种资源掌握的能力，如战略能力、人力资源能力、创新能力等，除了为企业创造日常盈利的能力外，也为企业提供了将来某时刻投资的特定“路径”。这种“路径”包括了两层概念：第一层是维持了这种路径的存在，例如，研究开发过程中互相依赖的递进开发过程；第二层是改变了路径的发展趋势，企业在这一路径下投资的执行价格会因为企业前期的投入形成了某些能力而降低，也就是说，降低了企业的投资成本，例如，在某一市场的良好声誉能为企业推广新产品降低一系列渠道建立和宣传费用。实际上，这两层含义往往是相互关联的，对于大部分企业来说，未来投资路径的趋势变化，正是维持机会存在的理由之一，由于过高的投资成本而使企业在未来时刻即便拥有这样的投资机会，也不存在投资的条件，而投资成本的降低为企业投资的选择权提供了必要条件。

随着市场环境的变化，供应链中的龙头企业通过实施供应链系统，对内外部的资源不断进行整合，通过信息共享、合约设计等方式增加了对上下游企业的了解程度，通过对供应商、分销商的不断选择、筛选，调整资源配置能力，对市场变化做出快速的反应，进而增强其把握可能随时出现的机会的能力，实现企业持续成长。

基于上面的讨论，这里借鉴期权的思想，提出供应链系统实施与大企业成长动态关系的分析框架：提升大企业当前的财务绩效并不是影响大企业实施供应链系统的关键因素，大企业实施供应链系统实际上是一种实物期权战略投资，投资的期权价值才是大企业是否实施供应链系统的关键因素。大企业（供应链核心企业）通过实施供应链系统，不断整合上、下游及其内部资源，优化资源管理方式，提高其动态能力，进而实现大企业持续成长。具体的逻辑流程图如图 4-12 所示。

由图 4-12 可以看出，大企业在进行供应链系统投资决策时，先要根据自身以及外部经济环境和政策的实际情况，结合对未来各种不确定性的预期来考虑是

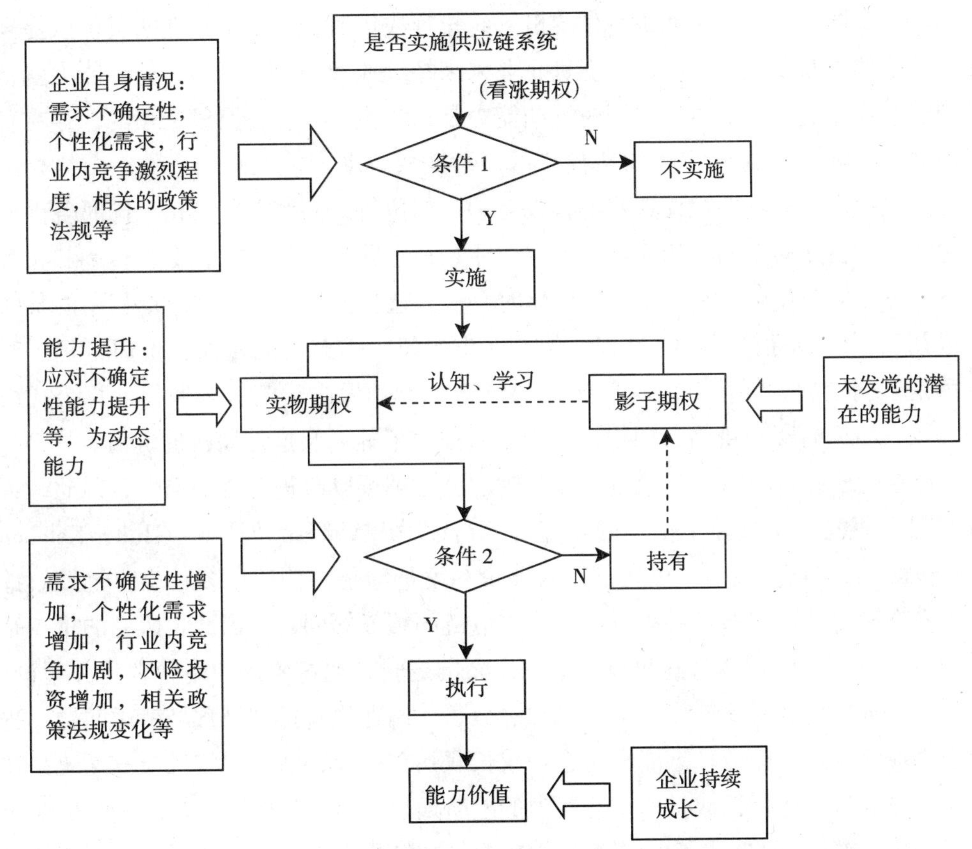

图 4-12　供应链系统实施与大企业成长关系分析框架

否实施供应链（即是否满足条件 1），这些不确定性包括：需求不确定性、个性化需求、行业内竞争激烈程度、相关的政策法规等。因此，企业在这里面临一个选择，是现在实施供应链还是以后再实施，这是一个或有事件，相当于企业拥有一个看涨的实物期权。如果条件 1 满足，则选择实施，否则不实施，而继续等待。一旦实施供应链系统，大企业也就获得了实物期权（动态能力提升），同时也获得了一些所谓的影子期权（受到认知能力等的限制，还不能完全被认知的期权，如对资源的合理配置、使用等一些潜在能力），随着企业的不断学习，认知能力的不断增强，这些影子期权可能会成长为实物期权。这样，当外界环境发生变化时（条件 2），包括：需求不确定性增加、个性化需求增加、行业内竞争加剧、风险投资增加、相关政策法规变化等。企业有权力选择是否行使已经拥有的动态能力，而没有义务必须使用这些能力，同时还会继续发掘潜在能力，一旦这些能力被使用，则会产生能力价值，而这些能力价值会使企业保持竞争优势，促进企业持续成长。

从战略层面来看，企业进行供应链系统投资决策时，实际上是在购买可以提升公司价值的战略期权，看重的是促进企业未来持续成长的动态能力，这些能力就是供应链系统投资的标的资产，同时这些能力是动态变化且存在路径依赖的，存在着学习效应，实施供应链产生的期权是由多种期权（动态能力）构成的一个复合期权，这里称之为战略期权，这些期权没有确定的执行时间和执行价格，同时各种期权之间还存在互动，期权的执行价格有时还是存在路径依赖的，存在着权利和义务的不对称，即企业可以在环境发生变化时有权力选择执行或持有这些期权中的某一项或几项，而一旦执行这些期权，就会产生价值，因此，战略期权价值在每个时期都是不确定的，无法确定标的资产的价格，也就无法确定各种期权计算公式所需参数（如标的资产价格、期权执行价格、波动率等）及这种期权的价值。

以往的研究逻辑认为，通过有效的供应链管理可以改进企业的绩效，因此，大量文献把研究对象放在了供应链实施的营运绩效和组织绩效层面（Hult，Ketchen and Slater，2004）。说明了供应链绩效评价与度量问题，构建了多种供应链绩效评价体系框架，及如何通过各种方法提高供应链的绩效等问题，因此，研究的重点是供应链“内部”的逻辑。这里建立了一个新的逻辑，通过引入战略管理相关理论，从更高的战略层面对实施供应链决策加以分析，站在供应链“外部”考虑问题，进而将供应链投资和企业动态能力与企业成长联系在一起，认为实施供应链系统是在购买可以促进企业持续成长的动态能力的战略期权。这一逻辑关系的改变必然对企业实施供应链决策的行为产生影响，影响决策的结果。由于这种战略期权无法通过期权定价公式计算其期权价值，同时考虑到动态能力和企业成长的动态性特征，因此，第 5 章将通过对供应链系统与大企业成长之间的关系进行系统分析，得出他们之间的因果关系图，建立系统动力学模型，进行模拟分析，以说明本书提出的分析框架所反映的供应链系统实施与大企业成长动态关系的内在机理。

第5章
供应链柔性价值分析

在以往的文献资料中，供应链通常被描述为由多个彼此独立的供应商、制造商以及零售商通过信息流、物流、资金流相互影响所构成的一种网状模式。从系统论的角度来看，供应链可以理解为是一种跨企业、跨功能的分布式系统，因此，又可称之为供应链系统。与之伴生的是供应链系统的复杂性，即便是一个简单的供应链系统也会产生极其复杂的行为。所以，如何有效实施供应链的管理面临着诸多挑战，许多因素影响供应链的有效管理。例如，业务流程再造（BPR）、电子数据的交换（EDI）、企业资源计划（ERP）等供应链资源整合方式。但是随着产品生命周期缩短，技术革新的加快，客户需求的时间越来越短，这些基于时间要求的商业行为越来越多地要求供应链具有更多的柔性特征。同时全球化的市场竞争焦点也正从成本、质量和服务转移到运输、柔性和创新上来（Clarketal，1988）。在供应链企业合作过程中，我们发现，可以通过供应链上各企业之间在机制设计中相互提供柔性，来部分消除外界环境所带来的不确定性影响。例如，通过柔性的前置时间设置能避免外界需求所带来的不确定性，以及通过柔性合约的设计使得供应方与制造方更好地彼此协调。

5.1　柔性的含义与分类

5.1.1　柔性的含义

目前，对柔性的界定十分模糊，在不同环境下，柔性（Flxeibihyt）这个术语具有不同的含义（Sethi，1990；U. Pton，1994；Gupta and Buzaeott，1996）。制造柔性和供应链柔性是运营管理研究中两个涉及柔性的重要领域。一般来讲，制造柔性可以从如下两方面来理解。①柔性是一种缓冲外界环境波动对系统干扰的能力，即一种吸收外生不确定以保持系统稳定性的能力（Correa，1994），这本质上是一种适应外部干扰的能力。②柔性是一种根据观察到的内外部信息而改变系统结构或者操作程序的能力（Slack，1983，1987；U. Pton，1994），即一种系统对内外部环境变动的反应能力。这表明，制造柔性实际上是指系统的稳定性和可调性。前者是一种“以静制动”的能力（不需作调整的适应性）；后者是一种“动中取胜”的能力（通过调整系统结构或者操作程序以更好地适应内外部变化），因此，这种能力要求制造系统的可行选择模式空间足够大。

从供应链的角度看，柔性通常指一种快速反应能力。典型的定义有如下几种：Voudouris（1996）首先提出了供应链柔性的概念，认为供应链柔性是指对顾客需求作出反应的能力，并且可以用作业资源（Operational Resources）的富余程度来度量。Beamon（1999）将供应链柔性定义为供应链系统对不确定性环境做出反应的能力。Prater et al.（2001）认为供应链柔性是指供应链的敏捷性和调整供应链的速度、目标和产量以响应顾客需求变化的能力。柏顺等（2004）认为供应链柔性是整个供应链以尽可能低的成本和尽可能高的服务水平，快速响应市场和顾客需求变化的能力。这些柔性的定义均强调供应链系统对外生环境（需求）不确定性的快速反应能力。这种能力越强，决策者可行选择的空间越大（满足顾客各种各样的需求），同时，决策者在时间维度上的行为越快（快速满足顾客的需求）。综上，制造柔性和供应链柔性具有一个共同特征：即柔性代表的是可行选择空间的大小。但是，供应链柔性还强调，时间维度上的“效率”，即做出相应行为的快慢程度。

在实物期权模型中，决策者的决策柔性表现为，根据效用（如投资项目的价值）最大化的理性假设，决策者选择何时执行某个给定行为（如投资）的灵活性，并且，这种选时决策的依据是观察到的外生信息。因此，实物期权模型中柔性的本质是决策的可行选择空间（可行时间长短）的大小。如果这种能力较强，则决策者可以在较长的时间里（甚至无限长）做出是否执行某给定行为的决定，反之，则只能在较短的时间里（甚至一个固定的时点）做出相应的决定。

如果柔性被用作一种竞争的工具或者一种优先考虑的目标，柔性就具有战略意义。具有战略意义的柔性通常被称为战略柔性（Strategic Flexibility）。柔性，从战略意义上讲，同运作柔性一样主要表现为适应能力（稳定性）和反应能力，也具有范围和速度两方面的属性。但是，在竞争性环境中，适应能力远不及积极主动的反应能力重要。因为，适应能力难以帮助企业取得竞争优势，竞争优势只有通过主动利用各种变化（反应）才能击败竞争对手而获得。

5.1.2 柔性的分类

柔性的复杂性决定了柔性可以表现出各种不同的性质，这些性质是由环境的变化和系统的响应方式所决定的。为了进一步认识柔性的本质，有必要对柔性进行适当的分类，不同的学者基于不同的研究角度，对此的分类也不尽相同。但是基本上可以分为四种。不同的分类逻辑依据分别是：水平性或阶段性、垂直性或递阶性、时间性、目标的变化性。在混合逻辑中，最普遍的依据是既考虑到时间性也考虑到目标的变化性。

（1）柔性的水平分类或阶段分类。柔性的水平分类其目标是进行有限的分析。它是以单一制造阶段作为背景，并在一个更为广泛的意义上，将所有构成“价值链”的阶段作为研究对象，这个“价值链”包括上游的设计与采购，下游的销售与客户服务。更为简单明了的是，它区分了内部柔性（产品与流程设计与生产柔性）与外部柔性（采购与销售柔性）。后者是与满足客户需求相关的，而前者是与满足其有效运营相关的。因此，在 Lynch（1996）的塔型分类中，柔性处于中心位置：其左边是客户的满意度，即其外部表现，而右边是生产率，也就是其内部表现。在塔底层的表现包括：产品的质量与送货的可靠性，这些构成了客户的满意度；送货的可靠性与较短的处理前置时间能提高柔性；而较短的处理前置时间与处理质量与成本又影响着生产率。

（2）柔性的垂直分类或递阶分类。柔性的垂直分类或递阶分类涉及分析目标的具体程度：柔性评估也许与一个系统的单一资源相关（微观层面）或者与整体系统相关（宏观层面）。Gerwin（1987）特别描述了在对柔性进行分析与测度时的四个层面：工厂与机器层面；生产功能与工作室层面；产品或者生产线层面；企业的整体层面。Mair（1994）区分了柔性的三个层面：一是“宏观”层面，其特点是对工人、机器与组织柔性进行研究；二是工厂柔性层次；三是企业网络柔性层次。

（3）柔性的时间分类。Zelenovich（1982）首次考虑了短期或适应性柔性以及中长期柔性，后者是与设计的适当性相关。柔性基于时间的首次分类是由 Merchant（1983）做出的，他做出了以下划分：①瞬时柔性，即在对某特定零部件的工作循环中有能力选择最适用的工作中心去实施其所需要的操作；②非常短期柔性，即有能力调整零部件生产的次序与混合；③短期柔性，即有能力调整产品零部件的某种设计技术要求；④短期至中期柔性，即当产量发生变化时，系统有能力在生产率最大的情况下仍能进行工作；⑤中期柔性，即有可能增加或减少来自正在生产混合零部件中的部件；⑥中期至长期柔性，即有可能通过增加或减少工作中心来调整生产能力；⑦长期柔性，即有可能使系统适应新的类型产品或者混合零部件。

（4）依据目标的变化对柔性的分类。Browne（1984）提出这种分类方法，在此种分类中，他考虑了柔性制造系统（FMS）中有关柔性的八个不同维度：机器柔性、产品柔性、加工柔性、路线柔性、操作柔性、产量柔性、扩展柔性（有能力很轻易地增加生产能力）、生产柔性。

如果从决策的角度对柔性进行划分，可以将其划分为战略、战术与执行三个层面。在战略层面制定的决策决定了一个组织在柔性方面的整个投资，以及它投资的柔性资源的类型。这些战略决策必须考虑组织操作时的动态商业环境，其目标就是界定反映企业战略长期所需的柔性角色；在决策的战术层次，就是要决定所需创建的柔性以及在系统内配置柔性的方法。这里需要考虑的问题有：柔性应在何处增加，在系统内的柔性应如何测试和调节，哪些潜在的回报能从投资柔性中获得；对柔性进行恰当的量的投资是实现企业竞争优势必不可少的条件。然而，以上所讨论的战略和战术决策方面仅仅是为组织创造了获得柔性利润的潜在机会，而柔性投资的实际回报则主要依靠日常商业运作中所获得的利润。对柔性的利用几乎涵盖了所有的商业功能，包括采购、计划、生产、营销、销售以及服务。

5.2 供应链柔性策略分析

5.2.1 供应链管理中的风险

供应链管理在加强企业间联系、发挥整体优势方面的作用是不容置疑的。但是正如福祸相倚，供应链管理的优势也是其风险的潜在温床。2000 年 3 月，作为手机晶元芯片的主要供应商——菲利普公司位于新墨西哥州的生产工厂发生了火灾。大火虽然只烧了 10 分钟，但却对远在万里之外的位于欧洲的两个当时世界上最大的移动电话生产厂商——诺基亚和爱立信——产生了巨大的影响。因为，这家工厂4%的芯片都是从这两家企业订购，此外还有 30 多家小厂也从这家企业订货。对于这次火灾，诺基亚和爱立信却表现出了完全不同的态度。诺基亚在火灾之后就立即调集了欧洲、美国和亚洲各地的经理与工程师研究对策。他们后来重新设计了芯片，并想方设法提高生产速度。他们尽了最大努力来寻找任何一点可以腾出来的生产能力，争取所有可能的供应商，尽可能将火灾带来的损失降到最低。但是，爱立信却反应迟缓，公司高层没有预测到火灾会带来的巨大损失。并且，在 20 世纪 90 年代中期，爱立信简化了供应链，基本上排除了后备供应商。这使得爱立信在芯片供应中断后不能迅速恢复正常的生产，从而丧失了宝贵的市场机会。这场火灾成为爱立信退出手机生产的重要原因之一。

由此可见，供应链作为多个不同经营性质的企业按照产业链内在联系结成的有机体，客观上存在产生风险的可能性，即其中任何一个链条环节都有断裂的可能。不仅如此，供应链管理的风险还有放大效应。所带来的负面影响会波及整个供应链体，而不是只影响某个企业。而由于风险通常都具有突发性和不可知性，供应链中的企业往往都很难预测和控制其他企业的经营风险。因此，风险的防范与控制就成为供应链管理中非常重要的问题。实施供应链管理的企业必须充分地认识风险，并有效地防范和控制风险，这样才能将风险造成的损失和危害降到最低程度。降低供应链风险的方法有很多，而作为供应链战略的供应链柔性管理，正在成为人们越来越青睐的、有效规避供应链管理风险的方法。

供应链风险的表现形式有很多，其中的两种主要表现形式如下：

（1）虚假需求造成的连锁反应。往往由于客户端产生的一个虚假信号，在延供应链的传播中逐步放大，因为企业理性的反应是增加库存来降低不确定性，结果造成客户端一点风吹草动就使得供应链成员，尤其是源头成员成倍地增加库存，这种库存成本同样会降低供应链的竞争力，最终使每一个成员蒙受损失，产生“牛鞭效应”。

（2）缺货造成的连锁反应。由于供应链伙伴间的业务紧密关联，而各个伙伴处于自身运作成本的压力，拼命地降低库存，如果个别节点出现短货就可能引起整个供应链的运行中断，或者影响整条供应链的正常排程。这可能会导致订单延期而丢失客户，或者由于采取了紧急措施而成倍地增加供应链成本，导致竞争力下降。

5.2.2　供应链管理中的不确定性

5.2.2.1　不确定性的来源

供应链管理中的不确定性来源于多个方面，具体如下：

（1）供应商的不确定性，包括生产提前期的变动，客户订货数量的多变，供应商本身因生产技术条件可能造成产出期的不确定性等。此外，供应商本身的原材料供应也存在不确定性的可能，从而对供应商的生产产生影响。

（2）生产者的不确定性，主要是制造商本身在生产管理和技术上的原因。现代企业生产的一个基本模式就是企业根据市场预测和现有的生产能力加以平衡后制订生产计划。然而，由于现实生产系统的复杂性，生产计划并不能精确地反映企业的实际生产条件和预测生产环境的改变，不可避免地会造成计划与实际执行的偏差。同时，企业的产品设计无法做到绝对的稳定，生产设备也存在故障的可能。这样，符合交货质量标准的产品难以按时完成。

(3) 用户的不确定性，包括用户需求的预测存在偏差，用户购买力经常波动以及消费者心理的不断变化等。预测一般是由模型计算出来的，这必然和实际情况有差异。同时，在供应链中，不同节点企业相互之间的需求预测偏差进一步加剧了供应链的放大效应及信息的扭曲。

(4) 环境的不确定性，主要是指供应链运作所处的外界环境不断变化，包括供应链企业所处的行业特性，政府的支持或限制政策，暴雨、山洪、台风等气候条件和自然灾害以及交通堵塞等偶然突发事件（如集会、游行、恐怖主义等）。这类事件往往是难以预料的，但它却给供应链带来了极大的不确定性。一个典型的例子就是“9·11”事件的发生导致了多条供应链的中断。

5.2.2.2 不确定性的表现

(1) “牛鞭效应”。供应链管理中产生的这种信息放大现象一般是由于成员企业优化自身行为的结果。一方面，由于在供应链的各成员企业间普遍存在着一种合作协商和委托代理关系。基于委托代理理论，供应链中每一个成员企业都是理性的。为了保证自己的利益最大化，就会隐藏一些敏感信息，特别是涉及核心技术和商业秘密的信息，导致供应链信息不对称。另一方面，供应链各节点企业为了满足自己的用户需求和保持较高的用户服务水平，会夸大一些公用信息（如用户订货量），使信息失真，进而产生“牛鞭效应”。

(2) 供应链合作伙伴关系的不确定性。一是由于加盟供应链的各企业自身固有的素质差异，例如，成员企业的技术水平、管理水平、风险偏好、员工素质、企业文化等。这些差异随着供应链的形成而自然产生，成为企业间合作和沟通的无形障碍，进而势必会降低供应链的整体竞争力和获利能力。二是由于以独立经营实体加盟供应链的各企业目标和利益不尽相同，他们之间的合作不仅存在于技术创新的过程，而且还存在于合作各方相互博弈的过程。“各自为政”，“各家自扫门前雪”这类局部最优而整体次优的现象在供应链管理中经常出现。

(3) 供应链收益水平和竞争力的不确定性。一方面，经济全球化导致全球市场竞争日益激烈，用户需求个性化、多样化，产品生命周期逐渐缩短。组建供应链这一动态虚拟企业联盟，正是为了适应这一变化，给供应链成员企业提供参与市场竞争的机遇。另一方面，市场需求的不确定性和激烈竞争给各成员企业带来了市场风险和投资风险。例如，在面向用户需求组建供应链的初期可能获得高额短期利润，但此后利润会有所下降，进而影响成员企业的利润分配额。此外，随着技术扩散和科技进步，供应链成员企业掌握的核心技术可能失去其竞争优势，这就促使了供应链整体竞争能力的下降。

(4) 供应链成员组成的不确定性。供应链本质上是一种动态企业联盟，其动态性决定了供应链面临着随时解散、更新或重新组建的可能性。这种不确定性可能由于供应链整体竞争力不强、利润不稳定、利益分配不均衡或某一节点企业与其上、下游企业的关系不协调造成的。例如，在供应链整体利润一定的条件下，各成员企业的利润分配额是此消彼长的关系。当利润分配机制不足以体现风险分担水平或公平性时，某些成员企业会在今后的合作中要么表现消极，要么拒绝进一步的合作，退出当前供应链。

针对上述供应链管理中出现的供应链风险和不确定性，供应链成员可以采取的有效策略之一便是使供应链具有柔性。以下是供应链成员面对此类问题时可以运用的柔性策略，包括：数量折扣策略、快速响应策略、延迟策略、供应商管理库存 (Vendor Managed Inventory，VMI) 技术和准时化采购 (JIT Procurement) 策略。

5.2.3 供应链柔性策略的运用

5.2.3.1 数量折扣策略

在供应链管理中，供应商 (供应链的上游阶段) 通常会提供一些数量折扣给下游阶段。这些数量折扣主要包括：基于单次订购批量的数量折扣；基于一段时期内的累积订购量的数量折扣；总金额合同购买的数量折扣和商业促销 (短期的数量折扣)。

Chopra and Meindl (2009) 指出，当供应链的最终产品是一般的日用品时，制造商所拥有的市场势力较弱，可以应用基于单次订购批量的数量折扣；而当制造商所拥有的市场势力较强时，则可以应用基于一段时期内的累积订购量的数量折扣或总金额合同购买的数量折扣。然而，一般的累积订购量的数量折扣有可能会产生不良的后果。即 Chopra and Meindl 所称的“曲棍球棒现象” (Hockey-stick Effect)，所谓“曲棍球棒现象”是指制造商的一种典型的产品销售状况——在整个财政周期的大多数时间，产品的销售状况较为平稳，而在财政时段末期，订货量突然上蹿。“曲棍球棒现象”提高了供应链上游阶段的需求不确定性。消除或弱化这种“曲棍球棒现象”的一种常用的管理方式，就是制定基于此前连续时段内的订购总量的数量折扣方式。这种数量折扣的方式可以使分销商不愿在某个时刻 (如期末) 突然大幅增加订货量，从而制造商的总体订货量的波动状态显得平缓，而得以控制在一定的范围内。考察这样一种数量折扣政策：任何采购方在每次采购时所能享有的数量折扣程度，均基于该采购方在本次采购时刻 (以签订合同时刻为采购时刻) 前六个月内的采购量或采购额（包括本次采购）。在这样的数量折扣政策下，采购方一般不愿预购。因为，一次大批量的采购直接影响了其后若干时刻的数量折扣（大量预购导致在此后相当长的时间内采购量的锐减）。此时，采购方就会因没有激励而不大量预购。

供应链管理模式下的商业促销最终可能产生如下结果：通过促销，这种让利部分或全部转移到了消费者手中，即制造商的库存经过零售商迅速转移给最终消费者。这种情形被 Chopra and Meindl 称为"销售的终端转移"。在供应链管理过程中，采用商业促销一定要慎重。如果不能保证销售的终端转移可以实现，则不应贸然采用，否则将使得供应链的不确定性更为严重。

5.2.3.2 快速响应

快速反应系统是 20 世纪 80 年代率先在美国纺织服装行业发展起来的一种供应链管理策略，目的是为了提高整个纺织服装行业的市场竞争力，减少供应链中从原材料到用户过程的时间和库存，提高顾客的服务水平，降低经营风险，最大限度地提高供应链的运作效率。

随着政治环境、经济环境和社会环境的不断变化，市场需求的不确定性增强，顾客对产品和服务的需求更加多样化和个性化。企业要在市场上更好地立足与发展，必须对市场的各种变化做出及时快速的反应，要达到这一目的，仅靠一个企业所拥有的资源是不够的。为了及时满足市场需要，适应市场变化，必须建立供应链的快速反应机制。

快速响应是供应链采取的旨在降低补货提前期的行动组合。由于快速响应使得供应链中的补货提前期大大降低了，因此，供应链管理者就可以增加预测的精度，并最终使得供应链中的供需得到很好的协调，从而增加供应链的总利润。在供应链中，如果上游企业允许下游企业在每个销售季节（对最终客户而言）内增加订货周期数，那么对于供应链的上游企业而言，可能会承担两种损失：其一是因提前期的缩短，造成了上游企业内部运营成本的增加；其二是由于下游企业订购批量的减少而导致上游企业销售量的减少。也可能无法为供应链上游企业提供激励采用快速响应，这就产生了一个重要的供应链管理问题——如何让快速响应所产生的供应链利润的增加在供应链各阶段内进行分配，而使得各阶段都有激励采用快速响应。因此，必须实现由于 QR 实施所产生的供应链内各阶段公平分配，并使由此产生的单阶段成本分摊到其他阶段。因快速响应而产生的供应链利益分配，一直是管理实践中的难点。事实上，沃尔玛在实施 QR 的过程中，通过其自身所拥有的供应链权力，一方面迫使生产企业更加紧密地依存于自身，并要求生产商（上游企业）提供差异化的专业产品服务。另一方面，在进行供应链的利润分配时，不仅未主动出让 QR 产生的供应链新增利润，反而运用权力加紧进行利益争夺。因此，在利益分配时，不应行使供应链权力，应持平等的态度。

5.2.3.3　延迟技术

延迟化策略是一种在有效支持产品多样化的同时又保持规模经济的策略，其核心内容是：制造商事先只生产通用化或可模块化的部件，尽量使产品保持中间状态，以实现规模化生产，并且通过集中库存减少库存成本，从而缩短提前期，使顾客化活动更接近顾客，增强了应对个性化需求的灵活性。其目标是使恰当的产品在恰当的时间到达恰当的位置。所以延迟化策略的基本思想就是：表面上的延迟实质上是为了更快速地对市场需求做出反应，即通过定制需求或个性化需求在时间和空间上的延迟，实现供应链的低生产成本、高反应速度和高顾客价值。

Donald J. Bower sox and David J.class（1996）将延迟策略分为成形延迟和物流延迟。成形延迟指制造、装配甚至设计活动的延迟。成形延迟集中于产品，其实质是尽可能推迟产品实体特征的差异化。在整个供应链的物流系统中尽可能保持产品的中间状态以实现规模经济。在接到顾客订单后，根据产品提前期和顾客发货时间的要求来确定最终产品的结构。而物流延迟的基本观念是：先集中时间对产品库存进行战略性部署，将库存集中在一个或多个上游仓库，而将配送活动延迟到接到顾客订单以后。其目标是通过物流功能顾客化延迟使产品在恰当的时间处于恰当的位置，在保持低成本的同时实现高响应能力。集中库存减少了用来满足各市场区域需求而保持在下游的存货数量，降低了由于盲目配送性而造成的资源浪费，同时又保留着大量生产的规模经济。

成形延迟和物流延迟通过不同的方法降低了由于顾客需求个性化和多样化而给企业带来的风险，同时又保持了生产的规模经济性。但延迟化策略的实施要考虑企业的加工和物流能力以及对信息处理的精确程度和速度。采用哪一种形式的延迟取决于企业的实际情况以及顾客期望的发货速度和一致性。实施延迟化策略的企业，在大多数情况下同时采用成形延迟和物流延迟。

延迟技术在供应链管理中最为重要的作用在于改善了供应链内供需关系的啮合程度。当然，一般地，延迟技术会造成制造商生产成本一定程度的上升。因此，我们在考虑是否要应用延迟技术，或延迟技术应用的深度。实际上是对因延迟技术而产生的供应链利润增加与相应成本增加之间的权衡取舍。延迟化策略是企业在新的市场竞争环境下获得竞争优势的有力手段，是达到顾客化的一种较好的途径，但并不是所有的行业和产品都能实施延迟化策略。

一种特殊的延迟技术是定制化延迟技术。在定制化延迟技术中，制造商利用延迟技术的生产方式来满足一部分需求，而采用不含延迟技术的生产方式来满足其他需求。由于延迟技术可以有效地降低需求不确定性，同时会产生新的生产附加成本，因此，我们对于不确定性高的需求，采用延迟技术的生产方式。而对于不确定性较低的需求，则采用不带延迟技术的生产方式。这样，就可以获得较高的由延迟技术带来的收益，又减少了因延迟技术而带来的生产成本的增加。

5.2.3.4 VMI 技术

VMI 全称是 Vendor Managed Inventory，即供应商管理库存。它是一种在供应链环境下的库存运作模式，本质上，它是将多级供应链问题变成单级库存管理问题。相对于按照传统用户发出订单进行补货的传统做法，VMI 是以实际或预测的消费需求和库存量作为市场需求预测和库存补货的解决方法，即由销售资料得到消费需求信息，供货商可以更有效地计划、更快速地反映市场变化和消费需求。VMI 的核心内涵就是供应商监控或预测客户的需求和库存，并负责补充库存。VMI 的主要优势就是为参与者降低成本和提高客户服务水平。VMI 的一般适用范围为：供应商经济实力雄厚，有较强的库存存储水平和货物运输、配送能力，以及稳定、可靠的信息来源；零售商的库存设施有限，自己难以有效地管理库存水平。VMI 在零售业、医院、IT 行业等其他第三产业应用比较广泛，如 Wa1Mart，Carrefour 等。

随着 VMI 补货决策的控制权从零售商转移到了制造商，VMI 要求零售商与制造商共享需求信息，以便制造商进行补货决策。在进行库存管理时，只有当零售商与供应商的利润都有增加时，才能称之为利润增加。也只有双方的利润增加后，库存管理体系才可能继续生存。VMI 有助于将客户需求的资料传递给制造商，并使得制造商可以适时地进行生产计划。这就有助于提高制造商的预测精度，并使制造商的生产与客户的需求更好地保持一致。此外，VMI 对双方的利益还表现在如下几个方面：增加对整个供应链业务活动的共同责任感和利益的分享；增加了对未来需求的可预见性和可控能力，从而使生产保持平稳；增加了零售商对采购业务的控制能力；减少了对进货产品进行检查活动所发生的成本。

当供应链的下游阶段愿意公开最终顾客需求的资料，并愿意将库存决策权交给上游阶段时，适合采用 VMI 体系。运用 VMI 方法可以有效降低供应链管理中的信息风险，如“牛鞭效应”。

在实践中推行 VMI 远比想象的要复杂。因为，如果一个单一的供应商在一个生产厂周边为其特别设立库存，其物流成本不言而喻会比直接向生产商发货高得多。若某企业实施 VMI 的方案设计与保障措施较多，在供货量达不到一定规模的情况下，供应商不会赞同这种方式。而对于生产商而言，同时面临多家供应商，各个供应商的管理水平良莠不齐，信息沟通技术对推行 VMI 管理也至关重要。利用第三方物流可以把供应商各自分散的物流需求整合起来，共同分担配送中心的成本，各自的物流费用均有所降低。供应商、生产商通过与第三方物流合作，VMI 实施会更加顺利、有效。所谓第三方物流（Third Party Logistics，TPL），是指生产经营企业为集中精力搞好企业主业，把原来自己处理的物流活动，以合同方式委托给专业物流服务企业，同时通过信息系统与物流企业保持密切联系，以达到对物流全程管理和控制的一种物流运作与管理方式。VMI 与第三方物流是相互包容的。当 VMI 的实施双方为了进一步提升供应链的运作能力、压缩供应链的物流成本时，完全可以引入第三方物流来对整个供应链的物流进行运营与控制，从而形成一个由生产商致力于成品生产，供应商致力于物料生产、需求预测和库存控制，第三方物流合作伙伴致力于从供应链整体进行物流控制的全新 VMI 系统。联想集团利用第三方物流公司实施 VMI 就是很好的例子，联想集团年销量达 300 多万台，名列全世界电脑生产厂商第八位，其业务规模已完全达到了 VMI 模式的要求，并已经引起了供应商的重视。联想集团选择了伯灵顿全球货运物流有限公司作为第三方物流企业。联想在北京、上海、惠阳三地的工厂附近设立供应商管理库存，联想根据生产要求定期向库存管理者——作为第三方物流的伯灵顿全球货运物流有限公司——发送发货指令，由第三方物流公司完成对生产线的配送。从其收到通知，进行确认、分拣、海关车报及配送到生产线的时效要求为 25 小时。该项目实现了供应商、第三方物流、联想之间货物信息的共事与及时传递，保证生产所需物料的及时配送。实行 VMI 模式后，联想的供应链条大大缩短，成本降低，灵活性增强。

5.2.3.5　JIT 采购技术

JIT 采购又称为准时化采购，它是由准时化生产（Just In Time）管理思想演变而来的。它的基本思想是：把合适数量、合适质量的物品在合适的时间供应到合适的地点。在供应链管理领域，JIT 采购就是拉动式系统的一部分。JIT 采购的原理类似于 VMI 技术，因此有学者将它们归为一类，称之为“合作性的采购模式”。

传统采购是填充库存，并以一定的库存来应对企业需求，为了保证企业生产经营的正常进行和应付物资采购过程中的各种不确定性（如市场变化、物资短缺、运输条件约束等），常常产生大量的原材料和外购件库存。虽然传统采购方式也在极力进行库存控制，想方设法地压缩库存，但是由于机制问题，其压缩库存的能力是有限的。特别是在需求急剧变化的情况下，常常导致既有高库存，又出现某些物资缺货的局面。高库存增加了成本，缺货则直接影响生产。而 JIT 作为一种先进的采购模式，不但可以有效克服传统采购的缺陷，提高物资采购的效率和质量，还可以有效提升企业的管理水平，为企业带来巨大的经济效益。

JIT 采购与传统采购的主要区别有以下几点：

（1）传统采购选择较多供应商，合作关系松散、物料质量不易稳定；准时采购选择较少供应商，合作关系稳固、物料质量较稳定。

（2）在供应商评价上，传统采购只评价合同履行能力；准时采购对合同履行能力、生产设计能力、物料配送能力、产品研发能力等进行综合评价。

（3）在交货方式上，传统采购由采购商安排、按合同时间交货；准时采购由供应商安排，确保交货准时性。

（4）在到货检查与信息交流上，传统采购每次到货检查信息不对称，易发生"暗箱操作"；准时采购质量有保障，无须检查，采供双方高度共享准时实时信息，易建立信任。

（5）在采购批量与运输上，传统采购大批量采购，配送频率低，运输次数相对少；准时采购小批量采购、频率高、运输次数多。

JIT 采购是一种直接面向需求的采购模式，它的采购送货是直接送到需求点上。用户需要什么，就送什么，品种规格符合客户需要；用户需要什么质量，就送什么质量，品种质量符合客户需要，拒绝次品和废品；用户需要多少就送多少，不少送，也不多送；用户什么时候需要，就什么时候送货，不晚送，也不早送，非常准时；用户在什么地点需要，就送到什么地点。以上几条，即是 JIT 采购的原理，它既做到了很好地满足企业对物资的需求，又使得企业的库存量最小，只要在生产线边有一点临时的库存，一天工作完，这些临时库存就消失了，库存完全为零。依据 JIT 采购的原理，一个企业中的所有活动只有当需要进行的时候接受服务，才是最合算的。JIT 采购的主要优点包括以下几个：

（1）有利于暴露生产过程隐藏的问题，从深层次上提高生产效率。JIT 采购认为，过高的库存不仅增加了库存成本，而且还将许多生产上、管理上的矛盾掩盖起来，使问题得不到及时解决，日积月累，小问题就可能积累成了大问题，严重地影响企业的生产效率。而 JIT 是一种理想的物资采购方式，它设置了一个最高标准，一种极限目标，即原材料和外购件的库存为零，质量缺陷为零。同时，为了尽可能地实现这样的目标，JIT 采购提供了一个不断改进的有效途径，即降低原材料和外购件库存——暴露物资采购问题——采取措施解决问题——降低原材料和外购件库存。JIT 采购通过不断减少外购件和原材料的库存来暴露生产过程中隐藏的问题，通过解决深层次的问题来提高生产效率。

(2) 消除了生产过程的不增值过程，提高了生产效率。在企业采购中存在大量的不增加产品价值的活动，例如订货、修改订货、收货、装卸、开票、质量检验、点数、入库及运转，把大量时间、精力、资金花在这些活动上是一种浪费。JIT 采购由于大大地精简了采购作业流程，因此消除了这些浪费，极大地提高了工作效率。

(3) 进一步减少并最终消除原材料和外购件库存。降低企业原材料库存不仅取决于企业内部，而且取决于供应商的管理水平。JIT 采购模式不仅对企业内部的科学管理提出了严格的要求，而且对供应商的管理水平提出了更高、更严格的要求。JIT 采购不仅是一种采购方式，也是一种科学的管理模式，JIT 采购模式的运作，客观上将在用户企业和供应商企业中铸造一种新的科学管理模式，这将大大提高用户企业和供应商企业的科学管理水平。根据国外一些实施 JIT 采购策略企业的测算，JIT 采购可以使原材料和外购件库存降低 40%~85%。有利于企业减少流动资金的占用，加速流动资金的周转，同时也有利于节省原材料和外购件库存占用空间，从而降低库存成本。

(4) 使企业真正实现柔性生产。JIT 采购使企业实现了需要什么物资，就能供给什么样的物资，什么时候要就能什么时候供应，需要多少就能供给多少。从而使原材料和外购件库存降到最低水平。从这个意义上讲，JIT 采购最能适应市场需求变化，使企业具有真正的柔性。

(5) 有利于提高采购物资的质量。一般来说，实施 JIT 采购，可以使购买的原材料和外购件的质量提高 2~3 倍。而且，原材料和外购件质量的提高，又会引起质量成本的降低。

(6) 有利于降低原材料和外购件的采购价格。由于供应商和制造商的密切合作以及内部规模效益与长期订货，再加上消除了采购过程中的一些浪费，就使得购买的原材料和外购件的价格得以降低。以美国施乐公司为例，通过实施 JIT 采购策略，使其采购物资的成本下降了 40%~50%，取得了显著的经济效益。

JIT 采购是一个不断完善和改进的过程，需要在实施过程中不断总结经验教训，从降低运输成本、提供交货的准确性、提高产品质量、降低供应库存等各个方面进行改进，不断提高 JIT 采购的运作绩效。实行 JIT 采购效益非常好，操作也非常简单，但对企业管理基础和信息化建设基础要求较高。

JIT 采购是基于供应链管理环境下的采购方式。供应链是客观存在的，任何一个企业都不能孤立地存在。它需要原材料等的供应，也需要使用其产品的企业或客户；它需要市场，需要各种企业的支持。这些市场和企业联系到一起，形成了一条长长的供应链。供应链上的每一个环节都含有“供”和“需” 两个方面。甲企业的销售部门是市场的供方，如果甲企业的产品是供给乙企业的话，乙企业就是甲企业的需方。对企业内部来说，生产部门是销售部门的供方，生产部门又是采购部门的需方。供和需总是相对而言、相伴而生的。它们相互转换，周而复始。所以，有学者给出供应链的定义："市场上的产品和服务在形成与提供给用户的整个过程中，各有关企业以及企业内部有关部门之间存在着彼此构成的供需关系的一系列活动，就是跨越部门与企业的供应链。"所谓供应链管理，是利用计算机网络技术，全面规划供应链中的商流、物流、信息流、资金流等，并进行计划、组织、协调和控制。它把整个供应链看成一个实体，用系统的观点进行优化，以提高整个供应链的竞争优势。供应链管理环境中的采购活动是以订单驱动方式进行的，制造订单的产生是在用户需求订单的驱动下产生的。制造订单驱动采购订单，采购订单再驱动供应商。这种准时化的订单驱动模式，使供应链系统得以准时响应用户的需求。订单驱动使供需双方都围绕订单运作，也就实现了准时化、同步化运作。

5.3 供应链柔性相关研究与应用

迄今为止，有关供应链柔性系统分析的相关文献还是比较少的。相关的供应链柔性研究都是将其看成是企业制造柔性的一种延伸。虽然制造柔性要素在供应链柔性方面扮演着一个十分重要的角色，但是由于供应链自身的特性，其柔性的表现必然不等同于一个企业内部柔性的表现。柔性已不单单是一个技术层面的术语，而是带有明显管理机能作用，柔性本身就已成为企业发展战略的潜在要素。Sanchez（1995）认为在一个动态环境里要想获取并保持竞争优势的唯一战略就是创造一个柔性的组织，提出了战略柔性的二维性，即资源柔性与协调柔性，此观点更进一步支持了Lau（1996）提出的观点，他将战略柔性界定为"一个企业在其卓越的知识能力方面有能力通过调整其目标来对不确定性做出反应"，同时他本人也提出了获得战略柔性的一个框架。这些工作使我们开始认识到，柔性不仅仅与制造能力相关，而且与供应商、客户也是紧密相联的，即我们现在所称的供应链三大要素主体。

Mason-Jones R. and Towill D. R.（1997）的文章虽然没有讨论供应链柔性，但是他们认为，供应链发展可以说是对客户需求的一种创新，其重要性是不言而喻的。同时他们强调，将消除浪费的精益（Lean）概念与敏捷性（Agility）概念紧密结合起来对于消除市场变动起着十分重要的作用。在这里他们提出了精益敏捷

(Leagility) 的概念，这个概念包括了创造一条供应链，使其有能力将货物送达到一个无法预测的市场上去，而在这个市场上包含一个非耦合点，即沿着这条链移动的产品变得十分单一。在非耦合点之前精益概念被应用于预测，在此点之后，消费者的订单驱动了供应链的流程。

Vickery (1999) 基于以前的相关制造文献界定了五个供应链柔性。Vickery 认为，供应链柔性应该是"从一个整合的、以客户为导向角度来考虑的概念"。柔性可直接被认为是影响一个企业的客户与两个或更多功能责任的概念，不论是企业内部还是外部都应该包括在内。这五个界定的柔性包括：产品柔性 (Product Flexibility)、产量柔性 (Volume Flexibility)、新产品柔性 (New Produc Flexibility)、配送柔性 (Distribution Flexibility)、反应柔性 (Responsiveness Flexibility)。虽然 Vickery 对柔性的描述是恰当的，但是对于柔性类型的大多数责任而言却存在着一个特定企业一个职能领域。制造通常只对产量柔性负责，市场通常只对销售柔性负责，而研发只对新产品引进柔性负责等。显然，从一个内部的观点来关注这些柔性的话，供应链的大多数作用就会失去。

Koste and Malhotra (2000) 在研究制造柔性的同时强调了对供应链柔性的引入以及在柔性缺失下两者关系的表现，并且就供应链整合效果对柔性提高的影响进行了观察。他们发现，供应链的竞争优势也许会影响柔性，正如高效的供应链也许会强调某种柔性维度，而具有反应性的供应链则关注其他维度。对这些差异的理解会极大地提高供应链管理。Leslie K. Duclos 等 (2000) 基于 Vickery 的观点提出了一种供应链柔性的概念式模型。在此文中，他认为对供应链柔性的一个完整界定应该包括供应链中所有能成功满足客户需求活动所需的柔性维度。供应链上的柔性增加了链上所有伙伴之间及其各自成员组织内部的柔性需求。为此，他们将供应链柔性划分成六要素：生产系统柔性 (包括制造与服务柔性)、市场柔性、物流柔性、供应柔性、组织柔性以及信息系统柔性。同时以图示的方法指出了这六要素之间的关系。Adrian Mello (2002) 将供应链柔性理解为有能力快速地、代价较小地重构系统。他发现在经过"9·11"恐怖袭击后，许多商业领域的管理者都不得不承认他们所构建的供应链面对无法预测的破坏时是多么的脆弱。这些无法预测的事件对于制造与销售有着巨大的破坏效应，并且导致数亿美元的损失。因此，他认为商业活动必须通过建立供应链柔性来对他们的运营活动进行保护。张云波 (2003) 强调了以敏捷制造原理来实现供应链的柔性管理，分析了供应链柔性系统及各子柔性系统的构成。

很多研究者根据不同的标准对不同类型的柔性进行了度量，并提出了种种度量指标。Chatter Jee 等（1984）根据一个零件可获得的加工路线来度量路线柔性，同时基于系统的物理特性提出了柔性度量化的一般框架。Yao（1985）认为一个系统由物理模块（零件、工作站、物料运输系统）和信息模块构成，他通过研究制造系统中的物流和信息流，提出了工件路径柔性的墒度量模型。Primrose and Leonard（1986）提出了一个类似 Chatter Jee 路线柔性的度量方法，他们将制造系统看成一个网络，节点代表工作中心，工作中心之间允许工件移动的路线是网络的弧。具有所有的弧连接的网络被认为具有理想的柔性。一个特定系统的路径柔性用该系统网络边数与具有相同工作中心的理想系统网络边数之比来度量。Gupta and Huzacott（1987）从柔性的三维角度来进行度量：一维是系统的敏感性，它决定系统是否需要对某一变化做出响应；二维是系统的有效性，它决定了系统响应变化的快慢和好坏程度；三维是系统的稳定性，它决定了系统响应变化的范围和幅度，高稳定意味着高柔性。Kumar（1987）用信息论的方法来度量工作站负荷的柔性。工作站负荷的柔性被定义为系统控制零件在不同工作站之间访问的频率，然后再定义一个马尔科夫系统的状态转移概率矩阵柔性，利用这个柔性来计算一个随机系统的负荷柔性。同时他本人也利用墒的度量和柔性度量的关系，提出了四种柔性度量方法。Slack（1988）根据柔性的范畴与响应特征将柔性划分为二维，即范围柔性（Range Flexibility）和响应柔性（Responsiveness Flexibility）。Barad and Sipper（1988）运用 Petri 网模型对系统的柔性进行了度量，Petri 网被认为是对 FMS 进行建模和分析非常有用的工具，它能对具有并行活动的系统进行很好的描述。他们对系统在运行过程中适应变化的能力（运行柔性）运用 Petri 网进行了测度，运用 Petri 网的目的是为了理解干扰对系统的绩效影响，以及工序柔性是怎样消除影响的。

George（1989）用系统的净现值来度量柔性的值。Brill（1989）认为，如果能精确估计未来发生的事件，制造系统就能被设计出来处理各种事件，因此无须柔性度量，但是精确预测未来事件是非常困难的，为此，他们应用概率理论来度量柔性，即系统柔性取决于决策者对未来事件的概率认知，并提出了柔性决策理论度量模型。Hutchinson and Sinha（1989）建立了一个决策理论模型用于计算柔性的经济价值，并得出结论：柔性的经济价值随环境不确定性增加而增加，如果环境完全确定，柔性就失去了经济价值。Dixon（1992）提出的柔性多维结构从三个层次进行了研究：第一个层次是混合柔性，即系统在短时间内未对现有设备作重要调整时生产不同比例产品的能力；第二个层次是协调柔性，即系统通过调节现有产品以更好地满足用户需求的能力；第三个层次是新产品的柔性，即系统引入新产品的能力。

Roll（1992）分析了影响加工柔性的因素，提出了两个柔性指数。这两个柔性指数包含了影响加工柔性的因素，一个指数主要根据工序和机器的相互关系来度量，另一个指数考虑了加工时间，同时他们也证明了这两个指数之间的相关性。Son and Park（1998）对设备柔性、产品柔性、加工柔性和需求柔性进行了度量，他们认为，这四种柔性是部分柔性，而系统的整体柔性是系统的物理产出与上述四种成本之和的比率。显然，他们对柔性的度量是根据经济效果来进行的。

5.4　供应链柔性产能价值分析
——基于实物期权的观点

5.4.1　引言

供应链在现今流行的研究文献中被定义为一种网络，这个网络是由发生在企业与供应商之间的企业生产、研发和再生产的活动，生产资料在企业内的整个流动过程以及最后产品分销到顾客时候需要的活动和维护服务活动一系列的企业活动构成（Mabert and Venkaramanan，1998）。这些活动有可能发生在企业内部也有可能发生在企业之间，这种特性决定了供应链的行为具有市场行为特征，已经被刻画成了一种社会网络和结构（Ketchen and Guinipero 2004）。按照以上这种说法，供应链是一种“组织”，这个组织是联系产品原料供应、生产、销售，最后到消费者的整个过程活动的实体（Handfield and Nichols，2003）。核心企业通过整合供应链的关系，优化供应链中的信息流、物流、资金流，以获得长期的竞争优势，使企业提高市场反应速度和综合竞争能力。供应链柔性是指供应链系统对不确定性环境作出反应的能力，面对市场需求不确定性的增加，柔性可以增加供应链产品的销量，提高系统资源的利用率，从而提升整个供应链的价值水平。

Barney（1991）认为，具有价值性、稀缺性、不可模仿性和不可替代性这四大属性（简称 VRIN 属性）的资源和能力是能够产生经济租金的战略性资产。Flint（2004）的研究指出，供应链中的各个参与者不仅仅贡献了价格和产品，更重要的是贡献了知识和能力。所以供应链的实施企业在通过供应链整合资源的时候，更多的是要整合这种知识和能力，这种具有整合知识和能力的企业一般都是行业的领先企业（供应链中的核心企业），目的在于保持自己的市场领先地位。核心企业之所以愿意实施供应链整合这些资源和能力，是因为供应链的实施包括了所有参与者的技术、目标和社会网络（Ketchen and Guinipero，2004）。这种诱惑对于行业的领先企业是无法拒绝的。Ketchen and Guinipero（2004）同时指出，供应链的实施企业可以通过所谓的合作方式整合和使用参与者的资源和技术，实现自己的目标。

通过实施供应链管理，核心企业可以在市场需求高度不确定、竞争环境日益激烈的情况下，提高对市场快速反应的能力，而柔性产能就是其中的一种能力，这种能力是动态能力，可以迅速满足随机变动的市场需求。由于这种动态能力是核心企业的一种资源，同时具有 VRIN 属性，可以产生经济租金，考虑到企业面临的高度需求不确定性，可用实物期权的方法分析实施供应链带来的柔性产能价值。

5.4.2 相关文献解读

迄今为止，关于供应链柔性的研究大都是将其看成企业制造柔性的一种延伸。虽然制造柔性要素在供应链柔性方面扮演着一个十分重要的角色，但是由于供应链自身的特性，决定了其柔性的表现必然不等同于一个企业内部柔性的表现。

Sanchez（1995）认为，在一个动态环境里要想获取并保持竞争优势的唯一战略就是去创造一个柔性的组织，并提出了战略柔性的二维性即资源柔性与协调柔性。

Lau（1996）将战略柔性界定为“一个企业在具卓越的知识能力方面有能力通过调整其目标来对不确定性做出反应”，同时也提出了一个获得战略柔性的框架。这些工作使我们开始认识到柔性不仅仅与制造能力相关，而且与供应商、客户是紧密相连的，即我们现在所称的供应链中三大要素主体有关。

Mason-Jones R. and Towill D. R.（1997）认为，供应链发展是对客户需求的一种创新，将消除浪费的精益（Lean）概念与敏捷性（Agility）概念紧密结合起来对于消除市场变动起着十分重要的作用。

Adrian Mello（2002）将供应链柔性理解为有能力快速的、代价较小的重构系统。

Leslie K. Duclos（2003）提出了一种供应链柔性的概念模型，认为对供应链柔性的一个完整界定应该包括供应链中所有能成功满足客户需求活动所需的柔性维度。供应链上的柔性增加了链上所有伙伴之间及其各自成员组织的内部柔性需求。为此，他们将供应链柔性划分成六要素：生产系统柔性（包括制造与服务柔性）、市场柔性、物流柔性、供应柔性、组织柔性以及信息系统柔性。同时以图示的方法指出了这六要素之间的关系。

这里所说的柔性产能是上述所说供应链柔性中的一种，同时本书并不涉及提高供应链的柔性，而是基于有效的供应链管理可带来柔性产能这一前提假设下，展开分析，充分考虑市场需求和生产成本的随机特性，建立柔性产能价值确定的实物期权模型，运用实物期权的方法，通过蒙特卡洛模拟计算柔性产能的期权价值，并用算例加以说明。

5.4.3 供应链柔性产能价值分析实物期权模型的构建

5.4.3.1　模型构建

模型基本假定：实施供应链管理可以使核心企业具有柔性产能；供应链采用 MTO 生产策略；一旦供应链运行良好，其柔性产能可迅速满足随机的市场需求，而在实施供应链管理之前，核心企业是无法迅速满足甚至无法满足这一部分需求的。

假设核心企业准备实施供应链系统，拟对一个总寿命期限为 $T-t_1$ 年，总投资额为 I 的供应链系统进行投资，可以选择在现在的 0 时刻与 t_1 时刻之间任意时刻 t* 投资。最终投资时机选择取决于未来的盈利状况。如果现在投资、未来的盈利状况经营状况良好，则选择现在投资，否则推迟到 t_1 时刻投资。这是一个或有事件，相当于核心企业拥有一个看涨的实物期权。假设在 t^* 时刻投资，由于拥有柔性产能，会获得每时刻的净现金流量 $B(t1 \leqslant t \leqslant T)$，$B = PQ - C$，这里的 Q 是指市场需求，而这些需求在实施供应链系统之前是无法迅速实现甚至是不可实现的，则此实物期权的执行价格是投资额 I，有效期为（0，t_1），t_1 为期权的到期时刻，标的资产是供应链系统投资带来的柔性产能，其价值为在 t_1~T 时间内每时刻的净现金流量在时刻 t^* 的现值 V_{t^*}，由于市场的不确定性，它是随机波动的；从而，实物期权在时刻 0 的价值为：

$$C = e^{-rt^*}\max(V_{t^*} - I, 0) \tag{1}$$

由于此实物期权的标的资产是不可交易的，无法通过市场获得其现行价格及其价值波动的有关参数，因此，不能直接将各项参数直接或者稍加调整，代入 B-S 公式中求解实物期权的价值。如果能找出影响此不可交易标的资产收益的因素及此标的资产收益与其影响因素之间的函数关系，就可以对此不可交易标的资产按其影响因素进行分解，并考察这些影响因素是否是可交易的或可衡量的。如果不可交易，则继续分解，找到最终可交易或可衡量的影响标的资产价值的因素，通过这些因素服从的随机过程和现行价格，根据伊藤定理和所定义的函数关系，求出标的资产价值所服从的随即过程和其现行价格，这样就可以在风险中性的假设下进行实物期权价值运算，考虑到由于随机因素的增多无法求出价值动态过程的解析解，因此，可以选择通过将这一连续时间模型离散化，再通过蒙特卡罗模拟的方法求出期权价值。

通过前面的分析已经知道，此实物期权的标的资产价值 V 是由 t_1~T 时间内每时刻的净现金流量 B(t1≤t≤T) 构成的，且满足关系式：

$$V_{t^*} = e^{-r(t_1-t^*)}\int_{t1}^{T} B_s e^{-r(s-t_1)} ds，\ t_1 \leq s \leq T \tag{2}$$

其中，r 是单位时间内（如一年）的折现率，t^* 为时间范围（$0 \leq t \leq t_1$）内的任意时刻值。由于 B(t1≤t≤T) 是不可交易的，因而无法通过市场发现其价格，可再往下分解。考虑到 B(t1≤t≤T) 是由每时刻产品的价格 P、市场需求 Q（因为假设供应链系统使核心企业有柔性产能，可迅速满足不确定的市场需求，所以，这里用市场需求而不是企业产量）、成本 C 构成的，而这三个变量是可交易的或可衡量的。且 B(t1≤t≤T) 与 P、Q、C 满足关系式：

$$B(t) = PQ(t) - C(t) \tag{3}$$

其中，P 为价格，Q 为市场需求，C 为成本，令生产者为价格接受者，同时令 P 为常数，令 Q 服从几何布朗运动，即：

$$dQ(t) = Q(t)[\mu(t)dt + \sigma(t)dz_1] \tag{4}$$

其中，$\mu(t)$ 为 t 时刻 Q 的预期增长率，即漂移率，$\sigma(t)$ 为需求增长率的波动率，dz_1 是白噪声（White Noise），是一个随机变量。由于市场具有高度竞争性，我们可以假设需求增长率会从期初收敛到一个稳定水平，也就是 $\mu(t)$ 服从一个均值回归过程（Mean Reverting Process），且收敛于一个长期平均值 $\bar{\mu}$：

$$d\mu(t) = k(\bar{\mu} - \mu(t))dt + \eta(t)dz_2 \tag{5}$$

其中，均值回归系数 k 是影响预期需求增长率，使其收敛于平均值的速率，假设调整系数以指数方式 e^{-kt} 递减，则 ln 2/k 为增长率回归到长期平均值一半水平的时间，$\eta(t)$ 为未预料到的需求增长率的变动，同时令 z_1、z_2 无关。另假设需求增长率的波动率收敛于一常数水平 $\bar{\sigma}$，未预料到的需求增长率变动收敛于 0，则方程表示为：

$$d\sigma(t) = k_1(\bar{\sigma} - \sigma(t))dt \tag{6}$$

$$d\eta(t) = -k_2\eta(t)dt \tag{7}$$

同时，我们假设成本 C 包含两部分：一部分是变动成本 $\gamma(t)Q(t)$，另一部分是固定成本 F，则有 $C = \gamma(t)Q(t) + F$，另假设单位变动成本 $\gamma(t)$ 为随机的，且服从一个均值回归过程，方程表示为：

$$d\gamma(t) = k_3(\bar{\gamma} - \gamma(t))dt + \varphi(t)dz_3 \tag{8}$$

同样，k_3 为变动成本所期望的收敛至长期平均值的速率，同样假设调整系数以指数方式 e^{-kt} 递减，则 2ln 2/K 为增长率回归到长期平均值水平的时间，同时令变动成本未预期到的变动部分 $\varphi(t)$ 也收敛于一常数水平 $\bar{\varphi}$，则有：

$$d\varphi(t) = k_4(\bar{\varphi} - \varphi(t))dt \tag{9}$$

因此，由 t_1~T 时间内每时刻的净现金流量 $B(t1 \leqslant t \leqslant T) = PQ(t) - C(t)$，有：

$$\begin{aligned} dB(t) &= PdQ(t) - dC(t) \\ &= P[Q(t)\mu(t)dt + Q(t)\sigma(t)dz_1] - [Q(t)k_3(\bar{\gamma} - \gamma(t))dt + Q(t)\varphi(t)dz_3] \\ &= Q(t)[P\mu(t) + k_3(\gamma(t) - \bar{\gamma}]dt + Q(t)[P\sigma(t)dz_1 - \varphi(t)dz_3] \end{aligned} \tag{10}$$

由于 V 是 B 的函数，从而由伊藤引理可知，标的资产价值 V 的动态过程为：

$$\begin{aligned} dV(t) &= \frac{\partial V}{\partial B}dB + \frac{\partial V}{\partial t}dt + \frac{1}{2}\frac{\partial^2 V}{\partial B^2}(dB)^2 \\ &= \frac{\partial V}{\partial B}\{Q(t)[P\mu(t) + k_3(\gamma(t) - \bar{\gamma})]dt + Q(t)[P\sigma(t)dz_1 - \varphi(t)dz_3]\} \\ &\quad + \frac{\partial V}{\partial t}dt + \frac{1}{2}\frac{\partial^2 V}{\partial B^2}Q^2(t)[p^2\sigma^2(t) + \varphi^2(t)]dt \end{aligned}$$

整理得：

$$\begin{aligned} dV(t) = &\left\{\frac{\partial V}{\partial B}Q(t)[P\mu(t) + k_3(\gamma(t) - \gamma)] + \frac{\partial V}{\partial t} + \frac{1}{2}\frac{\partial^2 V}{\partial B^2}Q^2(t)[p^2\sigma^2(t) + \varphi^2(t)]\right\}dt \\ &+ Q(t)[P\sigma(t)dz_1 - \varphi(t)dz_3] \end{aligned} \tag{11}$$

5.4.3.2　蒙特卡罗模拟

得到标的资产价值所服从的随机过程以后，就可以给实物期权定价。但是，通过分析（2）式可知，B 的解析解以及对 B 的一阶和二阶导数难以求出，所以无法得到此实物期权价值的解析解。但是可以采用蒙特卡罗模拟方法给实物期权定价。具体方法是将上述连续时间模型用离散时间模型来近似，进行蒙特卡罗模拟。

由（4）式得：

$$Q(t + \Delta t) = Q(t)\exp\left\{\left[\mu(t) - \frac{\sigma^2(t)}{2}\right]\sigma(t) + \sigma(t)\sqrt{\Delta t}\,\varepsilon_1\right\} \tag{12}$$

由（5）式得：

$$\mu(t + \Delta t) = e^{-k\Delta t} + (1 - e^{-k\Delta t})\bar{\mu} + \sqrt{\frac{1 - e^{-2k\Delta t}}{2k}}\,\eta(t)\varepsilon_2 \tag{13}$$

由（6）式，给定初始值 σ_0，得：

$$Q(t)=\sigma_0 e^{-k_1 t}+\bar{\sigma}(1-e^{-k_1 t}) \tag{14}$$

由（7）式，给定初始值 η_0，得：

$$\eta(t)=\eta_0 e^{-k_2 t} \tag{15}$$

由（8）式得：

$$\gamma(t+\Delta t)=e^{-k_3\Delta t}\gamma(t)+(1-e^{-k_2\Delta t})\bar{\gamma}+\sqrt{\frac{1-e^{-2k_3\Delta t}}{2k_3}}\varphi(t)\varepsilon_3 \tag{16}$$

由（9）式，给定初始值 φ_0，得：

$$\varphi(t)=\varphi_0 e^{-k_4 t}+\bar{\varphi}(1-e^{-k_4 t}) \tag{17}$$

ε_1、ε_2 和 ε_3 为相关的标准正态变量。这里用离散时间模型逼近连续时间模型，并采用蒙特卡罗模拟法估计。利用蒙特卡罗法模拟时，必须先确定模型中所使用的相关参数值。上述方程（14）式、（15）式和（17）式是通过给定初始值 σ_0、η_0 和 φ_0 后求得的，都为确切的解而非近似值。利用随机数生成器产生（12）、（13）和（16）方程中的 ε_1、ε_2 和 ε_3 之后，进行模拟推测标的资产价值。依据大数定理，重复模拟以上过程 10000 次，其平均值会近似标的资产的真实价值。实证过程中，模拟的模型为方程（12）~（17）式。

模拟出相关变量的值后，代入上面的方程中，再通过方程（1），计算出该实物期权在现时（即 0 时刻）的价值，但是，模拟运行一次得到的 C 值还不能说明问题，因此重复模拟，通过次模拟，计算出每一次的 C 值，然后再取平均，得到实物期权的现时价值。

由于蒙特卡罗模拟法所产生的随机序列是没有相关性的，导致各点在空间分布中有可能产生群集（Clustering）现象。而准蒙特卡罗模拟法采用更均匀地充满空间（0，1）的准随机数序列（又称低差异数序列）来取代伪随机数，其计算精度明显高于传统的蒙特卡罗，并且计算速度也更快（快 10~1000 倍），提高了蒙特卡罗模拟的效果。因此，本书采用准蒙特卡罗模拟法，用 Halton 序列产生准随机数，通过 Halton 序列得到（0，1）上的均匀分布，然后再运用相应算法将其转化为正态分布。

Halton 序列的计算方法如下：有整数 n =（0，1，2，…，N−1），先将 n 转化为 b 进制的数值，即：

$$n=d_j b^j+\cdots+d_2 b^2+d_1 b+d_0 (\text{其中 } 0\leqslant di<b) \tag{18}$$

令基数为 b 的基本反函数（Radical Inverse Function），即：

$$\Phi_b(n) = \frac{d_0}{b} + \frac{d_1}{b^2} + \cdots + \frac{d_j}{b^{j+1}} \tag{19}$$

该函数相当于进行这样一个转换：$d_j \cdots d_2 d_1 d_0 \Rightarrow 0.d_0 d_1 \cdots d_j$，如 $\Phi 10$（123）= 0.321。这样可以得到一个介于 0 和 2 之间的数列，这就是以 b 为基础的一维 Halton 序列 $\{\Phi_b(n)\}_{n=0}^{\infty} = \{\Phi_b(0), \Phi_b(1), \Phi_b(2), \cdots\}$。多维 Halton 序列可通过多个一维 Halton 序列获得，这些一维 Halton 序列都是以质数为基础的，即以 s 个质数 b_1，b_2，…，b_s 为基数分别形成 S 个一维 Halton 序列，并将这 S 个一维 Halton 序列组成一个 S 维 Halton 序列：

$$X_n = (\{\Phi_{b1}(n)\}_{n=0}^{\infty}, \cdots, \{\Phi_{bs}(n)\}_{n=0}^{\infty}) \tag{20}$$

下面通过 Matlab 编程实现 Halton 序列产生并模拟计算期权价值。

5.4.3.3　算例分析

假设给定上述模型的各项初始值如下（假设在第 0 时刻投资，即 $t_1 = 0$，且各个均值回归系数相等均为 k）。

表 5-1　模拟初始参数设定

序号	参数	估计值
1	无风险利率（RF）	0.05
2	供应链系统总投资（I）（元）	1000
3	项目投资时间（t*）	0
4	项目寿命期（T）（年）	4
5	需求增长率波动率的均值（$\bar{\sigma}$）	0.02
6	单位变动成本均值（$\bar{\gamma}$）	0.6
7	需求增长率的均值（$\bar{\mu}$）	0.1
8	变动成本未预期到的变动部分的均值（$\bar{\varphi}$）	0.05
9	模拟次数（N）	100
10	期初市场需求（Q_0）（个）	1000
11	期初需求的预期增长率（μ_0）	0.8
12	期初需求增长率波动率（σ_0）	0.9
13	需求增长率的波动率（η_0）	0.1
14	期初变动成本未预期到的变动部分（φ_0）	0.05
15	期初单位变动成本（γ_0）	0.7
16	均值回归系数（k）	1.2
17	固定成本（F）	0
18	离散时间模型的时间增量（Δt）	0.4
19	产品价格（P）（元）	1

通过表 5-1 给定的相关参数值（通过市场观测或相关财务报表获得）。可求出方程（14）、（15）和（17）的确切解。每进行一次模拟都要利用随机数生成器产生方程（12）、（13）和（16）中的 ε_1、ε_2 和 ε_3，然后计算给定的离散时间间隔（Δt）内每一步的 Q、μ 和 γ 值，最终模拟出 T 时刻的值，再代入方程(2) 和(1)，计算出实物期权价值。通过模拟计算出的供应链系统柔性产能在 t^* 时点的期权价值为 C_{t^*} = 13667 元。

此外，还可以对影响期权价值的一些参数进行灵敏度分析，这里仅选取 RF、μ、σ、γ 来举例说明，参数的变动程度分别设定为±10%、20%、30%，从而得到在维持其他变量不变的情况下，某一参数的变动对期权价值的影响。结果如图 5-1 所示。

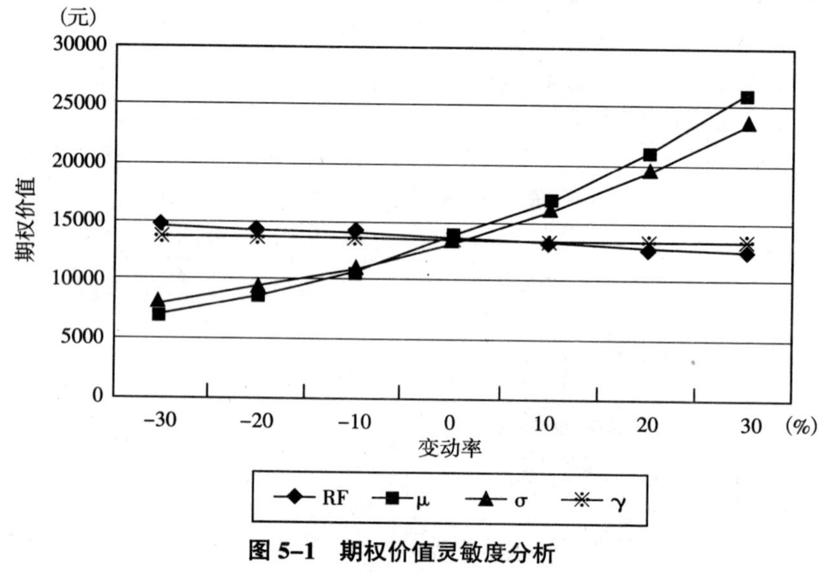

图 5-1 期权价值灵敏度分析

由图 5-1 可知，在本例中，对于所选择的影响期权价值的四个因素，各因素的相对变动对期权价值影响程度由强到弱依次为 μ、σ、γ、RF，且 μ、σ 的变动与期权价值的变动关系为同向变动，而 γ、RF 与期权价值反向变动。

综上所述，供应链中的核心企业通过供应链管理整合资源，优化供应链中的信息流、物流、资金流，以获得长期的竞争优势，使企业提高市场反应速度和综合竞争能力。通过实施供应链管理可以使核心企业具有许多获得经济租金的能力，柔性产能就是其中的一种能力。这里基于实物期权的观点，将其视为一种看涨的实物期权，构建了供应链柔性产能价值分析模型，通过逐步分解找到影响供应链柔性产能价值的可交易或可衡量的因素，再根据这些因素服从的随机过程和现行价格，运用伊藤定理和所定义的函数关系求出标的资产价值所服从的随即过程和其现行价格，这样就可以在风险中性的假设下进行实物期权价值运算，考虑到由于随机因素的增多无法求出价值动态过程的解析解，因此，这里选择将这一连续时间模型离散化，再通过蒙特卡罗模拟的方法求出期权价值，又通过 Matlab 编程来完成的，最后通过一个算例加以说明，并进行了参数的灵敏度分析。

第6章 供应链管理与大企业成长的系统分析

6.1　供应链管理与企业成长的本质

6.1.1　供应链管理理念的本质

SCM 理论给企业管理赋予了全新的定义，同时，企业管理水平的不断提高，也在不断促进 SCM 理论的发展和完善。SCM 强调一种集成的管理思想和方法，体现了一种基于企业核心能力的战略资源整合思路，是企业管理模式的革命性进步。通过把供应链上的各个环节进行有机结合，实现供应链整体效率最高。即指企业通过整合供应链的关系，优化供应链中的信息流、物流、资金流，以获得企业的竞争优势，使企业提高市场反应速度和综合竞争能力。在不断压缩利润空间的微利时代，为了能在激烈而残酷的横向竞争中获取战略优势，唯一的方法是把企业有限的资源集中到少数几个能够为顾客带来独特价值的业务上，并且选择同样具有竞争优势的协作企业来协作完成供应链上的价值创造活动，不同企业在自己具有比较优势的环节上发展核心能力。因此，供应链管理是一种基于全新的思路来改造或重组原企业旧的管理模式的方法，更重要的是，体现了一种先进、有效的管理理念，是一种战略投资，而不仅是 IT 纯技术工作。供应链系统表达的管理思想主要有三个方面：首先，管理整个供应链资源；其次，实现了即时生产和精益生产过程；最后，实现了事先计划与事中控制的目标。

6.1.2　企业成长的本质

在稳态环境下，企业只要拥有独特的资源与能力，就能打造持续性竞争优势，实现持续成长。而在动态复杂环境下，企业要想基业长青，必须建构动态能力，实施与动态变化环境相适应的动态战略，通过创新应对“万变”，克服能力刚性，获得新柔性和持续竞争优势。根据自组织理论和动态企业理论的许多观点，例如，企业自我演进的观点、创新的观点、企业成长制度变迁的观点、动态能力的观点以及企业间协调机制的观点等，本书认为，企业成长本质上就是企业能力的动态演进。而实施供应链系统正是在购买企业动态能力的期权，最终目的是企业的持续成长。

从企业的发展历程来看，企业的演进从古典企业（业主制企业和合作制企业）到现代企业（现代公司制企业）进而到后现代企业（网络型企业、虚拟企业、联盟企业等）。后现代企业是由一个核心企业实行战略领导、众多独立企业参与或若干企业为了相似的战略目标而联结成的战略性经营集团，这恰恰体现了供应链系统的思想。任何成长性企业都是一个自组织系统，具有开放性、非平衡性、涨落性、自主性、自适应和自催化等自组织特征。因此能够实现自组织成长。但企业自组织功能的影响因素又是什么呢？显然是企业能力，企业能力与其自组织功能呈正向相关关系，动态能力是企业成长的内在动力。

企业核心能力对于企业具有重要的战略价值。企业内部核心能力的培养和提高是一个具有路径依赖性的积累过程，其积累过程伴随企业核心产品和技术的发展，与企业核心产品和技术平台的动态演进是息息相关的，企业的竞争优势也会随着技术的动态演进和产业演变及市场变化而发生改变，企业核心能力带来的竞争优势只有和产业、技术、产品的生命周期的发展相协调，才能实现其持续性。倘若企业核心能力不能动态转化，不能随着企业内外环境的变化而动态发展变化。也就是说，核心能力得不到进一步更新、升级时，那么，企业的创新欲望就将衰减，创新效果就将弱化，因而，企业将不能继续享有核心能力所带来的"能力租金"。这样，企业原有的核心能力就会成为企业进一步发展的障碍。因此，企业要想拥有持续性竞争优势以实现持续成长，就必须拥有核心能力，同时促使核心能力动态转化，不断自我创新和超越。我们把企业促使核心能力动态转化的这种能力理解为动态能力。企业要想保持竞争优势的持续性以实现持续成长，其根本出路在于培养、发展动态竞争能力，通过不断创新而获得一连串短暂的竞争优势，从而整体上体现出企业连续逻辑时间的动态竞争优势。

由上可见，企业在制定战略的过程中，必须把能力置于环境中分析，不能忽视环境的作用，不仅要关注能力的突出性、特殊性，还应着眼于能力的动态性、适应性。也就是说，要求企业是动态的企业，有效应对环境变化所带来的挑战。企业不但要具有核心能力，而且要具有促使核心能力动态转化的能力，即动态能力，这样才能获得动态竞争优势，实现持续成长。因此，从本质上看，企业成长就是企业的知识集聚和能力获得与提升的过程，也就是企业能力的动态演进。企业能力的动态演进必然要求必要的资源与之配对，这样就实现了企业成长在"质"和"量"上的辩证统一。

6.2　企业成长问题的系统分析

6.2.1　企业成长系统

企业是一个复杂的社会技术系统已是一种共识，那么，企业的成长自然也就是一种系统的成长，所以，企业成长也应该具有系统成长的所有特点。在系统理论中，系统成长又被称为系统进化，即以“由低级或简单的形态向较高级或复杂的形态发展、进化”来定义，但其具体的内涵和特点还要从“系统”本来的定义和特点来分析。

所谓“系统”是指“相互作用的多元素的复合体”（许国志等，2000）。系统最重要的特点是整体性。若干部分按照某种方式整合成为一个系统，就会产生出整体具有而部分或部分总和所没有的整体特性，而一旦把系统分解，这些东西便不复存在。系统理论把这种整体才具有孤立的部分及其总和不具有的特性，称为整体涌现性（Whole Emergence）。系统的整体涌现性，对外体现在系统的整体功能上，每个系统都表现出特有的、能与别的系统区分开来的整体涌现性。而整体涌现性是由“规模效应”和“结构效应”共同产生的，一般来说，起决定作用的是结构效应。其中，系统所包含的组分多少代表系统的规模。规模大小不同所带来的系统性质的差异，称为规模效应。在组分不变的情况下，往往把组分的关联方式称为结构。整体涌现性主要是由它的组分按照系统的结构方式相互作用、相互补充、相互制约而激发出来的，是一种组分之间的相干效应，即结构效应。同时要注意的是，系统的功能是由系统自身特性和环境共同决定的，而非仅由系统自身特性决定。因此，从系统自身来看，一旦系统的规模、内部结构关系或组成分特性中的任何一种或者几种发生了变化，系统的整体功能也必然会发生变化。

企业作为一个系统，其最重要的特性就是所表现出来的功能，即企业对外的输出。这些对外表现出来的功能可以用企业的生产规模、销售规模、产品质量等多种变量来度量。因此，企业的成长应该先体现在这些企业对外的功能或者说产出指标的增长上。然而，系统功能的增强，是“规模效应”和“结构效应”的共同作用，以及系统组分自身性能的提升上。对企业来讲，系统的规模就对应于构成企业系统的各种生产要素的数量规模，包括资产、人员、设备总量等；系统的结构，对应于上述生产要素之间的关联关系，包括组织结构、生产结构、管理机制等；系统组分的属性，就是对应于企业生产要素的性能，包括员工素质等。因此，企业的成长还应该体现在企业结构和生产要素的质量增长、改进和提升上，也就是企业成长中企业“质”的提升。

综上，从系统论的角度来看，企业成长应该包括企业功能的增强、企业规模的增长、企业结构的改进和企业要素质量的提升四个方面的全面成长，可用相应的指标变量来度量它们的变化，同时，这些变量相互之间又存在着复杂的相互作用关系，很多还构成了互为因果的反馈关系，这些关系也不全是线性的，这使得系统的整体动态行为更为复杂。可见，企业成长问题所涉及的所有变量互相关联构成了一个复杂的非线性反馈系统，本书称之为“企业成长系统”。

6.2.2 企业成长系统的典型动态模式

由于企业成长变量的动态行为是由企业成长系统内的所有变量共同作用的结果，因此，在现实中往往会表现出十分复杂的行为特性，其典型的动态行为有如图6-1所示的四种形态：S型、指数型、对数型和倒U型。其中，S型增长是很典型的一种系统行为，又称为Logistic曲线，它包含了指数增长与渐近增长两种过程。企业的经济实力和各项经济指标的增长，基本符合S型增长过程，即发展过程一般要经历四个阶段：增长速度较缓慢的创业期、增长速度较快的成长期、速度趋缓的成熟期以及走向下降的衰退期。

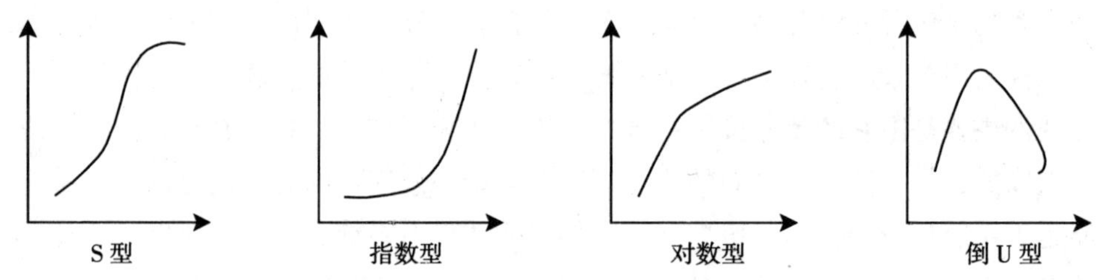

图6-1 企业成长的典型动态模式

指数型增长也是一种较为常见的动态行为模式，其反映的是一种在没有外界限制情况下的系统增长行为，例如，在没有市场规模限制下的企业成长行为。一般来讲，企业只有在某一阶段呈现出指数型增长形态，尤其是在成长期较为常见。

对数型成长的关键在于企业成长遇到“瓶颈”。当企业在快速成长了一段时间后，企业之前积累的能力、知识等支撑企业成长的元素已经消耗得差不多了，此时如果企业没有在成长的过程中进一步培育能够推动企业进一步成长的内部因素，或者外部环境已不容许企业的快速成长，系统中的限制机制就会启动并逐渐加强作用，导致企业增长放缓，呈现出对数型的成长曲线。

倒 U 型成长是典型的“迅速成长、迅速衰败”的暴起暴落型发展，其后半段已不能被称为成长。以该形态成长的企业在成长前期，企业迅速成长，有点类似指数型的成长趋势。但这种企业的成长偏重于推动某单一的企业成长变量的成长，而没有注意到企业成长各变量的均衡成长，导致企业的内部结构、企业能力等都难以应付突发事件的影响或者企业规模扩大的需要。此时如果有不可预料的事件发生，企业成长过程中的所有问题就会集中暴露出来，企业会迅速崩溃。

那么，企业成长系统如此丰富的动态行为是如何形成的，其背后具有怎样的机理？我们能否改善企业成长的动态行为特性，例如，能否突破 S 型成长的上限，使得企业有更进一步的成长？我们能通过什么方法来改变企业成长系统的动态行为特性？这就需要对企业成长问题进行系统性的思考。

6.2.3　企业能力问题的系统分析

6.2.3.1　企业能力及企业能力系统概述

能力是一个适用性广泛的概念，它的应用范围大到一个国家、地区，中到一个组织、企业，小到个人。它可以是一个静态的概念，也可以是一个动态的概念。不论对于一个国家、一个企业，还是个人，能力都是客观存在的。在复杂多变的市场环境和日益明显的差异化消费中，企业的竞争优势越来越依赖于企业的能力。根据资源基础论的观点，企业能力是无形的，产生于各种有形资源和无形资源的相互作用中。这种能力包括人与人之间、人与资源之间的协调。如果企业拥有独特的、优异的能力，它就能够比竞争对手做得更好，快速地对市场做出反应，迅速、持久地增加企业的价值。从本质上来讲，企业是一个能力体系，因此，从能力角度来认识、理解企业，更能体现现代企业的本质。首先，企业实际拥有的能力决定了企业的规模和边界，也决定了多元化战略和跨国经营战略的广度和深度。其次，积累、开发和运用能力来进行产品创新和服务创新，决定了企业可持续的竞争优势。

处于不同产业的不同价值链环节的企业，其能力的构成与组合会有所不同，导致企业具有不同的综合性能力。企业能力理论坚持以内在发展观点出发来分析企业，认识到企业本质上是一个能力的集合体，并以此来分析企业的竞争优势源泉和如何持续等问题，它不仅是对企业理论和产业组织理论的“结构—行为—绩效”分析框架的替代，也是对波特将产业分析模式应用到战略管理领域分析方法的替代。其影响和意义在于以下三点。首先，企业能力理论将人们寻求竞争优势的目光从产业上引回到企业本身上来，重塑了一种全新的战略管理模式。其次，企业能力理论否定了传统理论中企业能力无限的假设前提，它认为企业的能力储备决定企业的经营范围和业务边界，特别是多元化经营的广度和深度。最后，企业能力理论使企业的经营者认识到：只有以企业能力作支撑，通过各种资源的有机结合和战略应用，形成一个互动的自由强化发展系统，企业才可能保持持续的竞争优势。因此，对企业能力的构成、来源、特点等进行深入、细致的分析，并将分析成果合理应用于企业的经营活动之中，对于企业培育、提升自身能力起着至关重要的作用。当前，企业能力的分析方法主要有两种：

（1）价值链分析法。价值链分析法源于波特的企业价值链模型。企业的竞争优势来源于设计、生产、营销、分销和对生产起辅助作用的各种活动，所有这些活动都可以用价值链表示出来。在价值链的不同阶段，都蕴含着企业用于创造用户价值的某种能力。价值链分析法根据企业的价值创造活动来分析企业所拥有的能力。同一产业中不同企业的价值链千差万别，它们反映出企业的战略，并决定了企业的竞争地位，使用这种分析方法能使企业认识到自身能力的特征。

（2）系统分析法。价值链分析法从解剖学的角度对企业的各方面能力进行了分析，但事实上，企业的能力往往是企业各项资源有机结合、相互作用的结果。系统分析法采用系统的观点综合反映了企业的素质，企业被看成是一个特殊的能力综合体系，这个体系是企业拥有和控制的所有能力的有机组合。

企业的能力蕴含于其系统运行的过程中。具体表现为，能够改变特定资源使其产生满足用户需求的产品的“变换能力”；能够适应市场和环境的变化，不断培养出新的“创新能力”；能够充分利用和协调各种资源，产生更大效益的“整合能力”等。这些能力的有机联系就构成了企业的能力体系，并且决定了企业在市场中的综合竞争力。企业有各种各样的目标，如成长、股东财富最大化、利润最大化等，要实现这些目标，最根本的一点是必须为社会创造价值。因此，企业能力系统的首要功能和根本功能就是为今天和明天的客户创造价值（普拉哈拉德和哈默尔，1998）。在价值工程中，价值（V）是功能（F）和成本（C）的函数，其公式为 V=F/C。企业能力系统可通过两种途径来创造价值：①增加功能 F，包括从无到有（创新），从好到优（精益求精），此处，F 指客户所感受得到的价值；②降低成本 C，提高能力系统运行的效率，改造能力系统的结构，减少客户所需付出的成本。

6.2.3.2　企业能力系统结构

系统结构是指构成系统的具有一定功能的元素（或子系统）及其相互关系的总称。元素和子系统是相应系统分解的结果，以元素还是子系统作为研究对象，需视系统结构的复杂程度及分析要求而定。元素与子系统的划分过程在结构分析中是一个不断反复进行的局部与整体关系的认识与调控过程，这一过程往往还应结合系统的环境分析进行。在以子系统及其相互关系作为研究对象时，子系统范围的确定必须遵循功能一致性原则，即子系统中的所有元素应从属于子系统功能，不从属于子系统功能的元素应排除在该子系统之外。关系是元素（或子系统）之间的物质流、能量流、信息流交换关系的总称，但这三种流不是完全相互独立的。

企业能力系统结构是指构成企业能力系统的具有一定功能的能力单元/要素（或能力子系统）及其相互关系的总称，即企业各能力单元相互联系、相互作用的方式和秩序，表现在各能力单元在时间、空间上排列组合的具体形式和作用关系。对于企业能力系统结构的分析可以从不同角度出发，但能力系统富有企业特色，每一家企业能力系统的具体结构都会与其他企业有所差异。因此，为便于研究和探寻其共性特征，应遵循从抽象的、本质的、简化的角度进行研究的基本原则。

一般来讲，从企业的运作方式，也可称作企业价值实现方式的角度出发，可以将企业能力系统由内向外分为三个层面。最底层为资源，它是企业能力的支撑基础，主要指企业内部的有形资源和无形资源，例如，人力资源、装备与技术资源、管理机制资源等基础的水平，是企业能力发展支撑力度强弱的体现。中间层面为能力表现，主要是指企业所拥有和掌握的各项刚性能力和柔性能力的强弱程度。主要包括企业的主营业务及其支撑技术，特别是优势特色技术的实力与水平，以及企业业务流程和组织结构的柔性等，例如，技术研发能力、产品制造能力、业务整合能力、流程再造能力等。最高层为能力价值实现，主要指企业产品、服务对外部市场的匹配和适应程度，即市场对企业产品和服务的接受和认可程度，是企业能力价值实现程度的客观体现，主要包括产品竞争能力、市场营销能力、市场反应能力、客户管理能力等。企业能力系统各部分之间的关系表现在各能力结构要素之间的物质、能量、信息交换。

6.2.4　企业成长问题的系统分析

企业成长系统的动态行为特性是系统所有变量共同作用的结果，是系统的整体行为，一旦把企业成长系统分解，这种整体行为特性就不复存在。因此，要理解企业成长系统的动态行为特性的形成原因，进而预测它的行为，并找到改进某些不良行为模式的途径，就必须从系统整体的角度来考察和理解企业成长系统，从而理解系统的行为规律。因此，对于企业成长的问题必须进行系统思考，而不是仅注重对个别推动因素或限制因素的分析。因为，这些推动因素和限制因素本身也会随着企业成长的过程而发生改变，从而呈现出动态复杂性。往往某个阶段企业成长的推动因素，在下一阶段反而成了阻碍因素。

企业成长是个复杂的系统问题，必须从整体上进行分析和选择。若片面注重某一方面的关系而做出决策，往往造成与预期相反的后果，从而造成企业成长不良的动态特性。例如，在企业产品受到市场欢迎，销量大增时，如果企业负责人只看到市场增长的大好机遇，以及收入的急剧增加使得有能力来进行规模扩张，从而能够有更高的产量和销量，又进一步使得企业收入增加这么一个自我增强的关系时，可能会顿时感到抓到了成功的模式和机遇，从而会不遗余力进行规模扩张。但在这种情况下，往往会忽视企业规模的扩大对于管理能力的需求也会大量增长的关系，从而忽略了对管理能力的培养。如果此时企业规模扩张速度超出了管理能力必要的增长速度的话，那么企业的成长就会出现暴起暴落的不良动态特性。更为复杂的是，在企业成长的复杂非线性反馈系统中存在着“延迟”，使得问题更加难以理解。延迟是指系统中某个变量的行动发生时刻与该行动造成的结果发生时刻之间存在一定的时间差距，这使得因与果在时空上并不紧密相连，让人更加难以理解系统的真实特性，导致做出不当的决策。因此，改善系统行为特性最有效的方法之一，就是把系统中的固有延迟降到最低限度。因为，这种时间差距的缩短实际上降低了我们的预测风险，而不至于偏离理想结果太远，也使得我们更容易发现系统中存在的某种因果关系，不至于遗漏这种关系导致片面思考。

对于反馈系统，总存在一些可引起系统结构重要而持久改善的点，一些小而专注的行动，只要用对了地方，就能够产生重大、持久的改善，系统动力学称此项原理为“杠杆作用”(Leverage)。但是，除非我们能够从整体上了解系统中各种关系的运作，反馈系统的高“杠杆解”也不是很明显。同时，即使我们能够找到“杠杆解”，由于其作用的发挥具有延迟，实施“杠杆解”后，我们必须有足够的耐心等待系统机制自行发挥作用，从而最终改善系统的行为特性。

从某种意义上来讲，研究系统就是研究系统结构，系统结构是系统整体性的反映。结构决定行为是系统理论的基本原理。即使是差异很大的个人，当他们置身于相同的系统中时，也倾向于产生类似的行为结果。结构决定行为的观点告诉我们，要了解重要的问题，在深入了解影响我们个别行动的同时，更重要的是，要认清使得这些个别行动相类似的背后的系统结构。

从系统整体角度来探究和认识企业成长系统及其动态行为模式的特性、形成机理的方法就是结构分析方法，通过辨析了解系统具有的基本结构，我们能够基本掌握和解释系统的动态行为特性，进而改进系统的行为。系统动力学提供了十分有力和具体形象的回路分析方法来分析和分类非线性动态反馈系统的结构，这样就可以对企业成长系统内部高度联系的本质进行全面分析，把握每项变量的联结，从而在整体上反映企业成长系统内部各变量之间的复杂因果关系。

6.3 供应链管理与大企业成长系统因果图

企业成长问题构成了一个复杂的非线性动态反馈系统，分析研究企业成长问题，必须用系统分析的方法，从系统整体角度来认识系统行为的规律。系统动力学是专门研究信息反馈系统的学科，适合深入探究企业成长系统问题的内部结构及其运行规律。

6.3.1 系统动力学相关研究与应用

6.3.1.1 系统动力学起源与发展

系统动力学（System Dynamics，SD）是麻省理工学院的 Jay. W. Forrester 教授于 20 世纪 60 年代创立的。SD 用因果关系图和栈一流图来描述互相关联的系统，并用仿真语言来定盘仿真系统的动态变化特性。其中，栈表示系统变量的状态，不同时间点变量 t 的状态是不同的；流图表示系统变量的活动，例如，库存的消耗、人员的雇用或解聘等。

随着 Industrial Dynamics（Forrester，1961）、Ubran Dynamics（Forrester’1969）、World Dynamics（Forreste r，1971）、The Limit to Growth（Meadows 等，1972）等专著的相继出版，SD 也逐渐完善并得到国际上的广泛关注。SD 以鲜明的系统观面世之后，一直以系统方法论的基本原则来考察研究客观世界，经过数十年发展充实了系统方法论。故国际系统动力学学界才以“系统思考”(Sysetm Thining 一词来概括系统方法论的基本原则及其系统观。随着系统动力学的发展完善，系统思考逐渐形成了一系列重要的原理原则，成为研究处理解决社会经济复杂系统问题的有效工具。20世纪90年代初，麻省理工学院的彼得·圣吉（Peter Senge）博士在系统动力学的基础上，提出了以系统思考为核心的学习型组织理论，包括自我超越、改善心理模式、建立共同前景和团队学习等五项相互贯通、浑然一体的“修炼”艺术和技能。经过实践的检验和多年发展，学习型组织已成为现代最成功企业的组织形式。至此，基于系统动力学的管理决策建模方法也逐渐成熟。它在SD的基础上，不但综合了系统思考和学习型组织理论，而且融合了先进的计算机技术。目前应用较广的仿真软件有Powersim、STELLA/ithink、Vensim和Modus等。

6.3.1.2 Vensim软件简介

由于我们主要用到的是Vensim软件，所以这里对该软件做一个简单的介绍。

Vensim软件是美国Ventana Systems Inc.（http：//www. vensim.eom）公司生产的一个可视化建模工具，通过使用该软件可以对系统动力学模型进行构思、仿真、分析和优化，同时可以形成文档。该软件主要有以下四个特点：

（1）利用图示化编程进行建模。在Vensim中，“编程”实际上并不存在，只有建模的概念。在启动Vensim系统后得到的主窗口中，依据操作按钮画出简化流率因果关系图或流图，再通过Equation Editor输入方程和参数，就可以直接模拟使用。在Vensim中，方程及变量不带时标，模型建立是围绕着变量间的因果关系展开的。

（2）运行于Windows操作系统下，采用了多种分析方法，使得Vensim的输出信息非常丰富。输出兼容性强，一般的模拟结果，除了即时显示外，还提供了保存到文件和复制至剪贴板等方法输出。

（3）对模型提供多种分析方法。Vensim可以对模型进行结构分析和数据集分析。其中，结构分析包括原因树分析（逐层列举作用于指定变量的变量）、结果树分析（逐层列举该变量对于其他变量的作用）和反馈环列表分析。数据集分析包括变量随时间变化的数据值及曲线图分析。

（4）真实性检查。对于所研究的系统和模型中的一些重要变量，可以依据常识和一些基本原则，预先提出对其正确性的基本要求。设定假设是受真实性约束的，将这些假设加到建好的模型中，专门模拟现有模型在运行时对于这些约束的遵守情况或违反情况，判断模型的合理性与真实性，从而调整结构或参数。

6.3.1.3 系统动力学建模的基本原则

在建模过程中要做到“一个明确，三个面向”：明确目的，面向问题、面向过程、面向应用。系统动力学建模的目的在于研究系统的问题，加深对系统内部反馈结构与其动态行为关系的研究认识，并进行改善系统行为的研究。因此，建模过程中，要明确本次建模的目的，然后顺序或者逆序厘清建模的思路，始终面向要解决的问题，面向问题中的各个逻辑关系、制约关系和反馈回路，面向模型的可参考性和实际可行性。在建模过程中，有如下三条普遍原则在确定问题、定义变量和构思模型的过程中十分有用：

（1）明确建模目的。这是三个原则中最重要的一点。

（2）集中于主要问题与矛盾，而不是整个系统。因为从哲学角度看，系统内部的问题与矛盾有很多，但是主要的问题与矛盾却影响了几乎整个系统，因此，在建模过程中应该首先把握主要问题与矛盾，其次抓次要因素，这样才能深入、透彻地认识整个系统。

（3）构思模型的另外一条原则是系统动力学仅处理那些随时间变化（包括可以看作随时间变化）和源自反馈结构的问题。从大范围讲，系统动力学是属于软科学技术，因此，系统动力学所能解决的问题也只是软科学所能解决的众多问题中的一部分。系统动力学是从解决软科学发展过程中碰到的难题而产生，虽然现在应用范围比以前广了，但是它仍然只能解决软科学大类的问题。

6.3.1.4 系统动力学相关研究与应用

从20世纪60年代Forrester教授创立SD到现在，有关SD、系统思考和学习型组织的理论研究和应用研究方面已有数以千计的论文和近百部专著。旨在致力于SD、系统思考和学习型组织的发展及在全世界范围内应用的非营利性国际组织——系统动力学协会也于20世纪80年代在美国成立，我国系统动力学专家王其藩教授当选为最新一届主席，任期为2006~2008年。《2005系统动力学与管理科学：亚太地区可持续发展》国际会议于2005年在同济大学召开，包括彼得·圣吉（Peter Senge）博士在内的众多学者专家与会。基于系统动力学的管理决策建模方法的应用领域十分广泛。常用的系统工程学模型有世界动力学模型，用于研究全球性的发展战略；国家动力学模型，用于研究国家政治、经济、军事、对外关系等；城市动力学模型，研究城市发展战略；区域动力学模型，用于研究特定地理区域的发展战略：工业动力学模型，用于研究工业企业发展战略；生长型动力学模型，包括研究疾病发生、发展及防治策略的医疗动力学模型；研究作物、园艺、家禽饲养、虫害防治和生态保护等的系统工程学模型等。因此可以说，系统动力学的应用几乎遍及各类系统，伸入到各种领域。按照年代排序，具体如下：

- 1961年Forrester在他的经典名著《工业动力学》（Industrial Dynamics）中提到了一个著名的案例模型——电子零件工业的企业系统动力学模型，可谓最早的企业通用模型。自此以后，SD在企业中的研究与应用便开始蓬勃发展，经久不衰。
- 1968年，Forrester教授构建的库存模型，说明T交货延迟（Delivery

Delay）影响和因此而产生的生产周期（Production Cycle）。

• 1970 年，D. L. Meadows 开发的商品供需模型，研究了生产能力和延迟、价格和市场等要素之间的关系。

• 1976 年，R. I. Hall 构建的系统动力学模型，解释了对管理邮政广告税收、广告和新闻版面、市场和定价策略之间的反馈的错误理解怎样导致发行量空前增长而邮局却经营失败的现象。

• 1978 年，E. B. Robert 等构建的公司模型，包括研发管理、生产和运作、人力资源及其他方面。

• 1980 年，J. M. Lyneis 构建了一个包括公司整个运作流程的模型。

• 1991 年，J. D. W. Morecroft 开发了一个针对那种刚刚起步的公司制定理想发展战略的系统动力学模型。

• 1991 年，P. P. Merten 开发的新市场模型，描述了在开拓新市场过程中公司内在结构和组织的定性转变，为有类似经历的公司提供了决策参考。

• 1992 年，N. D. Ford 和 J. D. Sterman 开发的动态模型，能模拟流程约束条件和管理决策制定之间难以预料的相互动态关系，以及怎样实现成功合作开发项目并缩短开发周期。

• 1996 年，Christiman Kampmann 等构建的市场模型，探寻了市场的动态结构、其价格的影响机理及怎样影响市场的表现和稳定性。

• 1998 年，N. D. Ford 和 J. D. stcmran 构建的项目开发模型，探寻了限制任务安排的动态协调关系，以及各种资源（如劳动力）、项目范围和目标（如缩短交货期）等之间的关系。

• 1998 年，Pual A. Langlye 等设计的市场增长模型，探寻了快速增长市场环境中反馈的内涵，指出决策者心理模式中的缺陷是“对反馈的错误理解”。

• 1999 年，Yaman Barlas 设计的供应链模型，探寻了纺织原料和服装的包括零售和批发在内的流程，以寻求能给零售商带来低成本高收益的库存决策。

• 1999 年，浦项通过一个名为 PI（Process Innovation）的活动把学习型组织、BPR 和 ERP 结合起来，先通过咨询公司分析公司改革的障碍因素，同时通过对 Benchmarking 进行业务过程分析，找出过程优化的方向，然后逐步推进 BPR，最后才引入 Oracle 的 ERP 系统，推进信息化的技术工作，取得了比较理想的效果。

6.3.2　系统动力学的系统结构描述法

6.3.2.1　联结

系统动力学定义的系统是，一个由相互区别、相互作用的各部分有机地联结在一起，为同一目的而完成某种功能的集合体。即系统是由构成系统的基本单元（又称为系统组分）以及这些基本单元之间的关系联结所构成的。因此，可以认为系统的结构就是这些系统组分之间的关系的集合。所以，描述系统的结构要能描述这些系统组分之间的关系联结。系统动力学提供了一种十分形象地描述系统结构的“因果关系图示法”。利用因果图示法，系统内部任何两个组分之间的因果关系可以用如图 6 在 2 所示的一个由“原因”变量指向“结果”变量的有向“联结”表示。在图 6–2 中，“联结”的“箭尾”出发处是表示相互作用关系中“原因”的组分变量，“箭头”指向的是表示“结果”的组分变量。其中，箭头旁边的“+”表示随着“原因”变量的增大将导致“结果”变量的增大，称为“同向”联结；箭头边的“–”表示随着“原因”变量的增大将导致“结果”变量的减小，称为“反向”联结。在实际系统中，“联结”所代表的数学关系表达式可能十分复杂，但总可以分成“同向”和“反向”两类关系。这两类最基本的联结，是构成系统结构的最基本元素。

图 6–2　系统组分的联结

6.3.2.2　反馈回路与反馈系统

如果在系统中，有某几个因素之间的“联结”构成了一个首尾联结、无始无终的“闭合环”，如图 6–3 所示，该闭合环则表示在这些因素之间存在 “反馈”关系。

“反馈”是指“系统内同一单元或同一子块其输出与输入之间的关系”。即系统内某一单元的输出量在经过多次转换以后又作用到该单元的后面时期的输入量上的关系。用因果图表示，一个“反馈”所涉及的所有的联结，最后总会形成一个如图 6–3 所示的围绕该单元的“闭合环”，称为“反馈环”或“反馈回路”、“因果回路”等。因此，“反馈回路”就是由一系列的因果与相互作用链组成的闭合回路或

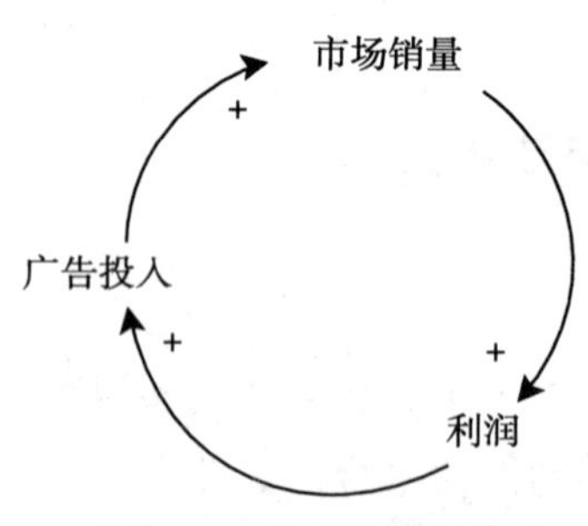

图 6–3 系统的反馈回路

者说是由信息与动作构成的闭合路径。系统所包含的关系中只要存在一个反馈关系，该系统就被称为“反馈系统”或“闭环系统”。相反，不包含任何反馈关系的系统被称为“开环系统”。即使外界的输入因素没有变化，反馈系统也会呈现出由系统内部结构所决定的千姿百态的动态行为；而开环系统由于不能检测到自身的行为，不能对本身的行为做出反应和进行调整，其行为特征主要是由外界因素的变化特性所决定的。因此，凡是具有自身特有的动态行为特征的系统一般都是反馈系统，现实中的各种社会经济系统都具有自身固有的动态行为规律，基本都是反馈系统。

系统动力学是研究反馈系统的学科，因此，系统动力学所研究的系统中至少包含一个反馈回路。在系统动力学中，系统结构中是否存在反馈回路可以被视为判断系统是否完整的一个标准，所以，我们以下所称的系统如果不特别注明都是指反馈系统。系统所包含的反馈回路一般不止一个，这些反馈回路还互相联结与作用，从而构成了复杂的系统结构。反馈系统的结构就是相互联结与作用的一组回路。因此，系统动力学以反馈回路来描述系统的结构，把反馈回路作为系统的基本结构或基本单元。

6.3.2.3 反馈回路的基本类型——正反馈和负反馈

按照反馈过程的特点，反馈可自然地划分为“正反馈”和“负反馈”两种，如图 6–4 所示。

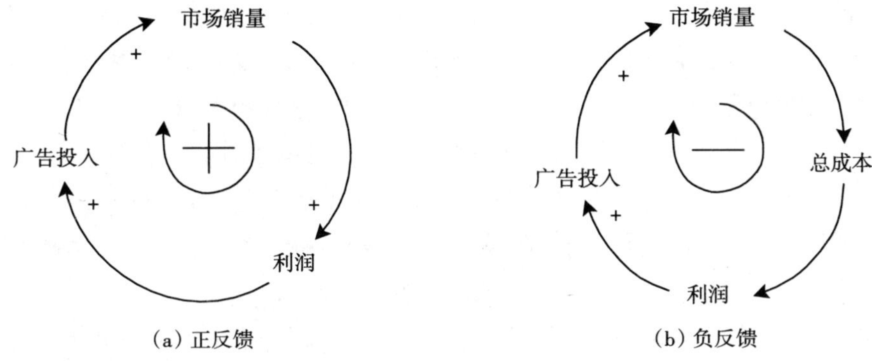

图 6–4　正反馈与负反馈

如图 6–4 所示，当反馈回路中所包含的联结全部是“同向联结”，或者包含的“反向联结”个数为偶数时，该回路为“正反馈回路”；当反馈回路中所包含的“反向联结”个数为奇数时，则该回路为“负反馈回路”。

正反馈的特点是，能产生自身运动的加强过程，在此过程中运动或动作所引起的后果将回授，使原来的趋势得到加强，即发生于其回路中任何一处的初始偏离循回路一周将获得增大与加强，从而使得系统呈现出迅速增长或者急剧减少的基本动态特征。正反馈回路具有非稳定的、非平衡的、增长的和自增强的多种行为特性。因此，正反馈回路又被称为“增强回路”。

负反馈的特点是，能自动寻求给定的目标，未达到（或者未趋近）目标时将不断做出响应，力图缩小系统状态相对于目标状态的偏离，从而使得系统的状态总是围绕着某个目标值运动，保持系统的稳定。因此，负反馈回路又被称为“调节回路”或“稳定回路”。

反映真实系统的系统结构图会变得非常复杂，通常由很多相互联系的反馈回路构成。但是，无论一个系统多么复杂，最终形成的结构图多么繁复，其基本构造块只有上述两种基本回路：增强回路或者调节回路。系统的整体动态行为特征也是由这两类基本回路的动态行为组合而成的。于是，分析系统结构，就是逐个辨别出系统中的每一个反馈回路，以及它们之间的联系。

在系统发展的不同阶段，系统内部起主导作用的回路是不同的。当正反馈回路起主导作用时，系统的行为将呈现出正反馈回路的行为特征，从而表现出不断增长或减弱的行为特点：当负反馈起主导作用时，系统的行为将呈现出负反馈回路的行为特征，从而表现出诸如增长减慢、波动等稳定在某一个固定值周围的行为特点。因此，当系统表现出不断增长或不断衰退的态势时，可以判断其内部存在增强回路，并正在起主导作用；而系统表现出增长乏力，难以改变现状等态势时，可以判断其内部的负反馈回路正在起主导作用。在系统发展过程中，起主导作用的主导回路会不断发生转移，时而正反馈起主导作用，时而负反馈起主导作用。正是由于系统内部主导回路的转移，使得系统在发展过程中，呈现出十分复杂的动态行为特征。事实证明，由若干回路组成的反馈系统，即使诸单独回路所隐含的动态特性均简单明了，但是对其整体特性的分析却往往使直观形象解释与分析方法束手无策。因此，反馈结构复杂的实际系统与问题，其随时间变化的特性与其内部结构的关系的分析不得不求助于定量模型和计算机模拟技术。

增强回路与调节回路是一个完整的企业成长系统不可缺少的两个基本要素，不同的企业成长系统所包含的基本回路的数量以及回路之间的联结方式是不同的，形成了复杂多变的系统结构。可以说，任何一种结构都有其特殊性，也决定了其行为的特殊性。正是由于系统内增强回路与调节回路的联结和互相作用方式的不同，导致了千姿百态的企业成长动态行为。

6.3.3 企业成长系统的基本结构和行为特性

用系统动力学来分析和研究企业成长问题，要能够描述和辨识企业成长系统的系统结构，在此基础上再进一步深入研究企业成长系统结构与企业成长动态行为之间的关系。当一个系统表现出不断增长的态势时，其内部必定有一个增强回路在起主导作用。因此，对于企业成长这种现象，其背后都存在两个增强回路在推动企业的发展。所以，可以用增强回路来表示企业成长系统的基本结构。可以预计，如果企业一直遵循上述系统结构运行，其成长是没有止境的，最终企业将成长到一个无法想象的巨大规模，这显然是不现实的。现实中企业的上述成长趋势必然会遇到阻碍，使得成长速度下降，最终企业将稳定在一定的规模上。这个企业成长的稳定机制可以用负反馈回路来表示。因此，企业成长系统中必定还存在一个负反馈回路。

从系统动力学的角度来讲，企业从孕育、诞生、高速成长到成熟，就是一个不断增强的正反馈过程。企业的成长可以使各种促进企业进一步成长的要素得以发展，但不断增强的反馈环路一方面促进了企业的快速成长，另一方面会使得抑制企业成长的因素也一起成长，触发了一个抑制成长的调节回路开始起作用。因此，企业成长过程一定至少包含一个增强回路和一个调节回路。企业成长过程可能包含着多个连接在一起的成对的增强、调节回路结构，联结方式的不同导致了企业成长系统动态特性的不同。图 6-5 所示的一般回路结构是一种较为常见的联结方式。

图 6-5 左边是代表促进企业成长的增强回路，右边是抑制企业成长的调节回

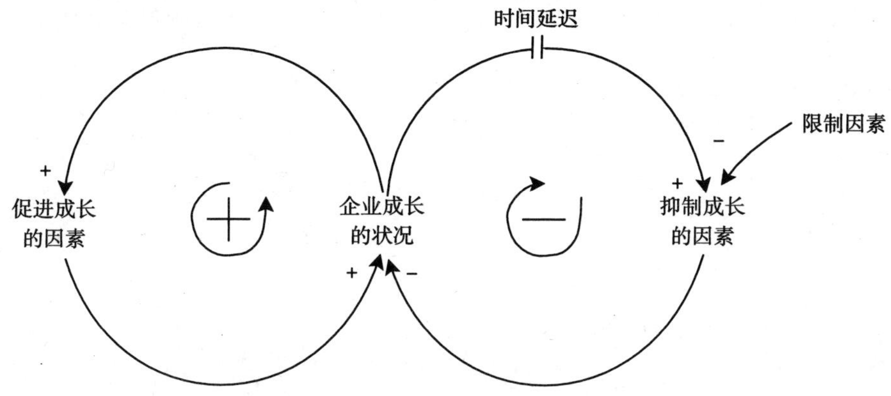

图 6–5　企业成长系统的一般结构

路，调节回路上的“//”符号表示 “时间延迟”，在实际企业成长过程中，由增强环路与调节环路相互影响所造成的系统动态行为特性会呈现出千姿百态的特性，构成了一种“动态性的复杂”。造成这种动态性复杂的一个根本性原因就在于，各种回路中往往存在延迟，使得系统内部的相互矛盾往往不是在短期内能够被明确认识的，从而造成过度反应，使得系统行为更为复杂。例如，调节回路上的延迟使得那些限制成长机制的作用后果，并不像那些促进成长的机制那样立竿见影，从而导致人们在遇到企业成长减速时，最直接的想法和措施就是如何进一步促进成长要素的增长，企图以此推动企业的成长或突破，这种措施在短期内往往能够起到一定的效果，但没有想到这些看似卓有成效的想法和措施，实际上却促使抑制成长的要素也被更快地催熟而导致成长的障碍越来越大，越来越难以解决。企业成长系统中“延迟”的存在，使得对系统行为的理解，以及对企业成长的管理都更为困难。

增强回路和调节回路通过反映“企业成长状况”的变量联结在一起。虽然促进和抑制企业成长的因素和机制众多而复杂，不同的机制在上述相应变量位置上的具体变量也不同。但每种机制总能用一个增强回路和一个调节回路的联结来表达。

图 6–5 表明：企业成长的过程，事实上就是其内部促进发展和环境条件限制其发展的正负反馈机制共同作用的结果。企业成长行为的动态特性受到促进企业成长因素和限制企业成长因素两方面作用力大小的影响。增强回路是促进系统发展的动力，但是要注意的是，系统的增长和衰退都来自于增强回路作用的发挥，同样的增强回路，既是“增长的引擎”，也是“衰退的根源”。调节回路是系统发展的稳定机制，规定了系统发展的最终目标，限制着企业的成长。突破企业成长的限制，要从解除调节回路的约束入手，而不能从推动增强回路方面寻找解决方案。图 6–6 为一般的企业成长行为特性。

实际的企业成长系统远比图 6–6 复杂，不仅每个反馈环内所包含的变量要多得

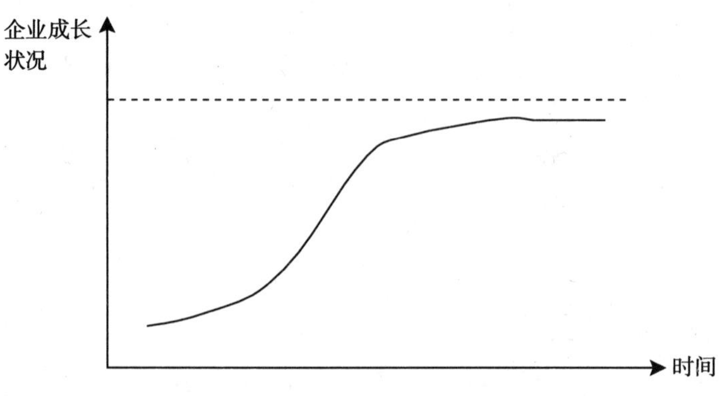

图 6–6 企业成长的一般行为特性

多，而且所有的企业成长促进机制和抑制机制都联合在一起发挥作用，所以，实际的企业成长系统所包含的反馈环也远不止两个，联结的方式也不止这么一种。然而，无论企业成长系统多么复杂，推动企业成长的总是那些起着“成长引擎”作用的增强回路，而最终使得企业成长稳定下来的，总是各种起着“抑制作用”的调节回路。

6.3.4 供应链管理与大企业成长系统因果图

通过前面对供应链理论、战略管理相关理论、动态能力理论等进行的分析，结合系统动力学相关知识，这里得出供应链管理与大企业成长系统因果图，如图 6–7 所示。

在图 6–7 中，增强回路 1 反映了由于大企业的不断发展，企业需要保持的核心资源逐渐增加，这些资源包括设备、员工等。进一步使得企业的可控资源逐渐增加，这就使得改变资源管理方式的需求日益强烈，而实施供应链正是改变资源管理方式的一个有效途径。通过实施供应链，员工知识得以增加，使得员工利用大企业现存资源可能从事的服务数量增加，这进一步增加了未曾利用的机会，构成了企业剩余资源的一个重要组成部分。而企业剩余资源直接诱导企业扩大规模。企业规模的扩大又使得生产资源增加，如此循环。这个回路清晰地说明了大企业成长的资源基础思想、知识能力思想以及剩余资源是企业成长的直接动因，明确地勾勒出这些因素之间的动态作用关系，以及供应链系统在其中的作用。

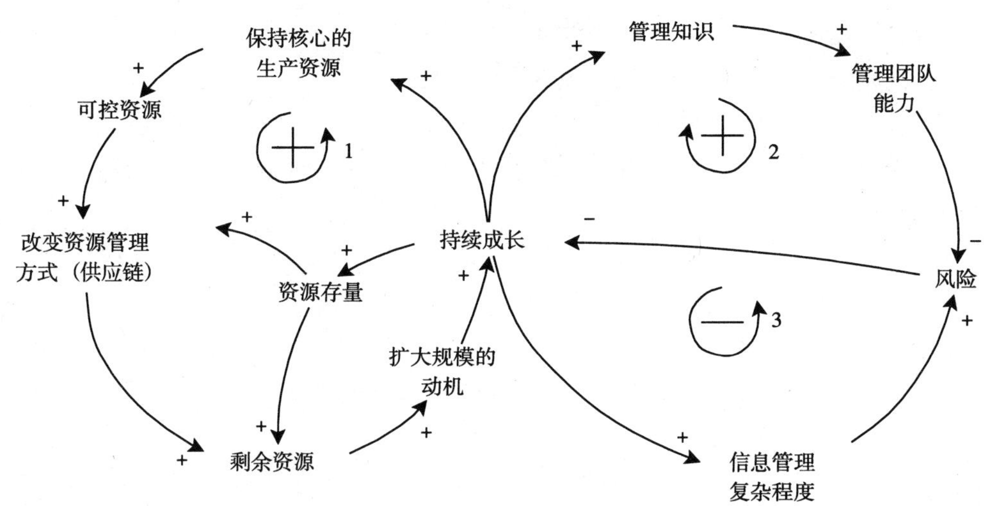

图 6–7　供应链系统与大企业成长系统因果图

调节回路 3 则反映了随着大企业的持续成长，企业资源规模越来越大，需要处理的信息总量也越来越大，与之配套的信息管理能力总量要求也越高。一方面，资源规模总量越大，所需要的日常信息管理能力总量也越大。如果管理能力总量不变或者增长速度低于企业规模的增长速度，必然导致在应付完越来越多的日常管理事项后，“剩余管理能力”将越来越少。另一方面，内部资源与上下游企业客户之间的关系越来越复杂，彼此之间需要交换的信息也迅速膨胀，这大大增加了信息管理的复杂程度，如果不能高效地进行信息交流与传递，即拥有很强的信息管理能力，之前具有的能力由于没有动态地发展以适应新的、复杂的外部环境而造成决策错误（供应链中的牛鞭效应就是一个例子），这时的能力将会被淘汰，因此，企业管理团队的总管理能力会下降，进一步使得管理团队的剩余管理能力减少，这些都加大了限制企业成长的风险，构成企业持续发展的阻力。如果没有这个调节回路，企业在增强回路 1 的推动下，将无止境地成长下去。但是，调节回路 3 指出，企业规模的增长不仅仅需要有“剩余资源”的诱因拉动，还需要有“动态能力”和“剩余管理能力”供给的支持。剩余管理能力的减少和风险的加大减缓了大企业的成长。

增强回路 2 表示的是“企业总体管理能力”可以内生变动的约束放松机制。随着企业规模的扩大，在初期固然会投入较多的管理团队精力以应付规模增大后所增加的各种新的管理问题，但随着企业的发展，外部资源规模的不断扩大，供应链系统的磨合、运行，处理这些新的管理问题的经验积累，整个企业的管理知识总量也将增加，相当于企业的整体管理能力得到提升，渐渐的各种新增加的管理问题可以由常规管理系统接管，而整个管理团队的剩余精力又被释放出来，同时也大大降低了各种风险，从而能够支持新一轮的企业成长。

在后面的章节中，我们将以图 6-7 为基础，建立一个较为完整的大企业成长系统动力学模型，深入探讨该系统的动态行为特性，分析供应链管理与大企业成长之间的关系。

第7章
供应链管理与大企业成长的动态关系分析

利用系统动力学的思想和分析方法，能够清晰地剖析企业成长过程中各种促进和约束因素之间的动态关系；而通过系统动力学模型的构建和模拟研究，则能更进一步明确企业成长理论中许多定性的、模糊的概念的内涵和作用，验证各种企业成长思想和理论机制的合理性及其适用范围，能够“实验”各种促进企业成长的政策的可行性，探索推动企业成长的关键“杠杆因素”。本章根据前文阐述的相关理论建立了企业成长的系统动力学模型，在总结文献（Lummus，1998；Beamon，1998；Sabri，2000，etc.）的基础上，借鉴平衡记分卡的思想，提取了供应链绩效研究中常用的 11 项衡量指标，通过将这些指标加入到企业成长系统动力学模型，建立一个较为完整的供应链系统与企业成长系统动力学模型，深入探讨该系统的动态行为特性。

7.1　模型建立与主要变量界定

前面已经建立了供应链系统与企业成长系统的因果回路结构，但其中的很多因素是定性的描述，比较模糊，难以构成一个明确的变量，因此，不能直接根据其来建立系统动力学模型。有些概念需要拆成不同的变量，有些概念为了建模的需要，可能需要合成一个变量。因此，我们要先对主要的思想和概念从建模的角度进行深入辨析，构建主要的模型变量。

7.1.1　大企业成长概念及其变量的界定

根据前文的分析，我们知道企业的成长既包括量的成长又包括质的成长，是量的成长和质的成长的辩证统一，动态持续性发展轨迹是企业成长的外在特征。而企业成长的本质则是隐藏在现象背后的事物发展的质的规律性。因此，企业成长就是构成企业内含的那些因素在量上的增长和在质上的提升，甚至是组成结构的进化。

企业“量”的增长指标主要涉及企业的规模，这里仅设定“企业内部资源规模”和“企业外部资源规模”两个模型变量。企业成长系统动力学模型所要了解的是“动态能力与企业规模成长相互之间的动态关系”，因此，将资源集中成一个变量应该更能够明确这两者之间的关系，但是，却不能将“企业内部资源售规模”与“企业外部资源规模”合二为一，因为这两者在系统中发挥不同的作用。管理能力对规模成长的约束，主要是对“企业内部资源规模”增长的约束；而“剩余资源”对于促进“企业规模”成长的推动作用，主要是对“企业外部资源规模”进一步扩张的需求上。这两点我们后面再做详细分析，因此，本书将这两个变量分开。虽然在构建企业内部资源规模子块时设定了人力资源规模和生产资源规模比例，但这只是为了将不同资源带来的不同的管理能力和生产能力区分开来，以更好地说明问题。另外，为了体现实施供应链的核心企业对上下游资源的整合，企业外部资源规模通过“已有客户数量”和“已有供应商数量”来表示。

企业规模成长本身会带动“知识”、“管理团队能力”、“资源利用知识”等的增长，而这些量就是能反映企业“质”的量。因为，这些量能够推动企业进一步的规模增长，能够反映企业的“异质性”，同时还能够提高单位生产资源的生产效率，以及扩大已有资源的“生产能力”。因此，我们在模型中，选取“管理能力”、“管理知识”、“生产能力”等变量作为反映企业“质”的变化的量。实际上也是企业能力的度量指标。这些能力变量如何随着企业规模的增长而动态变化，又如何促进企业规模的增长，下面对这些动态关系作进一步分析和界定。

7.1.2 对企业成长动因的分析和关系设计

潘罗斯在《企业成长理论》中指出，企业拥有的资源状况是决定企业能力的基础。由资源所产生的生产性服务发挥作用的过程推动知识的增长，而知识的增长又促进管理力量的增长，从而推动企业演化成长。并指出，管理团队是企业最有价值的资源之一，这些资源决定了企业的管理能力。同时，企业内部总存在着未利用资源，企业出于希望充分利用自身剩余资源的考虑，而不断进行能力和资源的匹配，进而推动企业不断成长。

在实际的企业成长中，一方面，当企业具有的资产和人员时，也就是说，企业拥有剩余生产能力，企业先想到的就是要开发市场，增加客户数量以能够充分利用这些剩余资源。从这个观点来看，企业成长完全是出于内在的动因，与外界无关，这时成长的概念主要体现在“外部资源规模”的增加上。另一方面，当外部市场迅速膨胀，产品供不应求时，企业所有资源全部耗尽也不能应付外界市场需求的增长时，也就是说，这时企业的生产能力无法满足客户的意愿购买量，企业就有了扩充内部资源和能力的成长动力，而这里的成长概念主要体现在“内部资源规模”的增加上。因此，本书模型中采取了“企业内部资源规模”与“企业外部资源规模”的双规模指标来反映企业的规模成长，能够较好地解释现实。我们认为企业成长的动因至少来自两个方面：一方面，外部市场的增长导致内部资源和能力的不足，从而具有扩充内部资源和能力的成长动力；另一方面，当外部需求下降，企业出现剩余资源，从而迫切希望能够扩大销售，包括原有业务市场的拓展和新产业开发的成长需求。这两方面的动机交替出现，从而形成了企业内部资源规模与外部资源规模交替增长的波动式成长模式。这是现实企业成长十分典型的模式，也是模型模拟出来最为典型的模式。

7.1.3　管理能力对于企业成长的限制作用分析

根据前文的分析，我们知道管理能力是企业成长的关键性约束因素，这是企业总体能力对于企业成长的影响。或者说，是两者之间的基本动态关系之一。在模型中我们将通过下述过程来反映这个效应。管理团队的能力总量作为一个变量是有限的，其要面对两类任务：一类是对于企业现有的内外部资源所需处理的常规信息进行日常的运行管理；另一类是对与今后发展的战略规划和推进相关的动态复杂信息进行管理，即是对企业成长的管理。我们假设日常的运行管理比较紧迫，必须马上完成。只有在完成了全部的日常管理工作以后，管理团队剩余的能力存量才能用于企业的成长管理。因此，如果企业的内外部资源规模增长没有相应的成长管理能力相配套，必然会导致平均资源利用效率的下降。

然而，企业日常运作管理所需处理信息的复杂程度以及与之配套的管理能力总量是与资源规模成同向关系，资源规模量越大，所需要处理的常规信息总量越大，与之配套的常规信息管理能力总量也越大。因此，随着企业规模的增长，如果管理能力总量不变或者增长速度低于内外部资源规模的增长速度，必然会导致在应付完越来越多的日常常规信息管理任务之后，“剩余管理能力”越来越少，导致企业资源规模增长的速度放慢。从系统动力学的角度来分析，这里形成了一个负反馈的“调节回路”，其实就是第 6 章建立的企业成长因果图中的“调节回路 3”，企业资源规模的增长最后导致自身增长速度的减慢。

在模型中，我们通过设立“内部资源规模总量”及其所导致的“常规信息管理复杂程度”，以及所需要的“常规信息管理能力”变量之间的关系，来表示企业自主资源规模扩张对于信息管理能力的需求以及对于管理能力总量的侵蚀关系；同时用“剩余管理能力”变量来反映能够投入企业成长管理的能力剩余，发挥管理能力对于企业规模成长的约束作用。“剩余管理能力”变量通过与“资源流失率”的反向关系，来反映其对企业资源规模增长的约束作用。

7.1.4 资源规模成长对于能力和知识增长的促进作用分析

前面我们分析和设计了管理能力对于企业成长的约束作用，可以看出，企业资源规模的增长通过管理团队的剩余能力构成了一个对自身进一步成长起到约束作用的调节回路。但是，这个调节回路的约束目标值——企业能力总量是可变的，既可以通过主动投入进行能力建设，使之增加；又会随着企业资源规模的增长而带来生产和管理实践经历的增长，信息交流质量和频率的增加而提高单位管理能力的效率。因此，企业规模的增长又从另外一条回路形成了解除“调节回路”约束作用的“增强回路”。这两个回路最后的作用结果到底是限制了企业规模的增长，还是推动了企业规模增长的良性循环，关键在于两条回路的增益比较，即是企业规模增长所带来的管理能力增长速率与所要消耗的管理能力速率大小之间的比较。另外，还要看企业规模增长所带来的这两种效应之间的延迟的大小。企业规模的增长将直接使得企业管理能力存量下降，中间没有延迟；但企业规模的增长要通过一段时间的管理实践，才能使得管理知识增加，从而提升单位管理能力的管理效率，因此有一定的延迟。如果该延迟较大的话，那么很可能在增强回路还没有发挥作用以前，调节回路的作用就已经使得企业运行的方向转向了“恶性循环”。因此，一般必须通过其他投入来主动提升管理能力（如实施供应链管理等），才能保证管理能力不至于成为企业成长的约束。

上面看到，在模型中“内部资源规模”变量的增大将直接使得“常规信息管理复杂程度”变量增大，从而使得企业剩余管理能力减少。同时，由于资源本身不产生生产实践经历，只有加上生产性的服务才能形成实践经历，因此，资源本身不能直接使得员工的知识增加，只有加上生产性的服务，进行产品的生产，通过不断进行信息交流，增加企业员工的生产和管理经历，才能增加员工的知识。客户和供应商数量的增加必然带来更多的生产和信息交流、管理经历，考虑到知识的增加量是与增加的经历相关的，而不是与存量相关的，因此，资源规模成长对于能力和知识增长的促进作用主要体现在“外部资源规模”变量上。在模型中，我们通过“创新率”和“信息交流频率”变量来体现随着员工生产和管理经历的增加，信息交流质量和频率的增加带来的“管理知识增加率”的增加，由于只要反映出是同向的关系既可，因此，只是简单地以一个比例关系来表示。对于管理能力的增加，则通过“培训费用”和“自我学习能力”变量来体现，其中，“自我学习能力”、“客户数量”和“供应商数量”增加带来的生产管理经历和信息交流频率是同向的关系。

需要注意的是，任何知识，能力与资产一样都有“折旧”，也就是会流失，因此在模型中，能力和知识都有一个流失率，这在当前的高技术产业和知识密集型产业中尤为明显。知识的另外一个流失渠道是随着员工的离职而流失的知识，所以，模型中通过将“管理能力”、“管理知识”、“资源流失率”挂钩来体现能力和知识的流失。

7.2 基于平衡记分卡的供应链绩效指标体系

由于企业的不断发展，企业需要保持的核心资源逐渐增加，这些资源包括设备、员工、上下游客户等。进一步使得企业的可控资源逐渐增加，这就使得改变资源管理方式的需求日益强烈，而实施供应链正是改变资源管理方式、整合资源的一个有效途径。本节在总结文献的基础上，借鉴平衡记分卡的思想，提取了 11 项供应链绩效衡量指标，通过将这些指标加入到企业成长系统动力学模型，可以建立一个较为完整的供应链系统与企业成长系统动力学模型，深入探讨该系统的动态行为特性。

7.2.1 平衡记分卡

1992 年美国学者卡普兰（Kaplan）和诺顿（Norton）提出了平衡记分卡（Balanced Score Card，BSC）绩效评价体系，该绩效评价体系在保留了传统财务指标的基础上，增加了顾客、内部流程和学习与成长这三方面的非财务指标，从这四个角度把企业战略分解为具体的目标和评价指标，从而达到全面评价企业绩效的目的。平衡记分卡理论的精髓是通过一套关注财务、顾客、内部流程、学习成长的制度来摆脱传统只重视财务指标进行绩效评价的缺点，构建兼顾内部与外部因素、反映过去与未来绩效的战略性绩效管理系统。这种思想能够指导解决如何保证供应链长期稳定发展的问题，可以实现对供应链整体绩效的全面评价和战略改进，从而符合供应链绩效评价的完整性、平衡性、可测量性、整合性和动态性原则。图 7-1 是平衡记分卡的基本框架。

由图 7-1 可知，平衡记分卡把战略置于中心地位，它根据公司的总体战略目标，将之分解为不同的任务，并为之设立具体的绩效评价指标，并通过将员工报

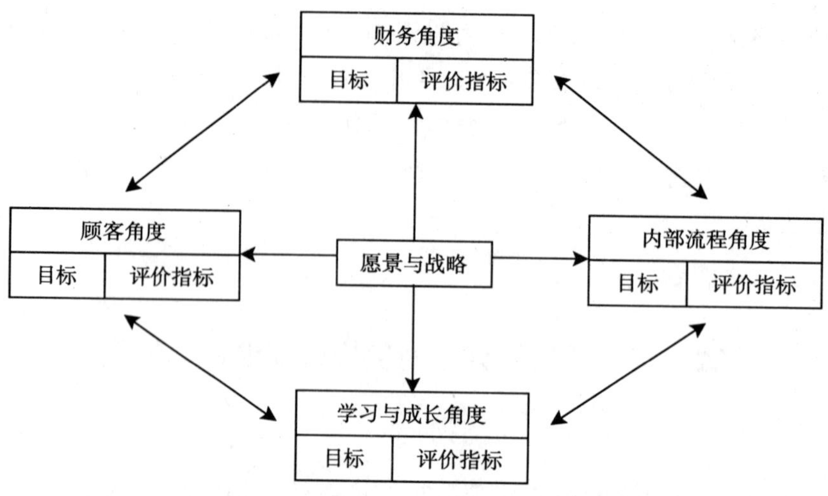

图 7-1 平衡记分卡的基本框架

酬与评价指标联系起来，促使员工采取一切必要的行动以达到这些目标。这就使得公司把长期战略目标和短期行动有机地联系起来，同时还有助于使公司各个单位的战略与整体管理体系相吻合。因此可以这样说，平衡记分卡不仅仅是一种评价体系，它还是一种有利于企业取得突破性竞争业绩的战略管理工具，并且可以进一步作为公司新的战略管理体系的基石。

7.2.2 基于平衡记分卡的供应链绩效评价指标体系

图 7-2 描述了供应链管理框架和平衡记分卡之间的关系，由此，供应链的财务利益可以通过平衡记分卡财务角度的指标进行评价，最终顾客利益可以由顾客角度的指标来评价，实现供应链管理目标的能力可以通过内部流程角度的指标进行评价，供应链管理的发展可以通过学习与成长角度的指标来测量。这四个角度各具特点又相互联系，提高内部流程一体化水平可以使供应链运作成本降低，高的顾客满意度是保持已有市场和争取新顾客的保证，而财务利益是继续合作的动力，学习与成长角度则是上述三个角度的基础。

下面分别从四个角度对具体绩效指标进行分析，并在此分析工作的基础上，结合相关的文献（Lummus，1998；Beamon，1998；Sabri，2000，etc.）提取了供应链绩效研究中常用的 11 项衡量指标，设计了如表 7-1 所示的供应链绩效的平衡记分卡指标体系。

（1）财务角度指标分析。财务指标是平衡记分卡的一个重要组成部分，供应链

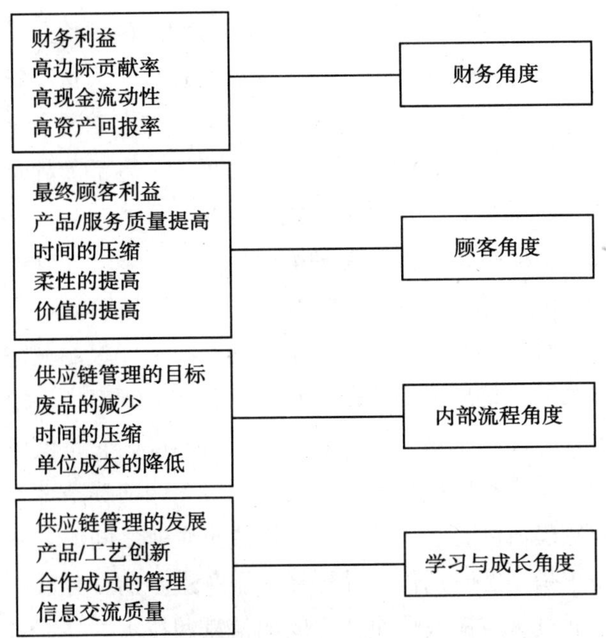

图 7–2　供应链管理框架与平衡记分卡之间的关系

成员组建供应链的目的就是通过这一方式获得比单独运作更大的竞争优势和收益，因此，获得财务上的成功是供应链整体成员共同的、最基本的目标。资本收益率表示企业运用投资者投入资本获得收益的能力。边际贡献率是指增加一单位投资所增加的收益，这就促使企业减少中间冗余环节，节省开支，积极开发高附加值的产品或服务。

（2）顾客角度指标分析。供应链的目标之一是为整个供应链中的客户提供持久稳定的收益。因此，供应链管理的核心之一就是进行顾客管理，了解顾客的需求以及评价满足顾客需求的程度大小，用以调整供应链的经营方法和策略。订单平均响应时间反映了供应链对市场需求的响应速度。供应链柔性指供应链快速而经济地处理不确定性的能力，它一般包括产品种类变化的柔性、交货时间变动的柔性和订单规模变动的柔性。售后服务水平成为非价格竞争、留住顾客、挖掘顾客潜在需求的主要手段。

（3）内部流程角度指标分析。内部流程对于供应链来说是一个创造价值的过程，这一过程包括从收到客户订单开始到组织生产，最终向客户发售产品和提供服务为止的全部内容。良好的财务绩效和较高的顾客满意度均来自合理高效的内部流程和运作。单位成本降低率是实施供应链管理的主要目标之一，是供应链之间竞争的一把利器。废品减少率是对供应链内部流程整合程度的评价。存货维持率是指平均存货占库存容量的比率，由于库存占用了大量的资金，大量存货便成了企业最头疼的问题，供应链管理因为有顾客需求信息的交流，加上掌握了上下游企业的存货情况，所以，供应链整体维持较低的存货率成为可能。内部流程角度指标促使供应链降低成本和提高产品质量，这也是组建供应链的目标之一。

（4）学习与成长角度指标分析。在平衡记分卡中，学习、成长角度的指标是实现其他三个角度目标的“强化剂”。从根本上说，它们是平衡记分卡的根基。不断地学习成长是完善流程、满足顾客期望、最终获得财务回报的关键因素。供应链的学习、成长性直接关系到供应链的竞争优势。信息交流频率指一定时期内供应链传递流通信息的次数，它反映了供应链信息处理的透明度，它是供应链成员合作和协调关系的初步体现，是提高供应链响应市场变化能力的前提条件。合作成员忠诚度是供应链成员之间的忠诚度，它反映了供应链成员企业之间的关系，是供应链成员合作的基础。创新率指一定时期内产品创新或服务进步的百分数，它反映了供应链持续发展的能力。通过供应链成员企业之间的信息和技术共享，对产品和服务有了更多的创新机会，能够持续地推出新产品和服务是供应链竞争成功的关键。

表 7-1 供应链绩效的平衡记分卡指标体系

指标 角度	绩效评价指标
财务角度	资本收益率 边际利润率
顾客角度	售后服务水平 柔性 订单平均响应时间
内部流程角度	单位成本降低率 废品减少率 存货降低率
学习与成长角度	产品/工艺创新率 信息交流频率 合作成员忠诚度

首先，平衡记分卡只是提供了一个框架，没有提供体现和建立反映因果关系的方法。其次，平衡记分卡也未考虑因果关系中的的反馈性、时间延迟和非线性关系。平衡记分卡中由因果关系所导致的不足，可结合有助于厘清复杂系统因果关系的系统动力学来弥补，可以通过将供应链绩效的平衡记分卡指标体系加入到企业成长系统动力学模型中，建立一个较为完整的供应链系统与企业成长系统动力学模

型，深入探讨该系统的动态行为特性。

7.3　系统动力学模型

7.3.1　模型的基本结构

模型共由四个部分的模块组成，分别为“企业内部资源规模子块”、“企业外部资源规定子块”、“管理能力子块”、“财务子块”，分别对应于企业内部资源规模的增长、外部资源规模的增长、管理能力和管理知识、生产能力的增长等企业成长的几个“量”和“质”方面指标的动态变化，以及这些变量之间的相互关系，企业总的资源规模为“内部资源规模”和“外部资源规模”之和。四个子块构成如图 7-3 所示的模型基本结构。

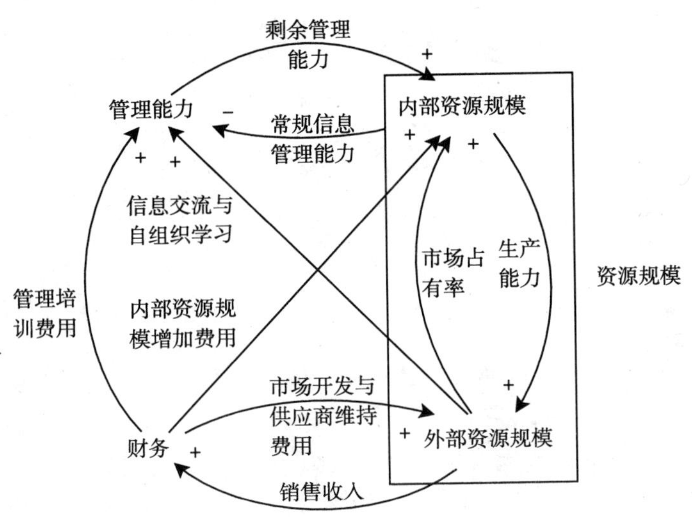

图 7-3　企业成长系统模型模块结构

如图 7-3 所示，模型四个子块通过各变量互相连接，其中，除了内部资源规模子块与管理能力子块之间有一个负反馈以外，其他主回路全部是增强回路。各子块的内部结构在以下各个部分介绍。需要说明的是，本书主要是通过建立供应链系统和企业成长系统动力学模型来分析两者的动态关系，基于战略相关理论和与企业成长相关的动态能力理论，通过总结相关文献，结合自身的研究，构建了系统的结构和关系设置。同时，本书研究的不是某一特定类型的企业，而是一般意义上的企业。参数的选取虽然不是来自真实的企业数据（对于真实的企业数据，相应的参数和方程形式可能会有所不同），但是尽量争取做到贴近实际，如折旧率等参数的选取都是被普遍认可的数值，同时本书后面的模拟分析主要是进行相对比较分析。为了简化以及能够通过图形清晰地表示结果，初始参数的取值不是很大，而且是无量纲的。

7.3.2 企业内部资源规模子块

企业内部资源规模子块的模型结构如图 7–4 所示。

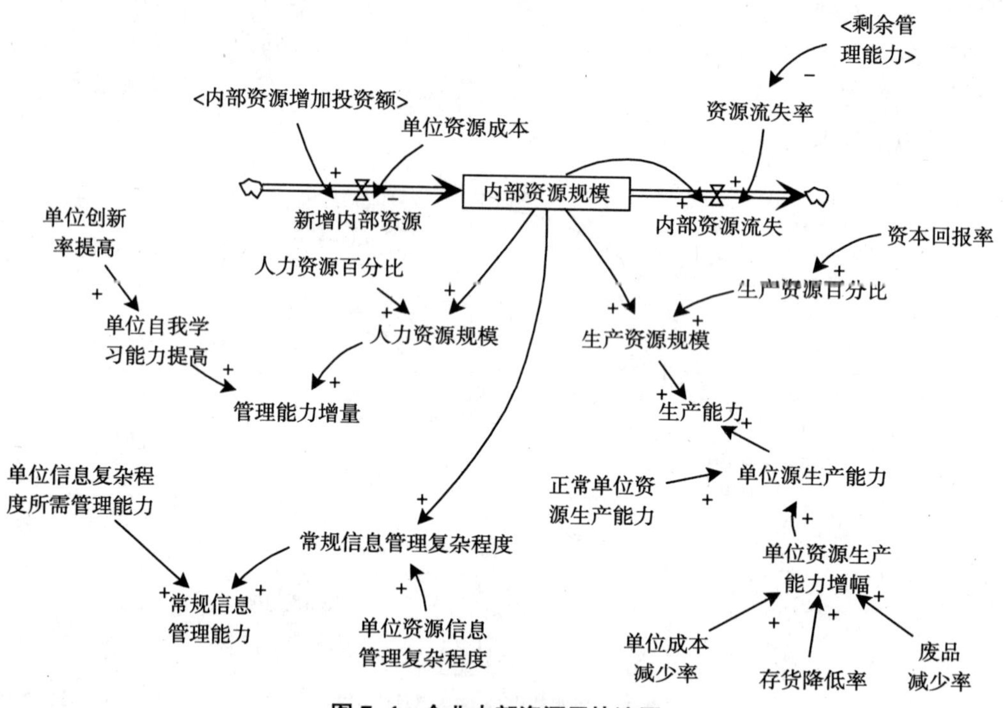

图 7–4 企业内部资源子块流图

在模型中，通过引入相应的供应链绩效衡量指标，设置各指标同其他变量之间的结构关系，确定了供应链系统与企业内部资源子块中其他变量之间的联系，在这些结构和关系的基础上，可以模拟分析各个变量之间的动态关系。这里引入的供应链绩效衡量指标为“单位创新率提高”、“资本回报率”、“单位成本减少率”、“存货降低率”和“废品减少率”。“单位创新率提高”可以直接影响企业员工“单位自我学习能力”，将“单位自我学习能力”与“人力资源规模”相乘，就可以得到总的能力的提升，在本子块中，能力的提升用“管理能力增量”来表示，通过以上设置，将这一供应链绩效衡量指标与企业的管理能力结合在一起。“单位成本减少率”、“存货降低率”和“废品减少率”都会增加单位生产资源的生产能力，这里通过“单位资源生产能力增幅”变量来表示这三项供应链绩效指标对单位生产资源生产能力所产生的影响。最后，通过“单位资源生产能力”变量来表示考虑了供应链带来相应绩效指标变化的影响后，企业实际的资源的单位生产能力，进一步得到企业的生产能力，将这三项供应链绩效衡量指标同企业的生产能力联系在一起。“资本回报率”的大小会影响企业对于生产资源规模大小的决策，一般来讲，“资本回报率”越高，企业会增加其生产资源在企业全部资源中的百分比，可以通过一个选择函数刻画这种关系（模型中用到的函数是 IF THEN ELSE 函数），这样也将这一供应链绩效衡量指标同企业生产能力结合起来。

为了体现不同要素的不同作用，这里把内部资源规模分解为“人力资源规模”和“生产资源规模”，前者主要是为了体现“自组织学习能力”对管理能力增加的促进作用，后者则主要用于分析“生产能力”的变化情况。随着企业内部资源规模的扩大，常规信息管理复杂程度增加，进而增加了管理常规信息的能力要求，模型中通过“常规信息管理能力”加以体现。

模型通过“新增内部资源”变量与财务子块“内部资源增加投资额”变量相连，同时，通过“资源流失率”变量与管理能力子块的“剩余管理能力”变量连接。“剩余管理能力”变量表示总的管理能力扣除常规信息管理能力后的能力数量，其值越大，说明管理层可用于制定企业成长战略的能力越强。其中，“剩余管理能力”与“资源流失率”的连接是反向连接，剩余管理能力越多，资源流失率越低。其通过“资源流失率—企业资源规模”的反向连接，以及“常规信息管理能力—剩余管理能力”变量的反向连接回到“管理能力子块”，形成了一个负反馈回路，反映了管理能力对于企业内部资源规模增长的约束作用。对应于第 6 章提出的供应链系统和企业成长因果图，即调节回路 3。模型涉及的变量及变量之间的关系设置如表 7–2、表 7–3 所示（注：变量和方程均按字母排序）。

表 7–2　企业内部资源子块模型方程

（01）RIMC = IRS × URIMC	（13）MPI = 1000 × USLCI × HRS
（02）RIMP = UICP × RIMC	（14）IRS = INTEG(IRI – IRO，200)
（03）SDR = 0.05	（15）IRO = IRS× ROR

续表

(04) UCDR = 0.05	(16) IRI = IOIRI ÷ URC
(05) UIRI = 0.05	(17) HRR = 0.05
(06) UICP = 3	(18) HRS = IRS × HRR
(07) URC = 7	(19) PC = URPC × PRS
(08) URIMC = 1	(20) PRR = IFTHENELSE(ROC≥0.08，0.75，0.7)
(09) URPC = URPCI + RURPC	(21) PRS = IRS × PRR
(10) URPCI = $e^{SDR} + e^{UCDR} + e^{WDR}$	(22) ROC = 0.05
(11) USLCI = 1 − $e^{(-3\times UIRI)}$	(23) ROR = 0.8 × $e^{(-MPR/2000)}$
(12) WDR = 0.01	(24) RURPC = 5

表 7–3　企业内部资源子块模型变量说明

HRR：人力资源百分比	ROC：资本回报率
HRS：人力资源规模	ROR：资源流失率
IOIRI：内部资源增加投资额	RURPC：正常单位资源生产能力
IRS：内部资源规模	SDR：存货降低率
IRI：新增内部资源	UCDR：单位成本减少率
IRO：内部资源流失	UICP：单位信息复杂程度所需管理能力
MPI：管理能力增量	UIRI：单位创新率提高
MPR：剩余管理能力	URC：单位资源成本
PC：生产能力	URIMC：单位资源信息管理复杂程度
PRR：生产资源百分比	URPC：单位资源生产能力
PRS：生产资源规模	URPCI：单位资源生产能力增幅
RIMC：常规信息管理复杂程度	USLCI：单位自我学习能力提高
RIMP：常规信息管理能力	WDR：废品减少率

7.3.3　企业外部资源规模子块

企业外部资源规模子块的模型结构如图 7–5 所示。外部资源规模包括“已有客户数量”和“已有供应商数量”两种状态变量，刻画了供应链实施企业与其上下游客户之间的关系。引入的供应链绩效衡量指标为“柔性能力系数”、“订单响应效率”、“客户服务水平”和“合作成员忠诚度”。通过供应链系统投资，提升企业的柔性能力和订单响应效率，两者的提升可以提高企业的生产服务水平，在模型中用“客户服务水平”表示，客户服务水平的提升会增加单位客户意愿购买量，进一步提高客户月意愿购买量，而月意愿购买量与月销售量是同向变动的。“月销售量”与“剩余生产能力”的反向变动构成了图 7–5 中的一个调节回路，表示剩余生产能力对已有客户数量增长的限制作用。“合作成员忠诚度”会影响供应商的合作意愿，供应链的实施增加了合作成员忠诚度，加大了供应链实施企业和供应商之间的信息透明程度，减少了供应商流失的可能性。

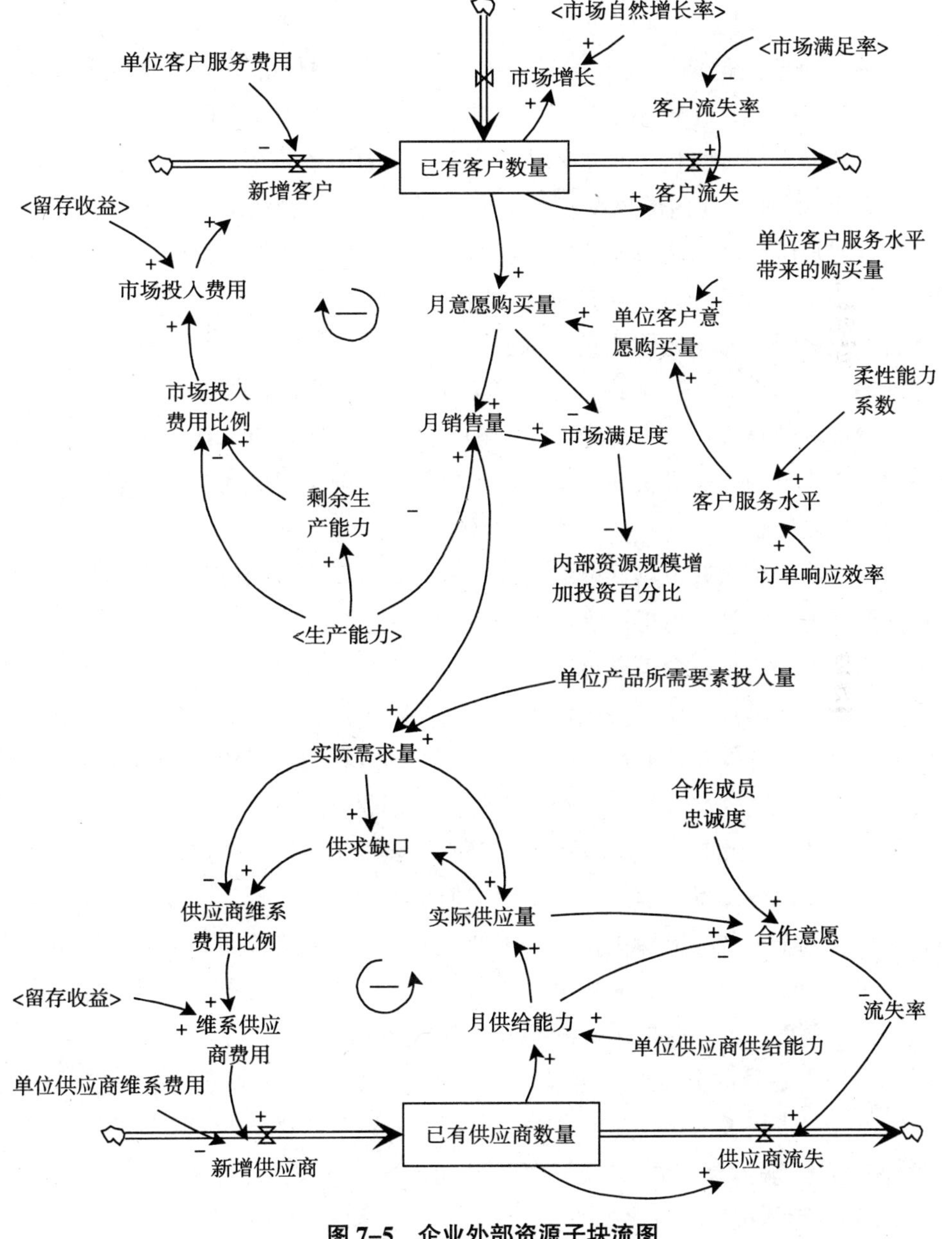

图 7–5　企业外部资源子块流图

模型通过"生产能力"变量与上面建立的内部资源规模子块相连接。"生产能力"是反映企业所有现存资源和生产知识、管理能力综合以后能够生产的产品总量。由于其已经折算成可能生产出的产品单位量纲，因此，其与实际"月销售量"之间的差值代表了企业的"剩余生产能力"。"月销售量"是企业"生产能力"与外部市场"月意愿购买量"之间的较小值。当"月意愿购买量"较大时，说明外部市场需求旺盛，企业内部资源能力相对有所不及。在这种情况下，企业将所有的资源、能力全部投入生产，也不能满足外部市场的需求，"月销售量"只能等于企业全部的"生产能力"。此时，"月销售量"小于"月意愿购买量"，其比值 "市场满足度"将小于 1，而企业内部也没有剩余生产能力。在这种情况下，企业有强烈的扩张自身资源规模和生产能力的意愿。这里用"市场满足度"来反映企业内部资源规模的成长需求。当企业的"生产能力"超过市场的"月意愿购买量"时，"月销售量"自然就等于"月意愿购买量"，此时，"市场满足度"等于 1，不会有资源规模扩张的需求。但此时，企业内部出现"剩余生产能力"，意味着企业有着强烈的意愿要扩大市场销售规模。模型中用"剩余生产能力—市场投入费用比例"的正向连接来表示企业市场规模成长的决策。这个连接就是前文提到的剩余资源是企业成长的动力的直接反映。

模型的外部市场没有市场规模的约束，以充分考察该系统由于内部结构的作用而展现出的动力学特性。值得注意的是，由"已有客户"表示的企业市场规模，其增长来自于两个方面。一个是通过企业自身的营销努力，争取到的新客户；另一个是随着行业的自然增长而获得的客户增加。这反映了推动企业成长的动力不仅来自企业内部，也有外部的拉动作用。很多时候，外部市场的拉动作用要比内部的自身推动强有力得多。当外部市场情况良好的时候，企业应该注意不能增长过快，一定要平衡发展。因为，此时企业有着强烈的资源规模扩张动机，企业在管理能力和其他能力方面的建设投资可能远远低于用于增加企业产能的投资，以致形成不平衡发展。事实上，迅速扩张的资源规模对于管理能力有着指数增长的需求，管理能力的增长一旦跟不上资源规模扩张的速度，会即刻导致生产效率的极度下降，导致实际收益减少，本模型后面的模拟运行结果将有力地验证这一点。

对于供应商数量的分析同上面关于客户的分析相似，可以参看图 7–5 的流程图。模型通过"市场投入费用"和"维系供应商费用"变量与财务子块的"留存收益"变量相连。模型涉及的变量及变量之间的关系设置如表 7–4、表 7–5 所示（注：变量和方程均按字母排序）。

表 7–4　企业外部资源子块模型方程

AD = MS × UPFI	MWOB = PCN × UCWB
AS = Min(AD，MSP)	NOS = INTEG(SI – SL，3)
BOUCS = 4	ORE = 0.3
CFL = 0.2	PCN = INTEG(CI + MG – CL，200)
CI = ME/UCSE	PCR = PC – MS
CL = PCN × CLR	SDG = AD – AS
CLR = 0.4 ×（1 – MSL）	SHE = RE× SHER
CSL = 0.5 × FPC× e^{ORE}	SHER = 1 – exp(–2 × SDG/AD)
FPC = 1	SI = SHE/USHE
IRSIR = 0.8 ×（1 – MSL）	SL = NOS × LR
LR = 0.5 ×（1 – WOC）	UCSE = 1
ME = RE× MER	UCWB = CSL × BOUCS
MER = 1 – exp（–2 × PCR/PC）	UPFI = 3
MG = PCN × MNGR	USHE = 1000
MS = Min(PC，MWOB)	USP = 2000
MSL = MS/MWOB	WOC = 0.5 ×（AS/MSP + CFL）
MSP = NOS × UMSP	

表 7–5　企业外部资源子块模型变量说明

AD：实际需求量	NOS：已有供应商数量
AS：实际供应量	ORE：订单响应效率
BOUCS：单位客户服务水平带来的购买量	PC：生产能力
CFL：合作成员忠诚度	PCN：已有客户数量
CI：新增客户	PCR：剩余生产能力
CL：客户流失	RE：留存收益
CLR：客户流失率	SDG：供求缺口
CSL：客户服务水平	SHE：维系供应商费用
FPC：柔性能力系数	SHER：供应商维系费用比例
IRSIR：内部资源规模增加投资百分比	SI：新增供应商
LR：流失率	SL：供应商流失
ME：市场投入费用	UCSE：单位客户服务费用
MER：市场投入费用比例	UCWB：单位客户意愿购买量
MG：市场增长	UMSP：单位供应商供给能力
MNGR：市场自然增长率	UPFI：单位产品所需要素投入量
MS：月销售量	USHE：单位供应商维系费用
MSL：市场满足度	USP：单位供应商供给能力
MSP：月供给能力	WOC：合作意愿
MWOB：月意愿购买量	

7.3.4 管理能力子块

管理能力子块的模型结构如图 7-6 所示。

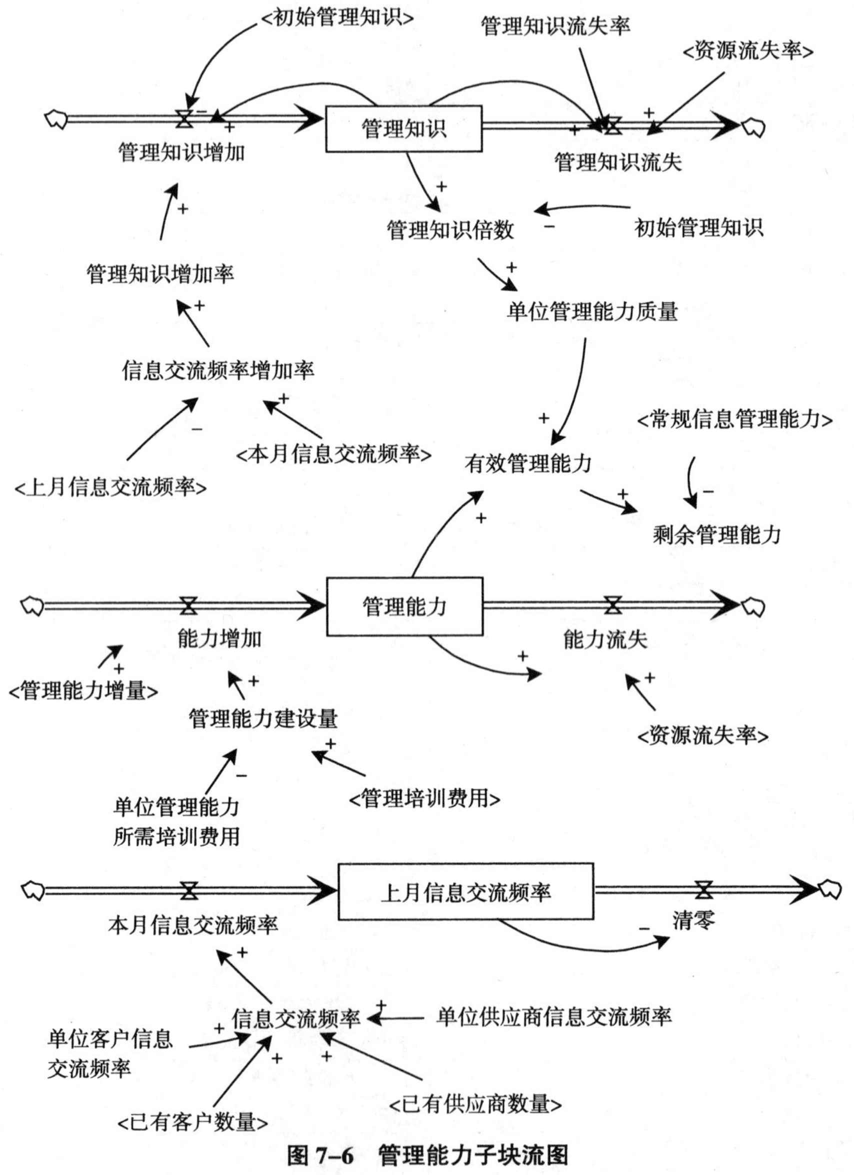

图 7-6 管理能力子块流图

模型中引入的供应链绩效衡量指标为“信息交流频率”。随着企业的不断发展、规模的不断扩大，上下游客户资源越来越多，所需要处理的信息总量也迅速增加，这就要求高效地交流信息，提高链条的整体能力，这里通过引入“信息交流频率”变量来表示这一能力的提升，假设交流频率的增加与能力的提升是正相关的。信息交流频率的增加提高了管理知识水平，进而转化为管理能力的提升，而管理能力的提升可以增加剩余管理能力水平，促进企业的成长。模型反映了企业管理能力增加的两个方面的来源：一个是由企业自身主动投资建设所形成的管理能力；另一个是随着企业内外部资源规模的增长，通过学习效应而获得的管理知识和经验，进而转化为“管理能力增量”，这两方面的结合形成了企业的“能力增加”。在本模块中，“管理能力增量”来自于上面建立的“企业内部资源子块”。“管理能力”与“单位管理能力质量”共同决定了企业的“有效管理能力”。其与来自于资源内部规模子块的“常规信息管理能力”的差值为企业的“剩余管理能力”。“管理知识倍数”体现了当期管理知识累积量对于初始管理知识的倍数，其数值越大，说明企业的“单位管理能力质量”越高，企业的“有效管理能力”也就越高，而有效管理能力与剩余管理能力是正相关关系。

模型通过“管理知识流失”变量、“剩余管理能力”和“能力增加”变量与企业内部资源规模子块相连，通过“信息交流频率”与企业外部资源规模子块连接。同时通过“管理能力建设量”与财务子块连接。模型涉及的变量及变量之间的关系设置如表 7-6、表 7-7 所示（注：变量和方程均按字母排序）。

表 7-6　管理能力子块模型方程

AMP = MP × UMPQ	MPB = MTE/UMPTE
ICF = USICF × NOS + UCICF × PCN	MPR = AMP – RIMP
ICFIR = IFIHENELSE［LMICF = 0，1，(TMICF – LMICF)/LMICF］	
IMK = 800	PI = MPI + MPB
LMICF = INTEG(TMICF – RESET，0)	PL = MP × ROR
MK = INTEG(MKI – MKL，IMK)	RESET = LMICF
MKI = MK × MKIR	TMICF = ICF
MKIR = 0.5 × ICFIR	UCICF = 4
MKL = MK ×（MKLR + ROR）	UMPTE = 0.6
MKLR = 0.02	UMPQ = 1 +（$1 - e^{-MKM}$）
MKM = MK/IMK	USICF = 30
MP = INTEG(PI – PL，1000)	

表 7-7　管理能力子块模型变量说明

AMP：有效管理能力	MPR：剩余管理能力
ICF：信息交流频率	MTE：管理培训费用

续表

ICFIR：信息交流频率增加率	NOS：已有供应商数量
IMK：初始管理知识	PCN：已有客户数量
LMICF：上月信息交流频率	PI：能力增加
MK：管理知识	PL：能力流失
MKI：管理知识增加	RESET：清零
MKIR：管理知识增加率	RIMP：常规信息管理能力
MKL：管理知识流失	ROR：资源流失率
MKLR：管理知识流失率	TMICF：本月信息交流频率
MKM：管理知识倍数	UCICF：单位客户信息交流频率
MP：管理能力	UMPTE：单位管理能力所需培训费用
MPB：管理能力建设量	UMPQ：单位管理能力质量
MPI：管理能力增量	USICF：单位供应商信息交流频率

7.3.5 财务子块

财务子块的模型结构如图 7-7 所示。

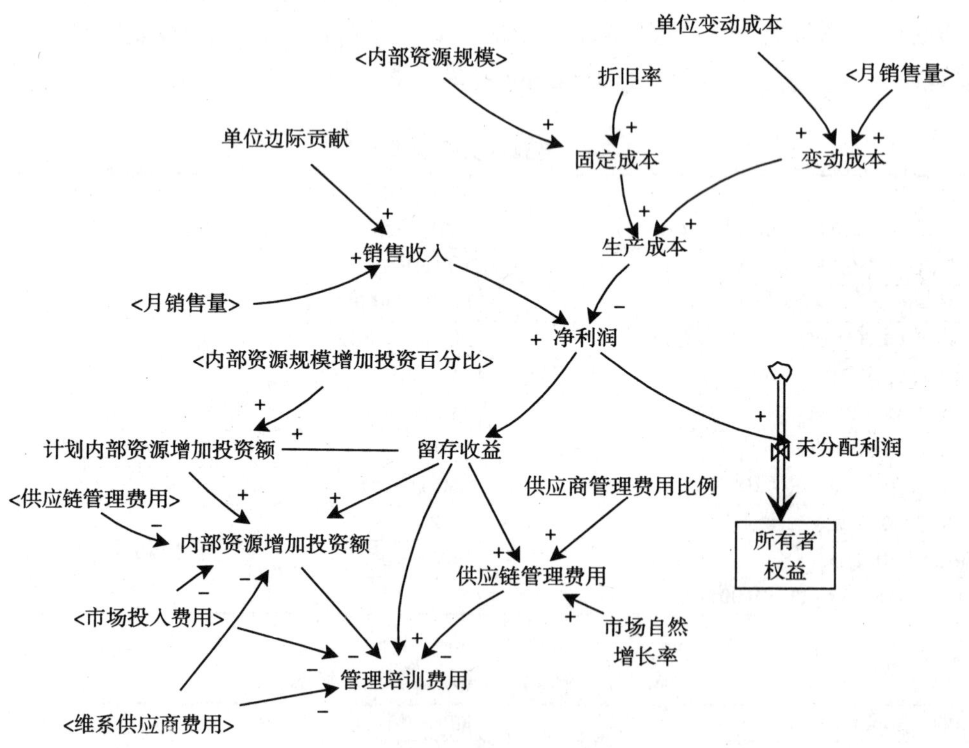

图 7-7 财务子块流图

模型中引入的供应链绩效衡量指标为“单位边际贡献”。对应于上文提到的供应链绩效的平衡记分卡指标体系中财务角度的衡量指标。这里，在进行系统结构设置时，对于企业投资决策部分采取如下假设，企业每期“净利润”扣除“未分配利润”后，所有的“留存收益”全部用来再投资，用于企业成长。其中，首先考虑的是企业外部资源规模的扩张，包括“市场投入费用”和“维系供应商费用”。其次是企业内部规模的扩张资金，满足了前面两项成长欲望的资金需求后，再考虑管理能力的建设费用。模型中还加入了“供应链管理费用”，该变量受到“留存收益”、“供应链管理费用比例”和“市场自然增长率”三个变量的影响。如果“供应链管理费用比例”取值为 0，则说明企业没有进行供应链系统投资，通过控制“供应链管理费用比例”变量的取值，可以分析供应链系统实施所需的不同投资额对企业能力进而对企业成长的作用和影响。

模型通过“内部资源增加投资额”和“固定成本”变量与企业内部资源规模子块相连，通过“销售收入”和“变动成本”变量同外部资源规模子块连接，与管理能力子块的连接是通过“管理培训费用”变量得以实现的。模型涉及的变量及变量之间的关系设置如表 7–8、表 7–9 所示（注：变量和方程均按字母排序）。

表 7–8　财务子块模型方程

DR = 0.05	SAVEPER = TIMESTEP
FC = IRS × DR	SCME = RE × SMER ×（1 + MNGR）
FT = 100	SMER = 0
IT = 0	TIMESTEP = 1Units：Month
IOIRI = IFTHENELSE(PIOIRI + ME + SHE + SCME≤RE，PIOIRI，RE – ME – SHE – SCME）	
MNGR = 0	TC = VC + FC
MTE = RE – SCME – IOIRI – ME – SHE	TR = MS × UMC
NP = TR – TC	UDP = 0.1 × NP
PIOIRI = RE × IRIR	UMC = 3.5
PR = INTEG(UDP，0）	UVC = 2
RE = 0.9 × NP	VC = UVC× MS

表 7–9　财务子块模型变量说明

DR：折旧率	PR：所有者权益
FC：固定成本	RE：留存收益
FT：结束期	SAVEPER：数据保存

续表

IOIRI：内部资源增加投资额	SCME：供应链管理费用
IRIR：内部资源规模增加投资百分比	SHE：维系供应商费用
IRS：内部资源规模	SMER：供应商管理费用比例
IT：初始期	TIMESTEP：时间间隔
ME：市场投入费用	TC：生产成本
MNGR：市场自然增长率	TR：销售收入
MS：月销售量	UDP：未分配利润
MTE：管理培训费用	UMC：单位边际贡献
NP：净利润	UVC：单位变动成本
PIOIRI：计划内部资源增加投资额	VC：变动成本

以上我们借鉴平衡记分卡的思想，在总结文献的基础上提取了 11 项供应链绩效衡量指标，并将这些指标加入到企业成长系统动力学模型，建立了一个较为完整的供应链系统与企业成长系统动力学模型，附录对上面动力学模型中的变量加以汇总说明。下面将在此基础上对该模型进行模拟运行，并加以分析，分析大企业实施供应链系统投资前后企业动态能力的变化以及由此带来的大企业成长变化情况，深入探讨该系统的动态行为特性。

7.4 模型运行结果与分析

7.4.1 模型基本运行分析

本节主要分析企业在没有进行供应链管理费用投入的情况下，企业成长系统的运行机理。首先，在不考虑外界市场增长率的情况下，对模型进行基本运行，分析企业成长的内部动力机制。其次，分析知识和管理能力对于企业成长的作用。最后，分析考虑外界市场增长率因素的情况下，企业成长系统运行机理。

7.4.1.1 企业成长的内部动力机制分析

我们在不考虑外界市场增长率的情况下，对模型进行基本运行。基本运行的主要参数值如表 7-10 所示，其他参数值见本书第 6 章的模型设定。

表 7–10　基本运行参数值

参数	单位边际贡献	单位变动成本	合作成员忠诚度	资本回报率	单位资源信息管理复杂程度	供应链管理费用比例	市场自然增长率
Base run	3.5	2	0.2	0.05	1	0	0

前文已经提到，企业成长包括“量”的成长和“质”的成长，这里，企业“量”的成长包括企业内部资源规模的增长和外部资源规模的增长，而外部资源规模增长则通过“已有客户数量”和“已有供应商数量”表示，企业“质”的成长包括管理能力和管理知识、生产能力，运行结果如图 7–8、图 7–9 所示。

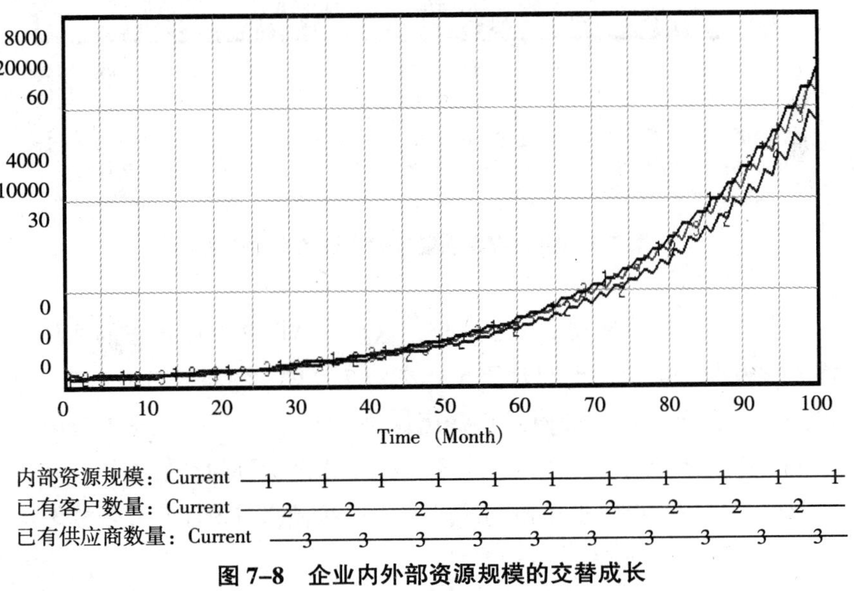

图 7–8　企业内外部资源规模的交替成长

在图 7–8 中，纵轴坐标 4000~8000 为企业内部资源规模，10000~20000 为外部资源规模中的已有客户数量，30~60 为外部资源规模中的供应商数量。由上图可以看出，企业内部资源规模和外部资源规模都呈现出典型的波动式增长态势，仔细分析两条曲线的波动走势，可以发现，两条曲线的上升趋势与下降趋势完全是相对的。当企业内部资源规模呈上升态势时，已有客户数量和已有供应商数量就呈下降趋势，反过来也是如此。当外界市场没有增长拉动，完全依靠企业内部动力推动成长时，企业呈现出这种内部资源规模与外部资源规模交替增长的态势。正是依靠企业内部资源规模与外部资源规模的互相推动，才使得企业能够在完全没有外界拉动的情况下，不断成长。实际上就是“剩余生产能力”和“剩余市场份额”的交替推动，使得企业具有永续成长的动力。“市场投入”、“供应商维系”与“内部资

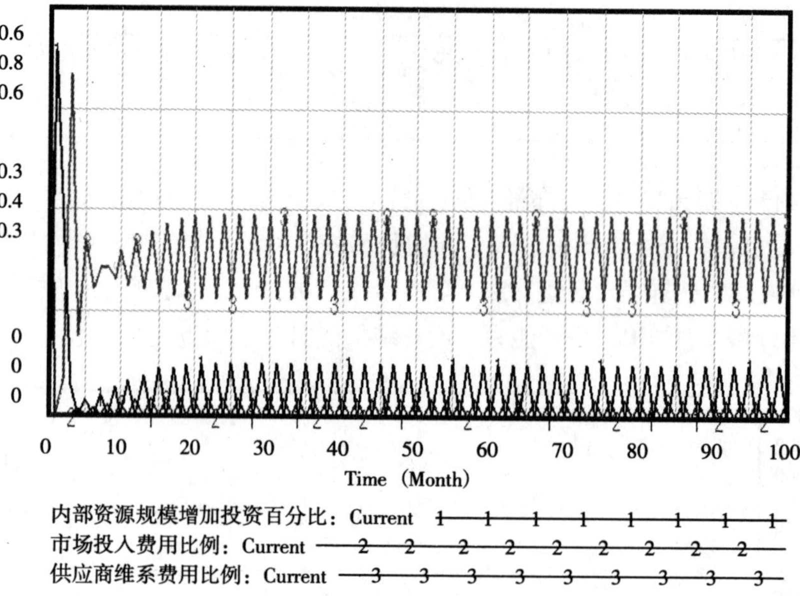

图 7-9 企业资源规模建设投资的交替成长

源能力”建设的交替进行推动了企业成长，这一点从图 7-9 中描述的两种规模扩张的资金投入比例曲线能够更明显地看出。在图 7-9 中，纵轴坐标 0.3~0.6 为内部资源规模增加投资百分比和供应商维系费用比例，0.4~0.8 为市场投入费用比例。在图 7-9 中可以清晰地看出，企业内外部资源规模建设投资的交替成长，其中，供应商维系费用比例和市场投入费用比例同向变动，两者都与内部资源规模增加投资百分比反向变动。

7.4.1.2 企业知识和管理能力对企业成长的作用

我们先来看企业知识和管理能力与企业内外部资源的总体关系，可以通过图 7-10 加以说明。

在 Base Run 中，管理能力与企业内外部资源规模之间的变动关系，由于上面已经得出内外部资源之间的关系，所以在图 7-10 中，只选取了企业内部资源规模变量。图 7-10 的纵轴坐标 4000~8000 为企业内部资源规模，2~4M 为企业的管理能力。为了考虑管理能力与企业成长之间的关系，这里通过下面的情景设定得以实现，在 Test1_Management 中，将“单位管理能力所需培训费用”由 0.6 增加到 2，使得管理能力建设量降低，其他参数不变。在这种情况下，由于管理能力建设量的降低，使得企业管理能力水平无法满足企业规模的快速扩张，对企业成长起到限制作用，图 7-11、图 7-12 说明了这一问题。

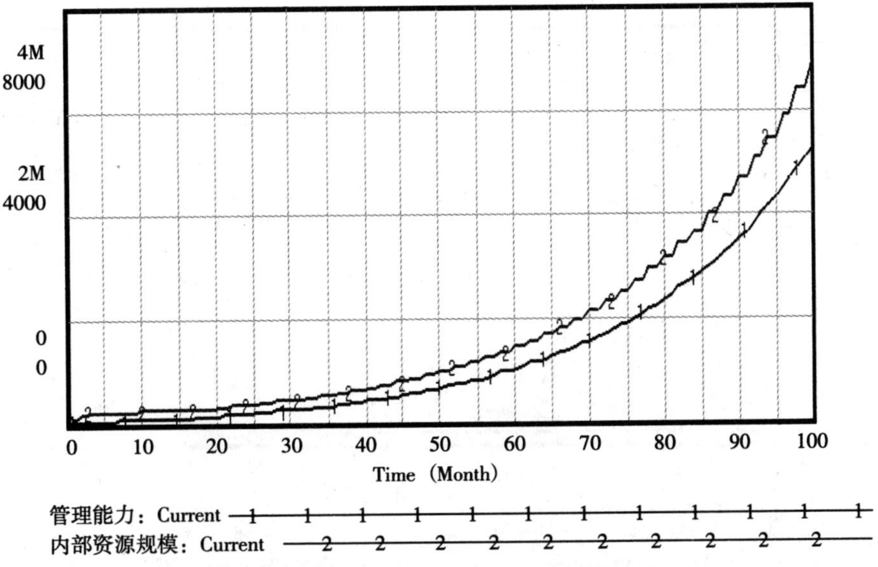

图 7-10　管理能力总量与内部资源规模关系

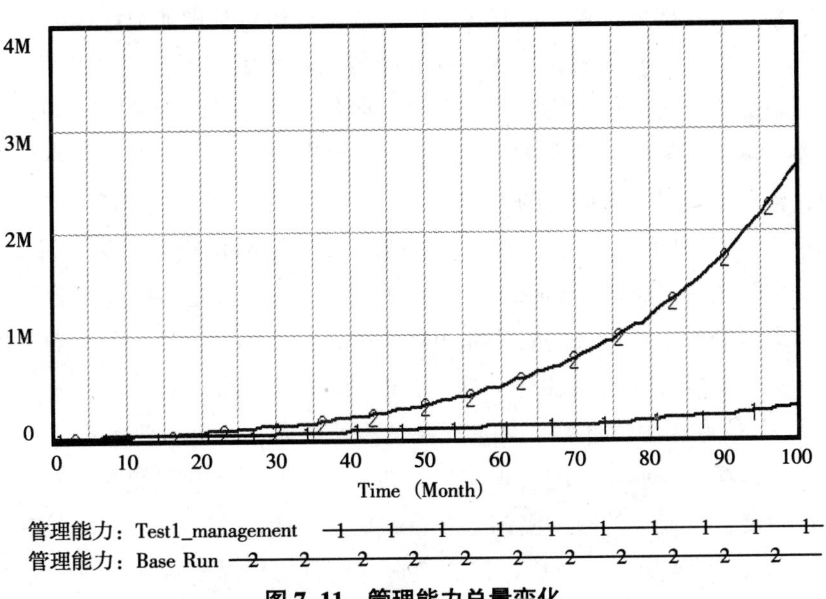

图 7-11　管理能力总量变化

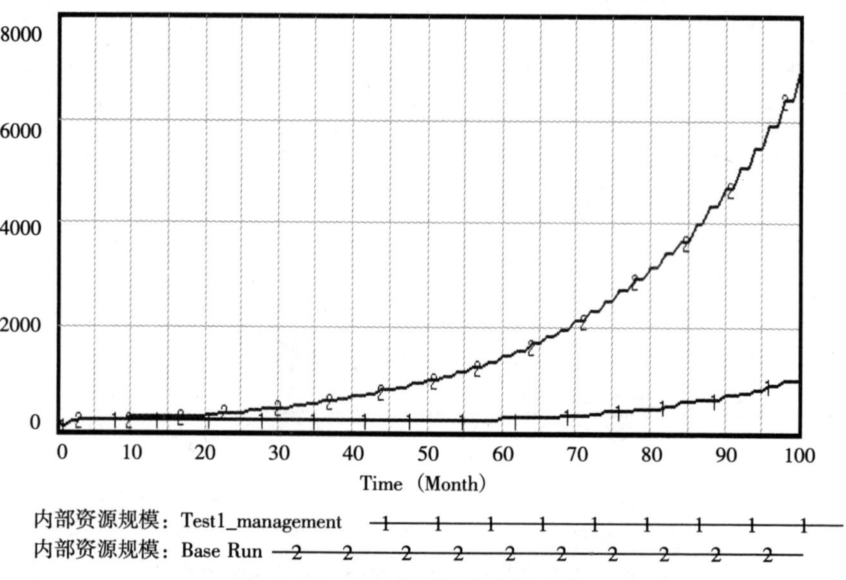

图 7-12 企业内部资源规模变化

由图 7-11、图 7-12 可知，管理能力总量与企业内部规模是同向变动关系。另外，随着企业内外部资源规模的扩大，所需的常规信息管理能力增加，使得企业剩余的管理能力降低，实际就是第 6 章中企业成长系统因果图中的调节回路 3。模型中通过调整“单位资源信息管理复杂程度”变量的值来反映所需常规信息管理能力的变化量，从图 7-14 中可以看出，企业剩余的管理能力对于企业内外部资源规模的影响，体现了其对企业成长的限制作用。

图 7-14 的情景设定如下，Test2_information 将“单位资源信息管理复杂程度”变量由 1 增加为 2，Test2_information_2 将其增加为 3，其他参数值保持不变。情景设定的目的是分析企业剩余的管理能力对于企业内外部资源规模的影响，进而考察其对企业成长的作用情况。由图 7-13 可知，随着企业的不断成长，内外部资源规模的扩大，“单位资源信息管理复杂程度”不断增大，使得企业常规信息管理所需能力加大，这样，企业剩余的管理能力就会减少，而剩余管理能力主要用于制定企业成长的战略，该能力的减少限制了企业的成长。图 7-15 为企业管理知识变化图，通过将其与图 7-14 加以比较可以知道，保有一定的知识量对于企业的生存和成长是十分重要的。

通过以上不同的情景设定和模型的测试运行，我们验证了知识、管理能力与企业成长之间的动态关系。在当前瞬息万变的市场环境下，企业要生存就必须通过快

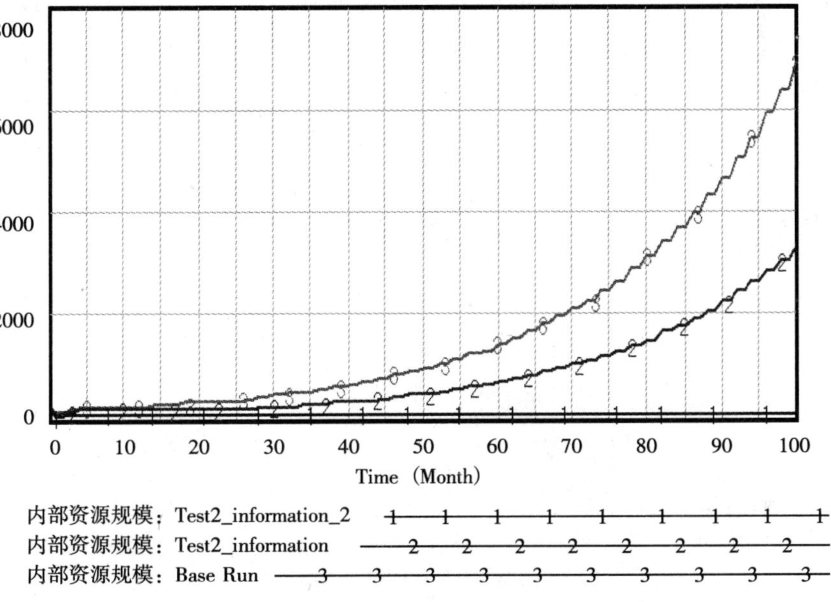

图 7–13　内部资源规模对于企业成长的约束作用

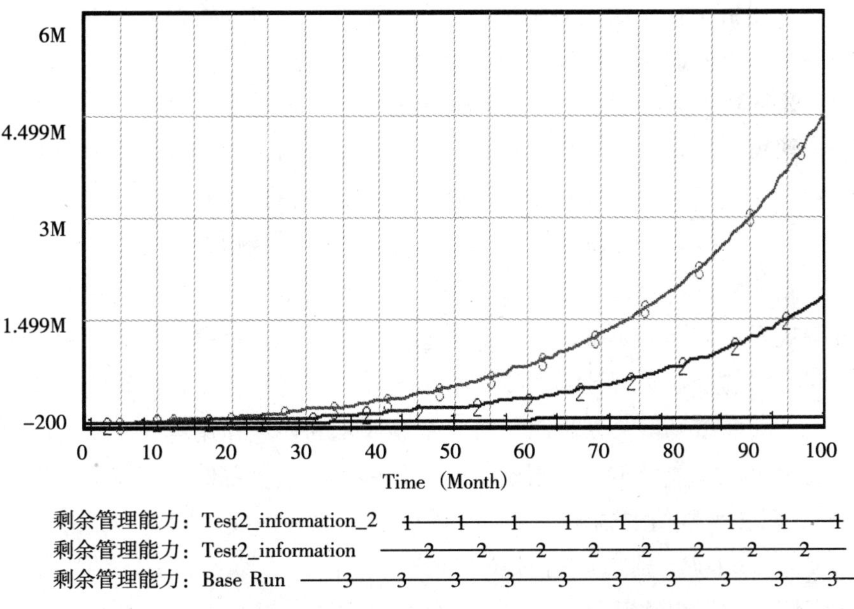

图 7–14　剩余管理能力对于企业成长的约束作用

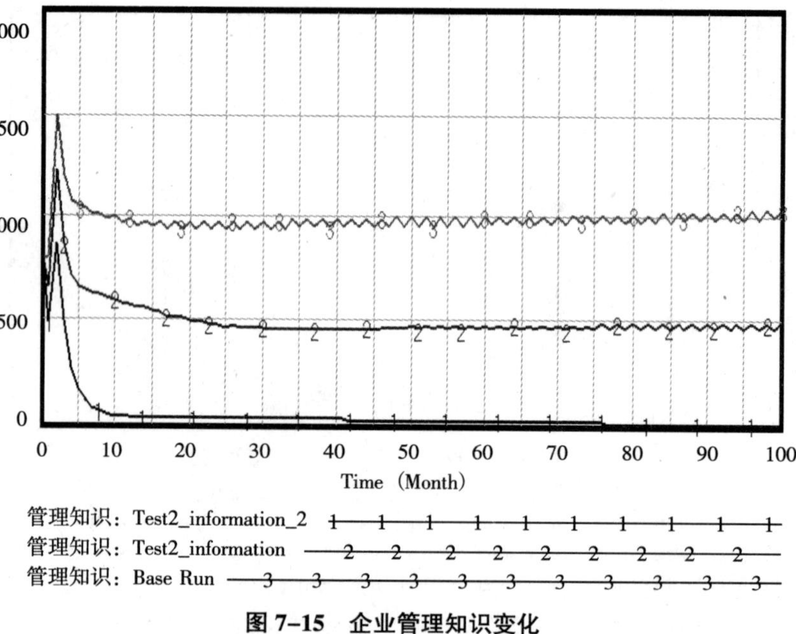

图 7-15　企业管理知识变化

速成长来获取知识增长从而确保生存，因此，促进企业成长的动因又增加了一种解释，即为了避免由于知识的陈旧淘汰而导致资源质量下降、最后被剥夺生存权，而必须不断地成长以获取新的知识。

7.4.1.3　外部市场拉动下的企业成长分析

前面我们模拟了在没有外部市场增长拉动的情况下，完全依靠企业内部的动力是如何推动企业成长的，现在我们来考察，存在外部市场增长率的情况下，企业的成长会呈现怎样的特点。先推测，在外部市场增长较快的情况下，企业内部剩余生产能力会逐渐消失，从而失去由剩余资源推动成长的动力，企业成长完全由企业的内外部资源规模扩大动力所推动。那么在这种情况下，是不是只要存在外部市场的增长就一定会促进企业实现持续的成长？有无外部市场增长企业成长的态势有什么区别？是不是外部市场增长率越高，对于企业成长的促进作用越大？这些问题我们都可以通过相应的情景设定，运用模型模拟分析。这里，我们分别模拟市场增长率在 0.01~0.06 取各个数值的情况下，企业内外部资源规模成长态势，相应的情景设定分别用 Test_market_1 到 Test_market_6 表示，运行结果如图 7-16、图 7-17 所示。由于供应商情况与客户情况基本具有相同的成长态势，因此，这里略去。

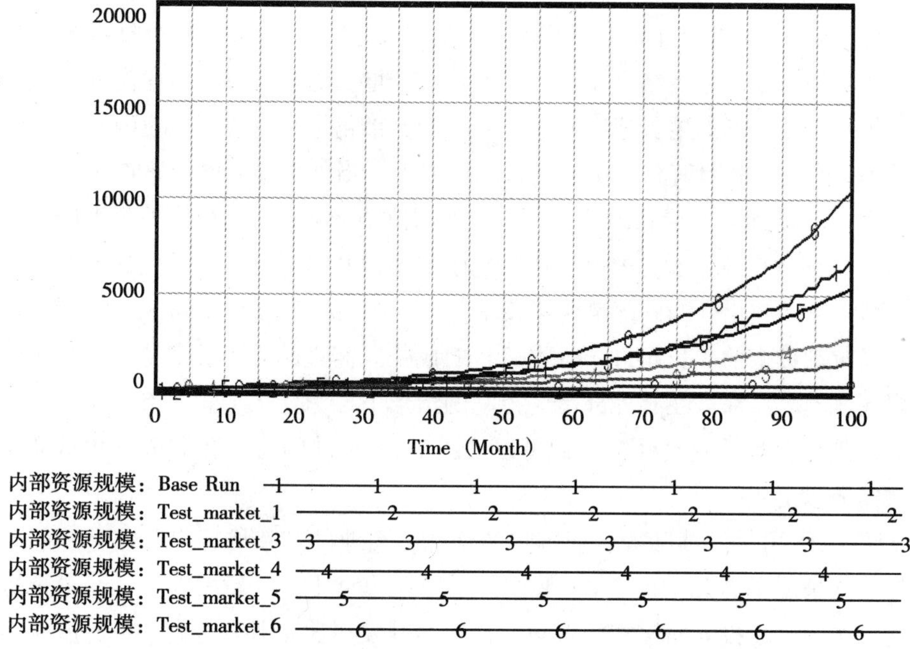

图 7–16　有外部市场拉动情况下的企业资源规模成长态势

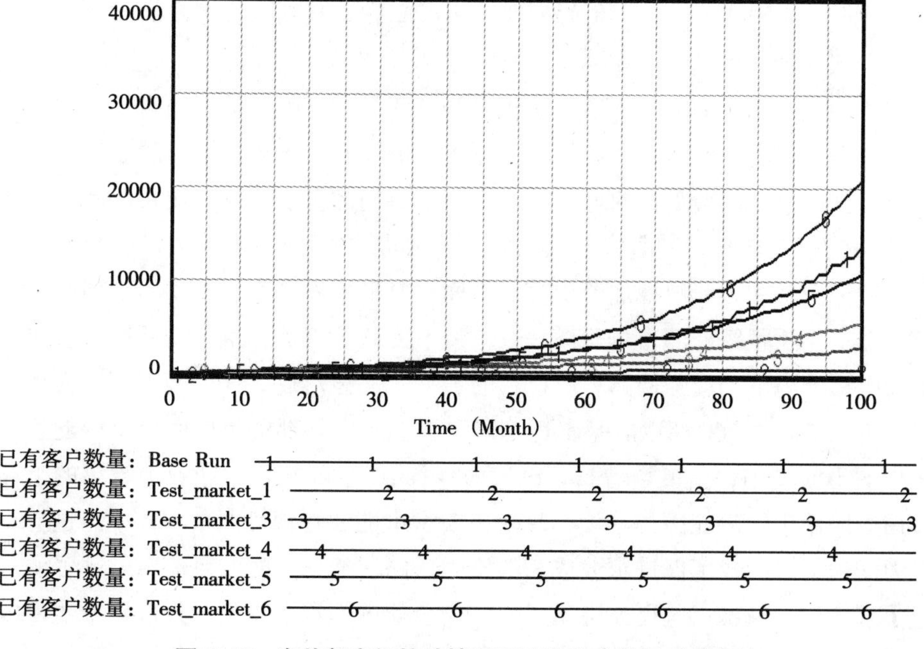

图 7–17　有外部市场拉动情况下已有客户数量成长态势

在图 7-16 和图 7-17 中，BaseRun 是基本运行结果，曲线 2~6 分别为外部市场增长率为 1%~6%时的企业资源规模增长态势，对应于上面的模型情景设定中不同的外部市场增长率。运行结果显示，在外部市场增长的拉动下，企业内外部资源规模的增长与外部市场的增长速度基本是一致的，市场增长越快，企业内外部资源增加也越多。但是，在具有外部市场增长的情况下，当外部市场增长率在 5%以下时，20 期以后，基本运行的成长超过了所有在外部拉动下的成长。而当外部市场增长率等于 5%时，在 60 期之前，内外部资源规模都超过基本运行情况，但是，之后基本运行的结果反而超出。当外部市场增长率超过 5%，达到 6%时，从 30 期左右开始，外部市场拉动带来的成长超过了基本运行的成长。而且此后增长率越高，企业内部资源规模就越大。那么在有外部市场拉动的情形下，为什么不同的市场增长率情况下，会出现如此大的差别呢？我们可以从图 7-18 反映的已有客户情况和新增客户情况对此加以说明。

从图 7-18 可知，伴随着企业客户的增加，企业的“新增客户”在有外部市场增长拉动的情况下，几乎接近 0。我们知道，在模型中，“新增客户”变量是指企业通过自身的市场投入而增加的客户，往往会开发得比企业原有剩余资源所期望增长的市场情况还要多，导致企业不得不又增加投入新的资源，但惯性又使得资源规模的增加超过市场需求量，形成剩余生产能力，反过来又推动新一轮的市场开发。如此，使得企业围绕着这个“增强回路”不断运转，从而通过自身的动力推动最后进入一个快速增长的轨道。基本运行的“企业资源规模”增长和“已有客户规模”增长的轨迹，在其波动细节背后的主要走势，就是我们熟悉的指数增长模式。这说明，在基本运行的情况下，企业内部资源规模增长与市场规模增长的互相推动形成了一个增强回路，使得最初的增长并不迅速，后期却呈现爆炸式成长。反观由外部市场拉动的企业成长，其客户规模虽然不断增加，但自己根本没有市场开发的作为，企业完全是在不断地增加资源规模，而没有形成一种互相推动的增强回路，反而有点类似不断跟踪外部市场规模增长的调节回路。因此，虽然初期增长较快，但由于没有形成内部的增强回路，所以在后期增长完全落后，这就能解释了为什么市场增长率为 5%时，60 期以后基本运行情况下企业内外部资源反而超出。随着市场增长率的不断增加，当市场增长率超过 5%时（如达到 6%），企业节省出的市场投入费用可以用于管理能力的建设，反映在模型中的“管理培训费用”中。这样，管理能力的增加又形成了促进企业成长的增强回路，使得这时的企业内外部资源规模超过了基本运行情况。这更加说明了，依靠企业内部资源规模与外部资源规模的互相推动，才能使企业不断成长。

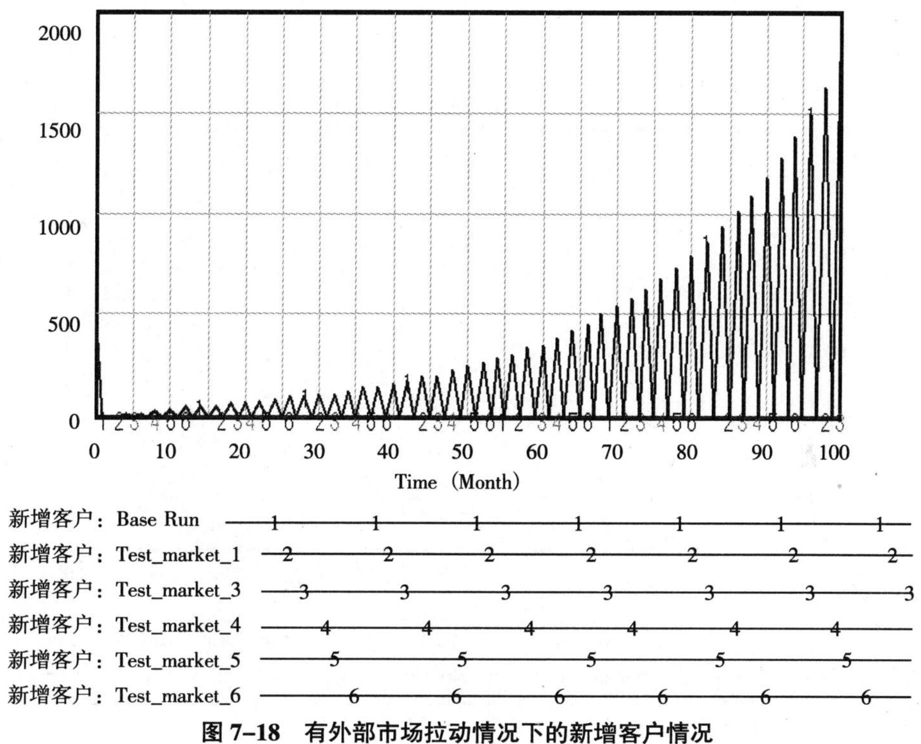

图 7-18 有外部市场拉动情况下的新增客户情况

7.4.2 供应链管理实施对企业成长的影响

7.3 节分析了企业在没有供应链管理费用投入条件下（模型中通过设定“供应链管理费用比例”变量为 0 来实现），企业动态能力与企业成长系统的运行机理，本节分析企业实施供应链管理后，企业动态能力的变化以及由此带来的企业成长变化情况。

7.4.2.1 基本运行情况分析

先考虑将“供应链管理费用比例”变量值由 0 提高到 0.08 和 1.5，其他参数值维持不变，具体见图 7-19。由图 7-19 可知，由于从“留存收益”中支出部分资金用于供应链管理，导致其他方面的投资额（如管理能力建设投资等）减少，如果供应链管理没有取得好的效果，模型中用其他参数值不变来表示，必然导致企业内外部资源规模、管理知识和管理能力、生产能力的降低，限制企业持续成长。前面已经分析各变量的相互关系，因此，这里仅选取个别变量加以说明。这里的情景设定如下：Test_supply chain_1 为“供应链管理费用比例”取值为 0.08 的情况，在图中对应于曲线 2，Test_supply chain 为“供应链管理费用比例”取值为 1.5 的情况，在图 7-19 中对应于曲线 1。

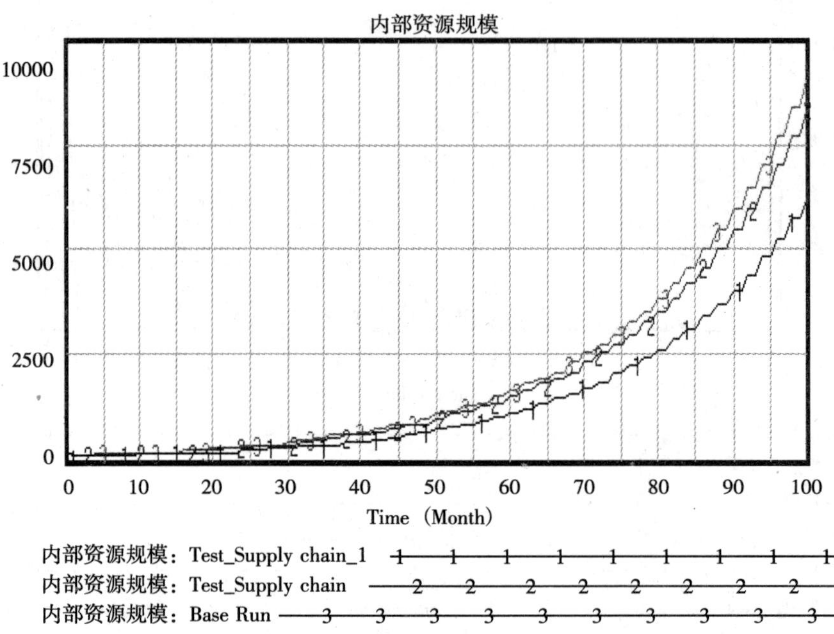

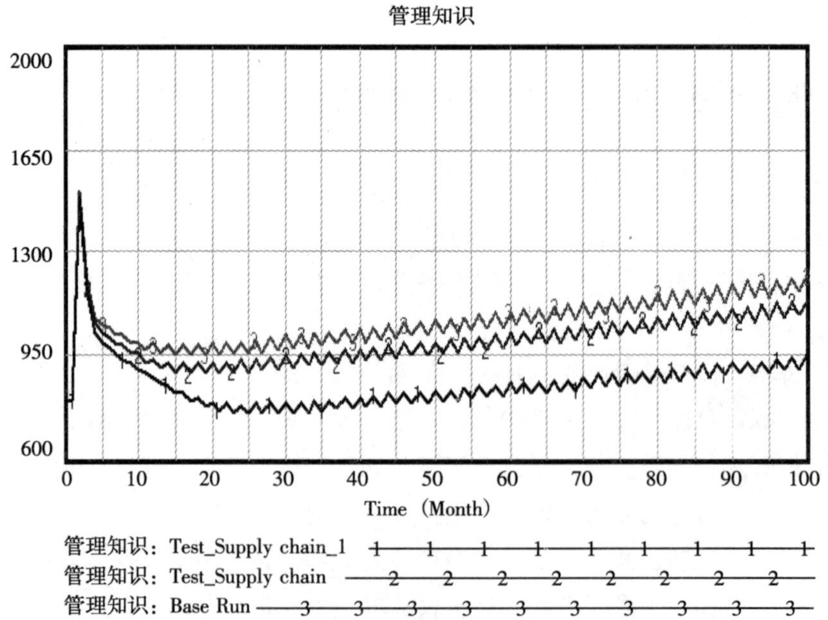

图 7-19 供应链管理费用投入基本运行情况

7.4.2.2 加入供应链绩效指标的运行情况分析

通过前文分析，我们认为，供应链系统的实施是一种基于全新的思路来改造或重组原企业旧的管理模式的方法，更重要的是，体现了一种先进、有效的管理理念，是一种战略投资。企业实施供应链管理必然带来企业各方面发生变化，在模型中，可以通过加入供应链绩效衡量指标来实现，这里要分析的是当供应链管理费用比例为 0.15 时，各项供应链绩效衡量指标发生变化后对企业动态能力与企业成长的影响，然后将他们的变动趋势同基本运行结果（供应链管理费用比例为 0）加以比较。

第一，资本回报率指标影响分析。我们先来分析“资本回报率”指标发生变化的情况下，企业成长的变动趋势。在图 7-20 中，曲线“1”对应于情景 Test_capital_1，表示的是由于实施供应链管理，资本回报率指标提升到 0.08 时模型运行结果，可以看出，在 50 期之前，三种条件下的结果基本相近，但是之后呈现出明显不同的发展路径，因此，供应链管理实施可以使得资本回报率指标上升到一定的值，显然推动了企业的成长，但是这种成长是需要从长期才能得以体现的。

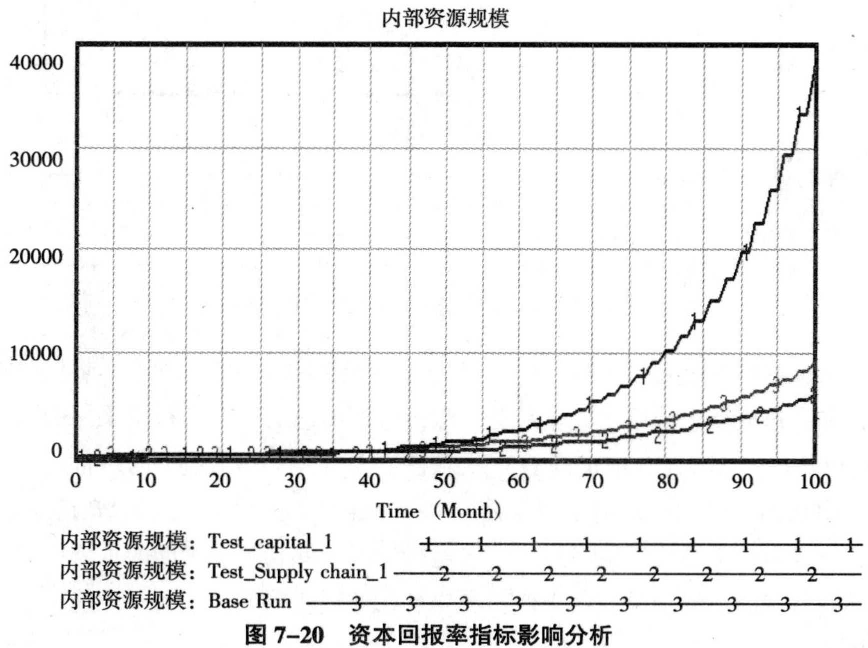

图 7-20　资本回报率指标影响分析

第二，合作成员忠诚度指标分析。供应链的目标之一是为整个供应链中的客户提供持久稳定的收益。供应链管理的核心之一就是进行顾客管理，了解顾客的需求以及评价满足顾客需求的程度的大小，用以调整供应链的经营方法和策略。订单平均响应时间反映了供应链对市场需求的响应速度。供应链柔性指供应链快速而经济地处理不确定性的能力，一般包括产品种类变化的柔性、交货时间变动的柔性和订单规模变动的柔性。在图 7-21 中，曲线 1 对应于情景Test_cooperation_0，体现的是合作成员忠诚度为 100%的情况；曲线 2 忠诚度为 40%，基本运行条件下忠诚度为 20%的情况。由图 7-21 可以看出，如果单纯依靠此单一指标的改善，结果是一直低于基本运行情况，因此，需要与其他指标结合共同发挥作用，才能得到理想的效果。

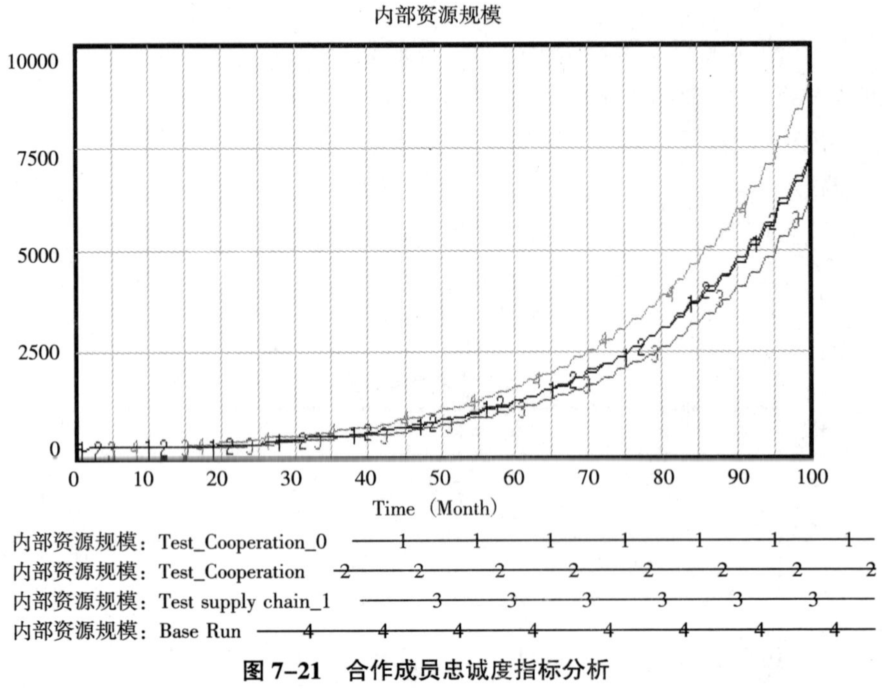

图 7-21 合作成员忠诚度指标分析

第三，订单响应效率指标分析。图 7-22 是在图 7-21 的基础上，将订单响应效率指标和合作成员忠诚度指标相结合，综合考虑他们对模型运行结果的影响，曲线 2 是订单响应效率由 0.3 增加到 0.31 的情况，对应于情景设定 Test_time_2；曲线 1 是增加到 0.35 的情况，对应于情景设定 Test_time_1。由图 7-22 可以知道，从 40 期开始，企业内部资源规模就超过了基本运行情况。并且随着时间的推移，优势越来越明显。管理能力的结果与之类似。同样可以通过相同的方法对柔性能力系数指标进行分析。

第四，单位资源生产能力分析。供应链管理带来了企业内部流程的改造，通过单位成本减少率、存货降低率、废品减少率三个指标可以衡量其绩效。单位成本

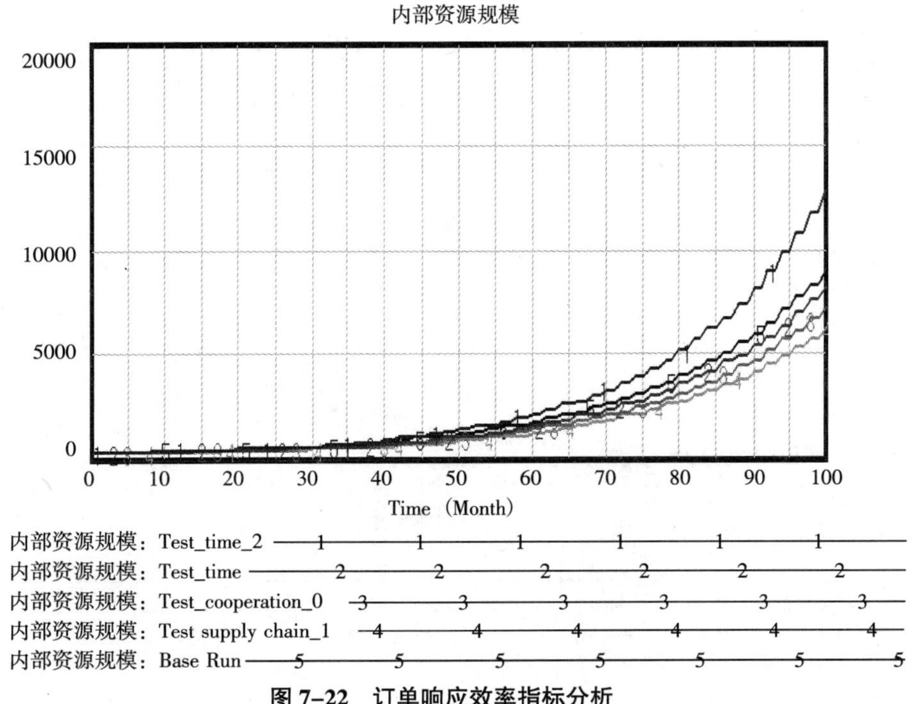

图 7-22　订单响应效率指标分析

减少率是实施供应链管理的主要目标之一，是供应链之间竞争的一把利器。废品减少率是对供应链内部流程整合程度的评价。存货维持率是指平均存货占库存容量的比率，由于库存占用了大量的资金，大量存货便成了企业最为头疼的问题，供应链管理因为有顾客需求信息的交流，加上掌握了上下游企业的存货情况，所以供应链整体维持较低的存货率成为可能。模型运行参数值如表 7-11 所示。

表 7-11　模型运行参数值

参数	单位成本减少率	存货降低率	废品减少率
Base Run	0.05	0.05	0.01
Test_cost	0.1	0.05	0.01
Test_cost_1	0.1	0.1	0.03

图 7-23 分析了在上述三个指标同时发生变化时对管理能力和企业内部资源规模的影响，从图 7-23 中可以看出，虽然管理能力一直低于基本运行情况（这可能是由于供应链管理费用的增加使得管理能力建设投入减少），但是企业内外部资源规模却在曲线 1 下在第 90 期超过基本运行情况（图 7-23 中只给出了企业内部资源规模运行情况，外部资源规模情况与之类似），这是由于供应链管理改善了上述三

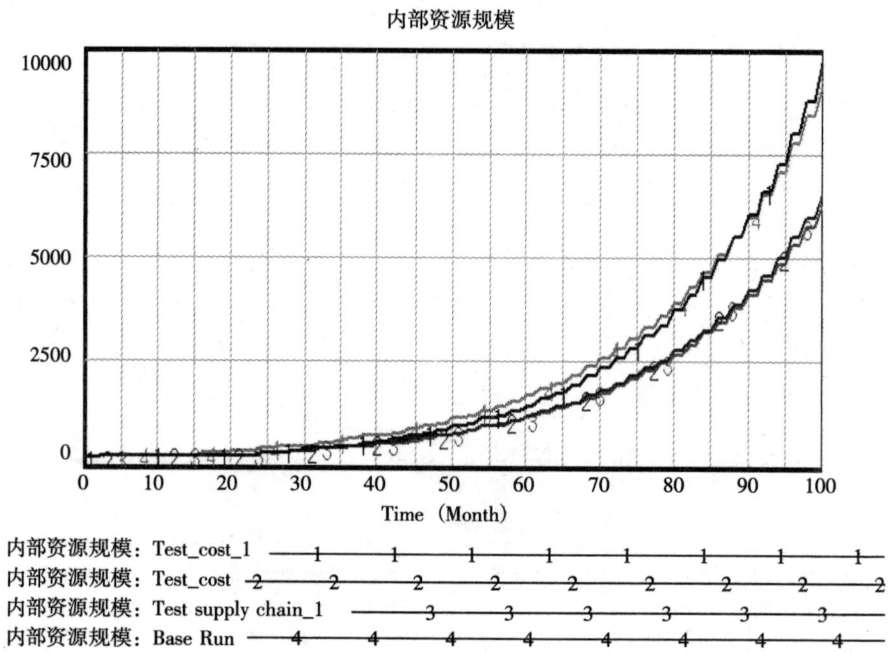

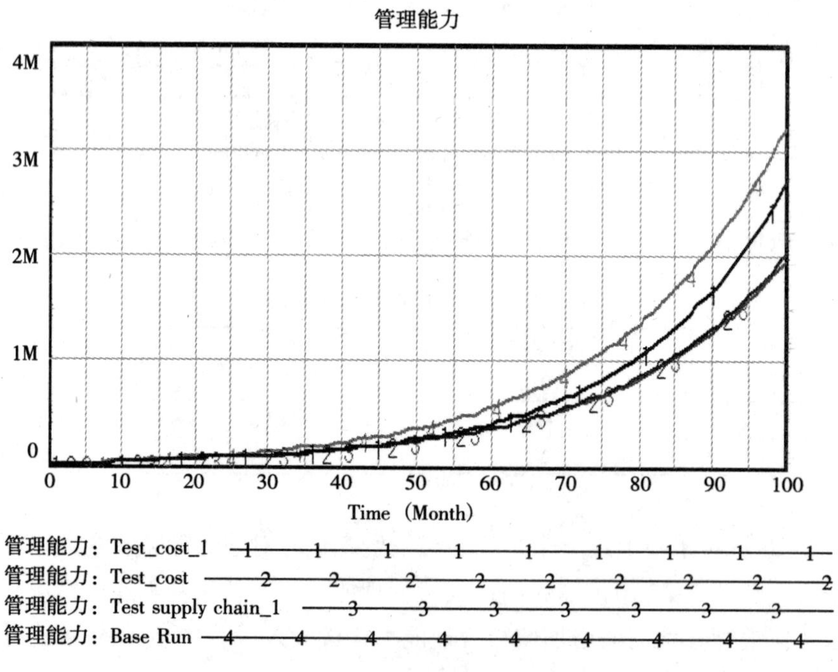

图 7-23 单位资源生产能力分析

个指标，进而增加了单位资源的生产能力，弥补了管理能力不足对企业成长的限制，使得企业在后面阶段显示出强劲的增长势头，超过了基本运行情况，指标的进一步改善会在促进资源规模增长的同时增加管理能力。

第五，所有者权益分析。供应链的学习、成长性直接关系到供应链的竞争优势。不断地学习成长是完善流程、满足顾客期望、最终获得财务回报的关键因素。信息交流频率指一定时期内供应链传递流通信息的次数，反映了供应链信息处理的透明度，它是供应链成员合作和协调关系的初步体现，是提高供应链响应市场变化能力的前提条件。图 7-24 在图 7-23 的基础上增加考虑了信息交流频率和订单响应时间变量，曲线 1 对应于情景 Test_cost_2，考虑实施供应链管理后，在曲线 2 的基础上，信息交流频率增加了 10 倍；同时订单响应效率也由原来的 0.3 提高到 0.35，这样所有者权益在 50 期之后一路领先。

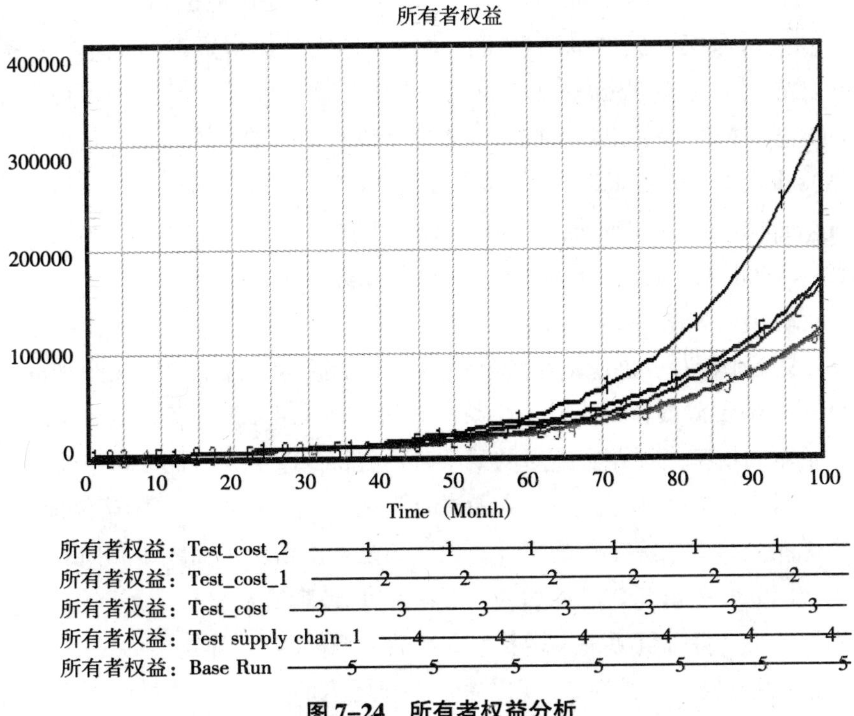

图 7-24　所有者权益分析

7.4.2.3　加入延迟后的运行情况分析

上面考虑了通过供应链系统的实施，改善了相应的一些供应链绩效衡量指标，进而对企业成长的动态行为产生影响，但是上面的分析假设实施供应链系统后的当期就发生指标的改善，而实际情况是，这种改善需要在一定时期后才会得以体现出来。也就是说，存在着延迟，正如本书第 3 章提出的基于期权思想的供应链实施与企业成长关系框架一样，促进企业成长动态能力的获取与提升是在后期不断实现的，而往往不会是当期就会体现出来的，因此，下面我们将延迟问题考虑进来，进一步分析供应链系统实施与企业成长之间的动态关系。

这里仍旧是进行相对分析，为了比较的一致性，同样是在供应链管理费用比例取值为 0.15 的基础上进行模拟，比较有无延迟对模型模拟结果的影响。

第一，资本回报率指标影响分析。供应链系统实施带来的资本回报率指标的改善是需要时间的，即存在延迟问题。在上面的情景设定中（Test_capital_1），假设系统实施后，资本回报率指标马上提升到 0.08，为了更加贴近现实，这里考虑延迟问题，将延迟分析纳入上面的模型中，具体可以通过引入相应的函数实现。在保持其他条件不变的情况下。其中情景 Delay_capital_1 是考虑供应链系统实施后的前 20 期，资本回报率没有立即提高，仍旧保持在 0.05，而在供应链系统实施了 20 期之后，由于供应链系统实施的战略期权价值得以体现，使得资本回报率指标提升到 0.08 以上的情况，图 6-17 分析了在这种情景设定下，企业成长的动态行为会发生什么样的变化。同时为了比较不同的延迟期对模拟结果的不同影响，这里增加了一个模型情景设定 Delay_capital_2，将延迟期由 20 期增加到 30 期，引入如下方程：

Delay_capital_1：资本回报率 = DELAY1I（0.09，20，0.05）

Dclay_capital_2：资本回报率 = DELAY1I（0.09，30，0.05）

模拟运行结果如图 7-25 所示。

图 7-25 分别比较了供应链系统实施后，对于资本回报率指标提升来讲，不同的延迟期对内部资源规模动态行为的影响情况，由图 7-25 可知，随着供应链系统的实施，资本回报率指标在实施后的某个时期会得到改善，进而会影响企业成长的动态行为，图 7-25 中曲线 3 是没有考虑延迟的情况；曲线 4 是实施供应链系统，但是未考虑相应绩效指标变化的情况；曲线 5 是基本情况；曲线 1 和曲线 2 分别是延迟期为 30 和 20 的情况。可见加入延迟后，在 50 期之后呈现出不同的发展路径，而且延迟期越长，内部资源规模增长率和最后的规模越小，同时，通过与 Base Run（基本情况）的比较可知，在 70 期以后，对于延迟期为 30 的情景，模型的运行结果才优于基本运行情况。可见，如果延迟期足够长的话，那么初始期的未来不确定性会逐渐消失，由于延迟期的存在，相当于供应链实施厂商一直没有行使已经拥有的战略期权，动态能力没有得到提升，这样，供应链系统实施的战略期权价值就没有实现，相当于期权到期作废。外部资源、管理知识和能力的运行结果与图 7-25 类似，这里略去。

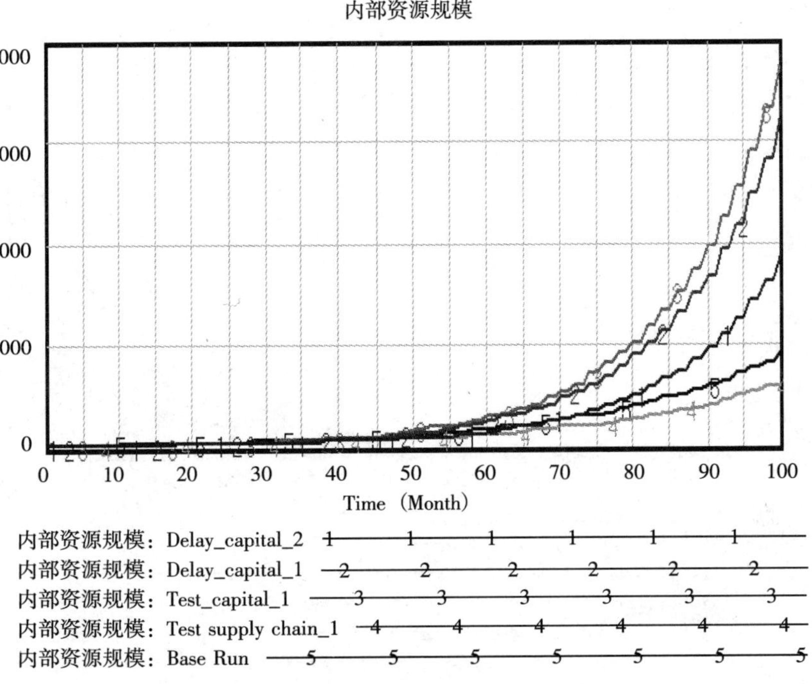

图 7-25 资本回报率指标影响分析（加入延迟）

第二，合作成员忠诚度指标分析。与资产回报率指标一样，合作成员忠诚度的提高也具有延迟，前面已经分析了如果单独改善合作成员忠诚度的指标，模型模拟结果一直低于基本运行情况，如果加入延迟会使结果更糟，因此，这里结合订单响应效率与柔性能力系数加以分析，分别对合作成员忠诚度、订单响应效率和柔性能力系数进行延迟设定，其余参数为 Test_supply chain_1 情景下的初始值，具体如图 7-26 所示。

在图 7-26 中，曲线 3~5 为上文涉及的三种情况，目的是同新的情景设定产生的模拟运行结果加以比较。在 Delay_cooperation 情景下（曲线 1），设定合作成员忠诚度终值为 1，延迟期为 30，同时结合了订单响应效率指标，目的是为了比较订单响应效率延迟对模拟结果的影响，在图 7-26 中体现在曲线 1 和曲线 3 的比较，由图 7-26 可知，由于对订单响应效率加入延迟 20 期，虽然终值也取到 0.35，但是其效果远远低于未考虑延迟的情况，在这种情况下，即使合作成员忠诚度和订单响应效率两项指标同时改善，运行结果也低于基本运行情况，因此，在 Delay_cooperation_1 情景下，再增加一个指标——柔性能力系数，同样取延迟期 20，终值为 1.2，得到曲线 2，由图 7-26 可知，在 60 期左右，曲线 2 刻画了优于其他

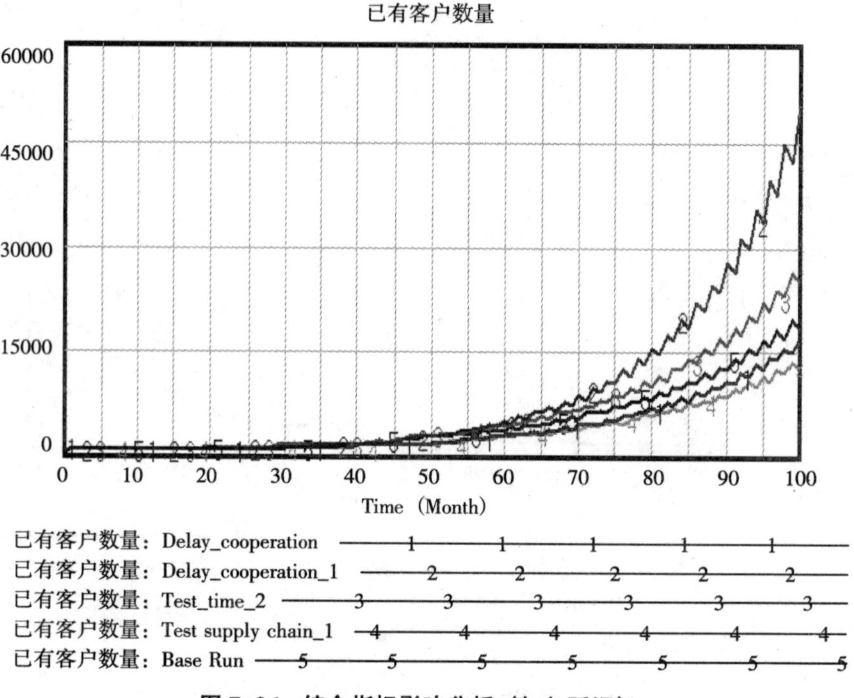

图 7-26 综合指标影响分析（加入延迟）

情景的结果。由于考虑到延迟的作用，使得供应链实施促进企业动态能力提升的速率减缓，增加了企业成长动态行为的复杂性。

图 7-27 为管理知识模拟结果图。由图 7-27 可知，由于分配一部分资金用于实施供应链系统，使得用于增加管理知识和能力的费用下降，在图 7-27 中显示为管理知识总量的下降，但是随着供应链系统的实施、运行，企业动态能力在后期逐渐得以提升，管理知识不断提升，由于存在延迟问题，所以，曲线 1 没有取得良好的效果，一直低于基本运行结果；反观曲线 2，虽然在供应链投资前 45 期，运行结果一直低于基本情况，但是从 20 期左右就开始出现上升势头，而且在 50 期以后超过基本情况并不断攀升，实现了供应链系统实施的战略期权价值，促进了企业成长。

第三，单位资源生产能力分析。同上面分析类似，供应链管理带来了企业内部流程的改造，模型中通过选取单位成本减少率、库存降低率、废品减少率三个指标来衡量其绩效，这里在表 7-11 的基础上加入了延迟，由于只是比较说明，这里考虑在 Test_cost_1 的情景下引入延迟。为简化起见，三个指标的改善延迟期都取 30（改变延迟期不会改变相对比较得到的结果和趋势），在这里用 Delay_cost_1 情景来表示，主要是同 Test_cost_1 进行对比。模拟结果如图 7-28 所示。

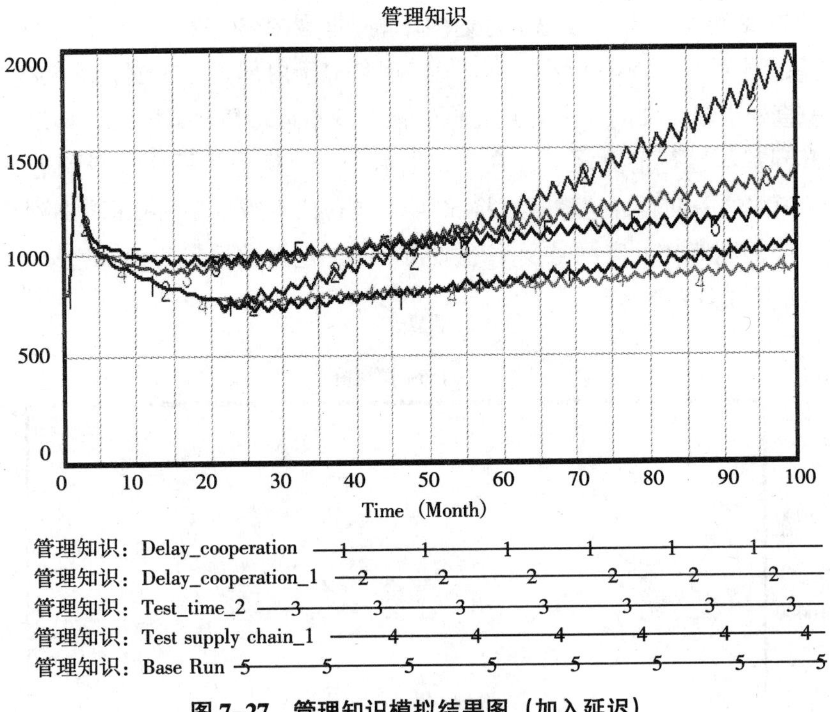

图 7-27　管理知识模拟结果图（加入延迟）

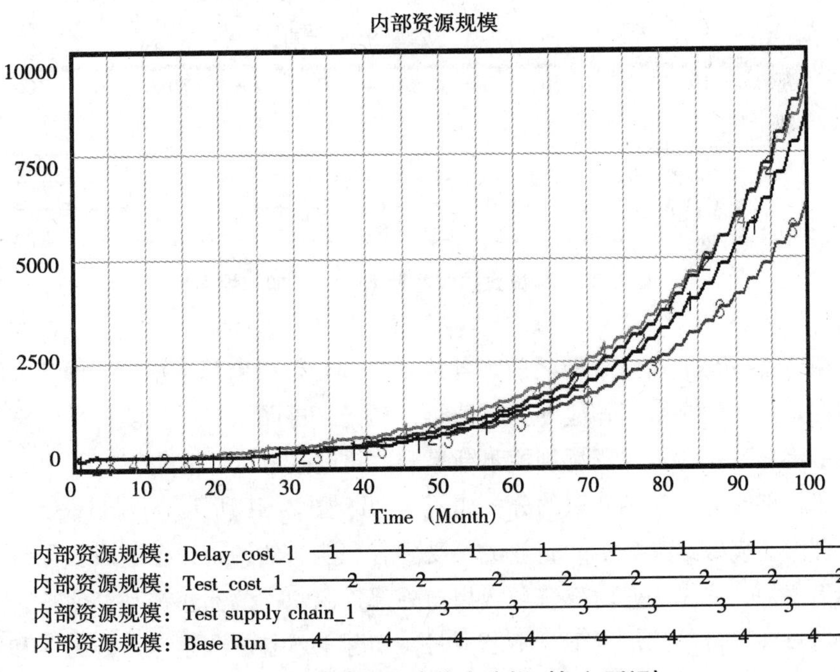

图 7-28　单位资源生产能力分析（加入延迟）

由图 7-28 可知，由于考虑了延迟的影响，虽然在 30 期后，曲线 1 的三个绩效衡量指标达到了 Test_cost_1 情景的取值，但是对于内部资源规模，反映在图形上，曲线 1 一直处于曲线 2 的下方并且还低于模型基本运行情况，因此，如果想要将曲线 1 提升到基本运行情况之上，在延迟期后，三个衡量指标应该得到进一步的改善，为了说明这一问题，这里假设将 30 期后单位成本减少率由 0.1 增加到 0.15，存货降低率增加到 0.15，废品减少率增加到 0.05，定义此情景为 Delay_cost_2，模型运行情况如图 7-29 所示。

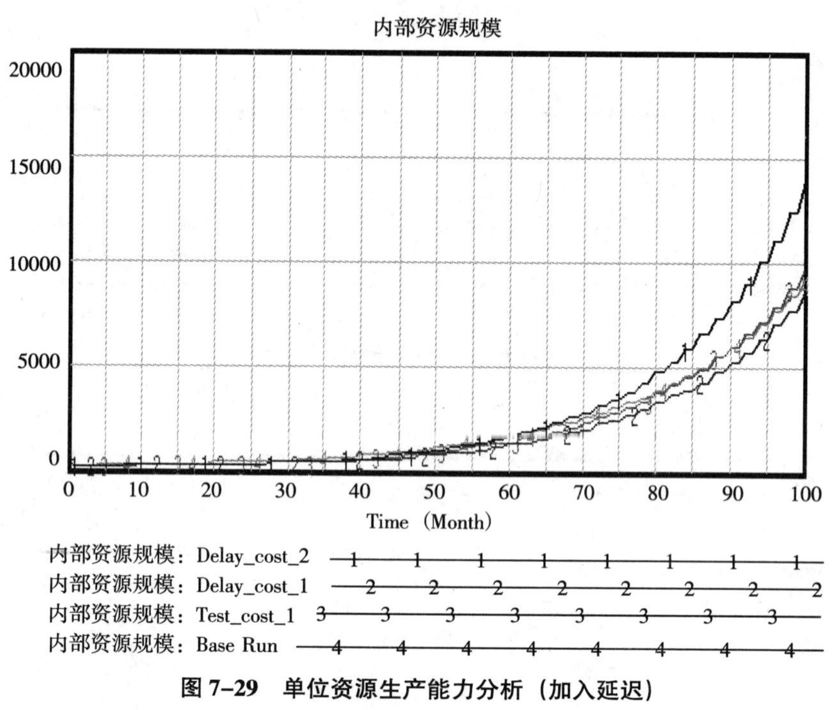

图 7-29 单位资源生产能力分析（加入延迟）

由图 7-29 可知，在 50 期之前，各情景模拟运行结果基本相同，而 50 期之后，虽然存在延迟，但是由于相应的指标值得以提升，进而增加了企业的单位资源生产能力，最终导致企业内部资源规模不断攀升，超过基本运行情况。

对于管理能力和管理知识的分析如图 7-30、图 7-31 所示。

综合以上模拟结果分析，企业成长受到管理能力的约束，企业成长导致企业知识和能力增加。依靠企业内部资源规模与外部资源规模的互相推动，使得企业能够在完全没有外界拉动的情况下，不断成长。实际上就是“剩余生产能力”和“剩余市场份额”的交替推动，使得企业具有永续成长的动力。供应链系统的投资一方面

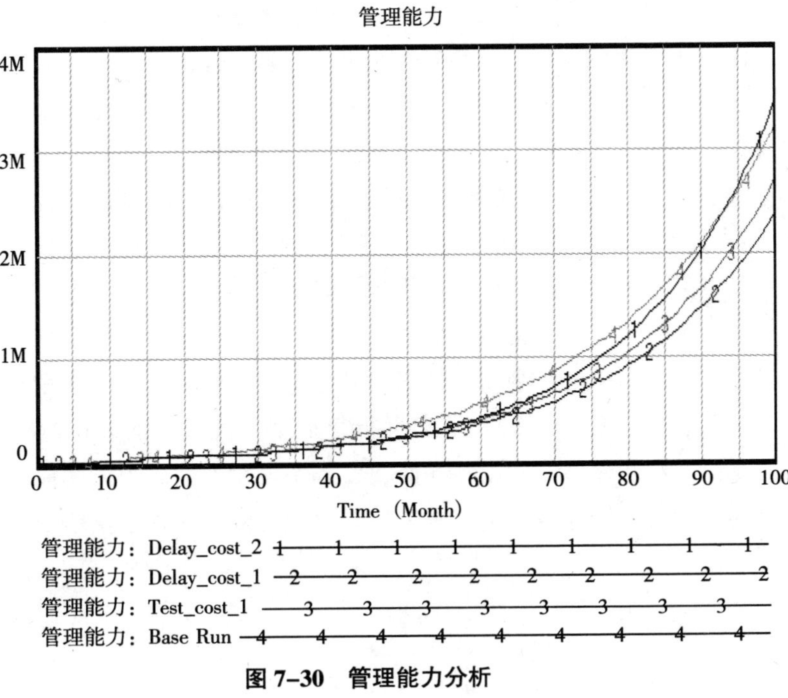

图 7-30　管理能力分析

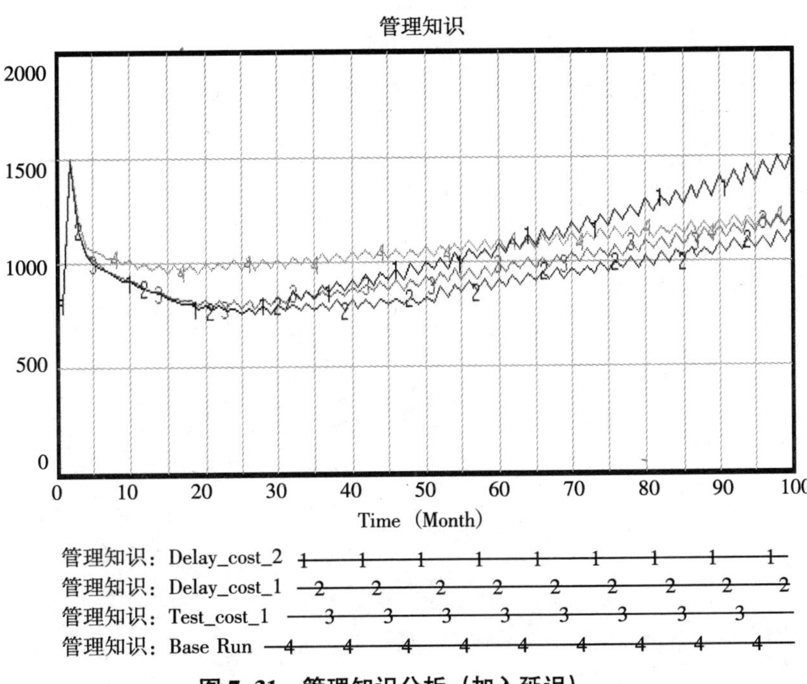

图 7-31　管理知识分析（加入延迟）

减少了企业用于其他方面的投资（如管理培训费用等），限制了企业成长；另一方面，实施供应链管理可以带来一系列的改进，促进企业各方面的能力提升，进而促进企业的成长，模型中通过 11 项供应链绩效衡量指标加以体现，如果促进效果大于限制效果，那么这些指标的改进会提高企业的动态能力，使得企业实现“质”和“量”的成长。但是，供应链系统实施带来的各方面能力的提升是需要时间的，也就是说存在着延迟，因此，在进行供应链系统实施与企业成长动态关系模拟分析时，我们又考虑了延迟对模拟结果的影响。模拟结果显示，由于存在延迟，使得企业成长动态行为更为复杂，延迟对供应链系统的实施产生了更高的要求，正是由于延迟的存在，要求供应链系统实施带来的能力提升达到一个新的高度，这一点在上面同基本运行情况进行的比较中可以看得很清楚。从模型的模拟运行情况可以看到，供应链提升企业能力的效果往往要在实施一段时期后才得以体现，说明了实施供应链管理所需要的当期投入会带来未来能力的提升，体现了供应链系统投资的期权思想。

第 8 章
大企业成长相关案例

8.1 “万向”集团的非相关多元化之路

8.1.1 非相关多元化，你准备好了吗？

2003 年 CCTV 中国经济年度人物，科龙电器、美菱电器、亚星客车、襄轴股份和格林柯尔五家境内外上市公司的董事长，中国家电协会副理事长。聚光灯下的焦点人物——顾雏军可谓风光一时。1989 年，顾雏军凭借自己的制冷剂技术发明专利赴海外创业，1995 年回国发展，使格林柯尔成为地跨亚、欧、北美三大洲的高科技跨国集团公司，并跻身世界三大无氟制冷剂巨头。2001 年底，顾雏军控股科龙电器。2002 年对科龙进行了大刀阔斧的民营化重组改造，使公司迅速摆脱困境，当年扭亏为盈。2003~2004 年，顾雏军先后购得美菱电器、亚星客车、襄轴股份相应股权，实现入主控制，标志着格林柯尔进入汽车制造和配件行业，公司发展又迈进了新的阶段。然而，2005 年 4 月 29 日，科龙电器年报报出 6000 万元巨大亏损。10 天后，科龙电器发布公告称，公司因涉嫌违反证券法规已被中国证监会立案调查。2005 年 8 月 1 日，科龙董事长顾雏军等 6 人被采取刑事强制措施。2006 年 4 月，海信 6.8 亿元入主科龙。一时间，这个曾占据中国白电产业半壁江山的企业就这样结束了辉煌。

1986 年，“德隆”创始人唐氏兄弟从国有单位下海，开始他们的创业生涯。他们经过商，开过小型彩色照片冲印店，20 世纪 90 年代来到了首都北京，开了一家当时在北京很有名的迪厅，到 1993 年，单是北京迪厅已给他们带来了 3000 万元以上的利润。之后，他们把这笔钱投入股市，迅速完成资本积累。1998 年，德隆投资公司通过贷款、从已控制的公司拆借资金、联合更多投资者等方式入主了“新疆屯河”和“合金股份”，“德隆系”也正式形成。在德隆资本膨胀过程中，其关键词是“产业整合”。其核心思想是以资本运作为纽带，通过企业购并、整合传统产业，为传统产业引进新技术、新产品，增强其核心竞争力。为此，德隆缔造了一个两翼并举的庞大金融产业王朝：产业一翼，德隆斥巨资收购了数百家公司，所属行业含番茄酱、水泥、汽车零配件、电动工具、重型卡车、种子、矿业等；金融一翼，德隆将金新信托、厦门联合信托、德恒证券、新疆金融租赁、新世纪金融租赁等纳入麾下。2004 年 4 月 14 日，对德隆王朝而言，是个黑色的日子。德隆的噩梦从这一天正式开始。德隆系旗下的“三驾马车”——湘火炬、新疆屯河和合金投资第一次集体跌停。2004 年 4 月上旬，德隆在一个月的时间内，将其所持上市公司的所有法人股全部质押给地处新疆的各家银行。其他各地企业和银行纷纷起诉德隆，四处保全资产。而德隆开展的一系列资产转让行动，将德隆非上市部分资产回填到德隆控制的 5 家上市公司中。5 月底，唐万新失踪。

与上面事件相似的还有健力宝系、鸿仪系和涌金系等的溃败，他们的共同点都是非相关多元化集团在收购兼并过程中多元化战略的混乱。我们不禁要问：“非相关多元化，是馅饼还是陷阱？”

8.1.2 “万向”集团——敢问路在何方？

“万向”集团是浙江省计划单列集团，国家 120 家试点企业集团之一。集团拥有的总资产超 200 亿元，下属 30 多家全资及控股公司，形成了零部件业、市场流通业、中介投资业、跨国经营业务等产业体系。其中，汽车零部件业是集团的核心主业。

“万向”创立于 1969 年。1990 年起为浙江省计划单列集团，1997 年起为国务院 120 家试点企业集团，1999 年起被列为全国 520 户重点企业。中国企业 500 强第 119 位，制造业第 53 位；中国工业企业 1000 大第 45 位；机械行业第 15 位，汽车行业第 8 位，汽车零部件业第 1 位。万向主业是汽车零部件产业。成长目标是成为一家拥有核心能力和核心价值的现代公司。力争“奋斗十年添个零”，日创利从 20 世纪 70 年代的一万元，20 世纪 80 年代的十万元，20 世纪 90 年代的一百万元，到 2009 年一千万元。“万向”已在全球市场建立了服务网络，为全球主机及大众客户提供仓储、配送等服务。

面临国际化趋势，“万向”将发展汽车零部件主业，接轨国际主流市场、国际先进技术、跨国公司运作，建设先进制造业基地，逐步建成按国际惯例动作的跨国集团。公司主要子公司和控股公司经营范围详见表 8–1。

表 8–1 万向集团主要子公司和控股公司经营范围

公司	经营范围
万向工业（集团）有限公司	包括汽车零部件制造市场、资源市场、知识市场、服务市场；建设有国家级技术中心、国家级实验室、企业博士后科研工作站；是国内最大的独立汽车零部件企业之一

续表

公司	经营范围
万向电动汽车有限公司	致力于掌握清洁能源技术，发展节能环保汽车。公司在大功率、高能量聚合物锂离子动力电池、一体化电机及其驱动控制系统、整车电子控制系统、汽车工程集成技术以及试验试制平台等方面取得了显著的成果。是目前国内唯一同时具备电池、电机、电控等电动汽车关键零部件和动力总成系统产业能力的单位
万向钱潮	万向钱潮是万向集团控股的汽车零部件制造和销售的上市公司。万向钱潮致力于汽车零部件的制造与销售，产品从零件到部件，到系统总成，已发展成为拥有自主开发能力、核心制造技术、完备检测手段的汽车零部件专业生产集团化企业和生产基地
万向硅峰电子股份有限公司	创建于 1968 年，是信息产业部所属唯一的半导体硅材料专业生产厂。主要产品为：Φ76.2~200 毫米 CZ 硅单晶，Φ76.2~150 毫米重掺硅单晶，Φ76.2~200 毫米硅单晶切割、研磨片及 Φ76.2~150 毫米硅单晶抛光片
万向精工有限公司	汽车轮毂轴承单元（第一代、第二代、第三代带 ABS 电子速度传感器）、汽车轮毂轴承、汽车防抱死制动系统（ABS）等产品
顺发恒业有限公司	房地产开发经营，物业管理，装饰装潢，建筑装饰材料的销售；园林绿化，经济信息咨询，实业投资。凡以上涉及许可证制度的凭证经营
万向资源有限公司	立足有色金属、黑色金属、石油化工三大业务领域，以产业投资、专业贸易以及金融工具运用和服务为经营核心，建设具有资源配置能力的业务体系，使公司由传统的贸易型公司发展成为国际资源型品牌公司
万向三农集团有限公司	主业是农业类产品，产业涉及农、林、牧、渔，现已形成远洋渔业（捕捞）及其加工、新型建材、种业及其玉米深加工、杏仁露、饲料及其添加剂、山核桃种植及其加工等几大系列农业产品

8.1.3 “万向”集团——一步一个脚印

在很多关于鲁冠球的报道中，创办宁围公社农机厂被普遍看作鲁冠球创业的开始。但实际上这已经是他第二次创业。20 岁的鲁冠球已经有了第一次创业经历。表 8-2 总结了“万向”的发展沿革。

表 8-2　“万向”发展沿革

年份	重要事迹
1965	3000 元买来一台磨面机和一台米机，创办起一家小型米面加工厂——“地下黑工厂”
1969	鲁冠球和 6 个农民凑了 4000 元钱办起了“宁围公社农机厂”
1978	农机厂 300 号人，年产值 300 余万元，厂门口更挂上了宁围农机厂、宁围轴承厂、宁围链条厂、宁围失蜡铸钢厂等多块牌子，到 1978 年的秋天，宁围万向节厂改名为萧山万向节厂。成为今天万向集团的前身
1982	万向被列入全国仅有的三家万向节定点生产专业厂之一
1983	农村开始实施承包责任制后，自家自留地里 2 万元苗木全部拿出来抵押，承包下萧山万向节厂。承包第一年利润就超额完成了 154 万元，以后年年超额完成承包任务

续表

年份	重要事迹
1984	1984 年，万向的产品在广交会上得到了外商的青睐，美国派莱克斯公司定购 3 万套万向节。这一订单在当时被称为中国汽车产业的“出口第一单 ”。鲁冠球尝试股份合作制
1985	鲁冠球被评为全国新闻人物
1986	获国务院批准，拥有了自营进出口权，被确定为万向节出口基地
1987	鲁冠球被评为全国十大农民企业家
1990	经浙江省人民政府批准，万向集团正式成立，鲁冠球成为万向集团的法人代表
1992	万向把人员派往美国，真正感受到了与国际市场的差距
1993	总厂制改为集团制，经营权力下放
1994	万向钱潮股票在深圳上市。首次发行 3000 万股，发行价为 3.8 元，首日开盘价为 8.4 元
1994	万向美国公司成立。以“股权换市场”、以“设备换市场”、以“让利换市场”、以“无形资产收购”等资本经营与发展实业相结合的运作技巧，先后在美国、英国、德国、加拿大、澳大利亚等 8 个国家建立 19 家公司。走出去的战略不仅扩大了万向的国际市场份额，更为其利用国际资源打开了通道
1995	被农业部评为全国首批乡镇企业集团
1996	万向集团技术中心被确认为国家级技术中心
1997	国务院 120 家试点企业集团
1997	万向获得了世界最大汽车制造商美国通用公司的订单，成了第一家进入国际主机配件配套线的中国零部件企业
1998	收购美国万向节制造商舍勒公司
1999	全国 520 户重点企业
1999	“资本化经营、国际化运作”战略，成为中国最大的汽车零部件企业，稳步进入金融、农业等领域
2000	美国万向与 LSB 公司达成协议联合收购舍勒公司
2000	万向集团设立中国万向控股有限公司
2000	华冠科技的第一大股东黑龙江富华集团总公司将其持有的 5760 万股中的 2375 万股以 2.2 元/股的价格转让给万向集团公司
2001	万向美国公司成功收购了美国纳斯达克上市公司 UAI，开创中国民营企业收购海外上市公司的先河
2002	万向集团旗下的万向控股、万向钱潮和万向集团分别按照 40%、30%、20%的比例出资共同组建浙江省第一家财务公司——“万向财务”
2002	万向控股 1.2 亿投资民生人寿保险，14.47%股权，与泛海集团并列为第一大股东
2002	万向电动汽车有限公司成立
2002	农业类综合产业集团（万向三农）成立。目标定位于“规划若干个优势产区，加快推进农业现代化，形成在相应行业中的主导或优势地位”
2003	承德露露集团向深圳万向转让股权，深圳万向将持有公司 26% 的股份，成为公司第二大股东
2004	华冠科技原大股东富华集团与万向集团旗下万向“三农”签订协议，将所持 6.2%的股份转让，万向“三农”持有华冠科技 29.95 %的股份，成为第一大股东
2004	万向控股投资浙江省工商信托投资股份有限公司，和浙江银行并列为第一大股东

续表

年份	重要事迹
2004	万向空间太阳能硅片被神舟 5 号采用
2004	万向与昌河合作办了一个汽车模块化工厂，万向控股 60%，昌河 40%。成为广汽股份的战略股东，圆了汽车制造梦
2005	进军矿产资源和渔业（因这一年国家对土地、银行以及重点产业进行宏观调控）
2007	拿到成品油进口和国内批发零售资格；东进朝鲜开发惠山青年铜矿
2007	收购美国 AI 公司 30%股权，成为其第一大股东。至此，万向整合国际资源的跨国公司已有雏形
2009	万向纯电动汽车锂电池生产基地在杭州萧山经济开发区顺利奠基，杭州市节能与新能源汽车示范推广试点启动仪式同时举行。锂离子动力蓄电池大规模产业化，凸显新能源战略

我们可以从万向的产业结构和组织结构角度出发，对其有一个轮廓性的认识：

（1）产业结构角度。万向的产业结构是“以汽车零部件为主业的多元化产业集团”。原先的万向节占整个集团产业的比例从 1980 年的几乎 100%下降到现在的不到 10%，主业汽车零部件已发展为拥有“十字轴万向节、等速万向节、轴承、传动轴、滚动体、减震器、传动系统、制动系统、悬挂系统”等的相关多元化格局。整个集团的产业已形成“汽车零部件、市场流通、旅游、房地产、大农业、金融业(投资银行)、实业投资”等非相关多元化产业格局。

（2）组织结构角度。万向集团的组织结构为“母、子、孙、曾孙”公司体系的集团结构。母公司层面：不像其他集团母公司那样，只有一个核心企业，到 21 世纪初，万向集团已形成了三个核心企业，即“万向集团公司、中国万向控股、万向三农公司”，在 20 世纪万向只有一个核心企业即万向集团公司，现在的三个核心企业也是万向的一个创举。

子公司层面：万向的子公司层面主要有代表其零部件产业的“浙江万向钱潮股份有限公司（上市公司）”、代表市场流通业的“上海万向投资有限公司”、代表金融和投资银行业的万向通联、代表跨国经营的万向美国公司等。各个子公司都拥有各自的子公司即万向集团的孙公司，例如，万向钱潮旗下有万向机械、万向轴承、万向传动轴、万向减震器等；万向通联旗下有万向财务公司、浙江万向创业投资有限公司、深圳万向投资公司等；万向美国公司旗下有万向欧洲公司（包括英国公司、德国公司）、万向南美公司、万向非洲公司、万向亚洲公司等。

8.1.4 “万向”集团的管理模式

万向从一个乡办小厂发展到今天的集团型企业，其管理模式大体经历了以下五个阶段的变化。

第一阶段：厂部、车间、班组的组织管理模式。这个阶段是典型的 U 型管理模式（即直线职能制）。

第二阶段：总厂、分厂、车间、班组管理模式。这个阶段采用 U 型管理模式，但已具有一些 M 型的特征。

第三阶段：公司、专业厂、车间、班组的组织管理模式（准 M 型管理模式）。这个阶段仍沿用 U 型管理模式，但 M 型的特征已比较明显，产业上已初步形成相关多元化的格局，以汽车传动系统的轴承系列为主，有十字轴万向节、传动轴、汽车专用轴承、特种轴承以及与上述产品配套的滚动体等。

第四阶段：集团公司、子公司的集团型组织管理模式（改进的 M 型管理模式）。此阶段的管理以 M 型为主要特征，又兼具其他特征。此阶段以 1994 年为界，又分为前后两个阶段。前一阶段，第三阶段所述的相关多元化产品渐成系列化和规模化，同时养殖、贸易等不相关经营正在起步，这个时期的管理模式推行 M 型，但还有 U 型痕迹，集团公司仍承担某些子公司的具体经营职能；在后一个阶段，以汽车零部件为主业的相关多元化渐趋成熟，而养殖、贸易、流通、房地产、旅游酒店业、实业投资及投资银行业等不相关经营初具雏形，这个时期仍推行 M 型管理模式，但已具备了 H 型管理模式的特征。

第五阶段：超 M 型战略控股管理模式。M 型管理模式一般用在采取相关多元化经营的公司，例如，通用汽车公司的主业是各种型号的汽车及与其配套的零部件，其管理模式是典型的 M 型。而万向的产业已进入或将要进入汽车零部件系统供应、大市场流通和跨国经营、投资及投资银行业、基础设施投资建设、旅游及酒店业、养殖及深加工等不相关多元化经营，有必要在 M 型管理内核加上一个 H 型的运行框架，这样就提出了超 M 型管理模式。由于万向采取的不是类似于基金管理式的仅取得投资回报的纯粹控股公司，而是一种产业型的控股公司，具有自己的产业形象和战略方向，所以把该管理模式称为“超 M 型战略控股模式”，简称“超 M 型”。

超 M 型管理模式是母、子、孙公司结构，母公司是 H 型，采取不相关多元化产业拓展和培育战略。每一个核心子公司都是一个改进的 M 型产业集团，其总部功能有相应的表现，在母公司的理念统合下实行 M 型管理，在母公司的统一政策和标准下，进行相应层次的战略规划和内部交易协调。每一个 M 型子公司下面是一系列 U 型孙公司，U 型孙公司采取专业化经营，实行 U 型管理。

8.1.5 “万向”集团的发展战略

战略决策是一个企业的最高决策，直接决定了一个企业的生死存亡。企业的战略制定是科学，是艺术，更是品质，不能有狂妄的贪婪也不能有怯懦的固封。战略的执行必须依赖组织，组织是一个企业资源分配的表现形式。组织和战略的关系应该为，战略是组织的宏观存在，组织是战略的微观表现。金融作为资本积聚的手段，无疑也是财富积累的捷径，任何一种监管体系都不可能万无一失。所以，无论是谋求通过资本力量实现规模快速扩大的企业，还是借助资本力量提供金融服务的机构，都必须有足够坚定的价值观抵抗这种诱惑。

万向的发展战略，大致可以分为下面四个阶段。

第一阶段：工场作坊式，多样化生产的初创阶段（1969~1979 年）。万向创建之初，生产五花八门的产品，犁刀、铁耙、万向节等，只要能做的都做，企业因此生存下来。1980 年，机械部对全国 56 家万向节厂进行整顿评比，万向一举夺魁，成为全国三家定点万向节生产厂家之一。从此，鲁冠球带领企业专攻万向节产品，稳扎稳打，一步一个台阶，“奋斗十年添个零”。

第二阶段：以专业化为基础，扩大企业规模（1980~1989 年）。20 世纪 80 年代，万向抓住改革开放的机遇，提出“立足国内，面向国际，扎根企业内部，脚踏实地工作”的战略方针，以专业化为基础扩大企业规模，把技术进步效益与员工的利益紧紧挂钩，依靠技术进步，走专业化生产的发展道路，进入了国际大市场，长了见识，提高了素质，赢得了市场。

第三阶段：大集团战略（1990~1999 年）。进入 20 世纪 90 年代，万向提出“大集团战略、小核算体系、资本式运作、国际化市场”的战略方针，调整产业、产品结构调整，调整市场结构，调整人员结构，调整资本结构，调整组织结构，谋求跨行业、跨国界发展。大集团战略，即重走多元化的道路；小核算体系，实行专业化分工；下属 32 个企业，均为独立法人，一个企业一个专业化分工，直接面向市场，独立核算，自负盈亏。紧紧围绕建立综合商社的发展定位，形成了集团多元化、产品系列化、资本股份化、市场国际化的经营格局。

第四阶段：全球资源整合与新兴能源战略（2000~2009 年）。进入 21 世纪，万向根据市场环境的变化，将国外的技术、市场、售后服务与国内的成本优势、制造能力和大规模投资相对接，优势互补，为我所用，创造出附加价值。从“国际营销”、“国际生产”发展到配置“全球资源”。以中国为制造基地，以美国建立国际市场网络，形成出口、配套、维修的全球产业布局。通过收购拿到的专利技术，提升万向中国的制造能力，从而提高产品质量，借助被收购公司原有的品牌和销售渠道，进入西方主流市场，并逐步推广“万向”品牌。同时，在 2009 年推行锂离子动力蓄电池大规模产业化，凸显新能源战略。

8.2 沃尔玛的供应链管理

沃尔玛百货有限公司（以下简称沃尔玛）由美国零售业的传奇人物山姆·沃尔顿先生于 1962 年在阿肯色州成立，总部位于美国阿肯色州的本顿维尔镇，控股人为沃尔顿家族。经过近 50 年的发展，沃尔玛已经成为美国最大的私人雇主和世界上最大的连锁零售企业。1991 年，沃尔玛年销售额突破 400 亿美元，成为全球大型零售企业之一。据 1994 年 5 月美国《财富》杂志公布的全美服务行业分类排行榜，沃尔玛 1993 年销售额高达 673.4 亿美元，比 1992 年增长 118 多亿美元，超过了 1992 年排名第一位的西尔斯（Sears），雄踞全美零售业榜首。1995 年沃尔玛销售额持续增长，并创造了零售业的一项世界纪录，实现年销售额 936 亿美元，在《财富》杂志 95 美国最大企业排行榜上名列第四。截至 2010 年底，沃尔玛在全球 15 个国家开设了超过 8000 家商场，下设 53 个品牌，员工总数 210 多万人，每周光临沃尔玛的顾客 2 亿人次，遍布美国、墨西哥、加拿大、波多黎各、巴西、阿根廷、南非、中国、印尼等处。2010 年，在后金融危机时代，沃尔玛由 2009 年的第三位重回世界 500 强首位。事实上，1996 年，沃尔玛在世界 500 强中排名第 12 位，进入 2000 年后一直位于前三甲。能够在复杂多变的经济环境中始终保持竞争优势，其竞争力的来源究竟是什么？研究表明，沃尔玛的成功是其供应链管理的成功，是顾客订单信息流、高效物流、薄利多销式的快速现金流的完美的“三流合一”，是基于其无与伦比的信息系统基础上的客户关系与供应关系的最佳供应链整合，更是以压倒性的竞争优势，为供应厂商及门店顾客创造了忠诚度很高的价值链。

事实上，沃尔玛已经跨越了企业内部管理和与外界沟通的传统管理范畴，形成了以自身作为供应链链主，链接生产厂商与消费者的全球供应链系统。沃尔玛的全球供应链系统正是以先进的信息技术为依托，构成了沃尔玛一整套先进的供应链管理系统。没有统一、集中、实时监控的供应链管理系统，沃尔玛的直接“控制生产”和高水准的“客户服务”就无从谈起。沃尔玛通过基于信息技术的供应链的高效运作，超越了自身商业零售企业的传统身份。沃尔玛的供应链管理主要由四个部分组成，即顾客需求管理、供应商和合作伙伴管理、企业内和企业间物流配送系统管理，以及基于互联网、内部网的供应链交互信息管理，沃尔玛实现了四大模块的无缝兼容、优势互补，进而形成低成本、高效率的资源管理模式，改写了零售商与制造商之间的供应链关系。

8.2.1 Walmart 的发展沿革

1950 年：山姆·沃尔顿开设了第一家特价商店。

1962 年：山姆·沃尔顿创建公司，在美国阿肯色州罗杰斯城开办第一家沃尔玛（Walmart）平价商店。

1969 年：10 月 31 日成立沃尔玛百货有限公司。

1970 年：在阿肯色州的本顿维尔镇成立了公司总部和第一家配送中心。

1972 年：沃尔玛公司在纽约上市股票，其价值在以后的 25 年内（到 1999 年）翻了 4900 倍。

1975 年：山姆·沃尔顿受韩国工人的启发，创造了著名的“沃尔玛欢呼”。

1979 年：沃尔玛总销售额首次突破十亿美元。

1983 年：在俄克拉何马州的中西部市开设了第一家山姆会员商店。

1984 年：山姆·沃尔顿实践了对员工的许诺，公司税前利润达到 8%，他在华尔街跳起了草裙舞，戴维·格拉斯出任公司总裁。

1985 年：美国著名财经杂志《福布斯》把沃尔顿列为全美首富。

1987 年：在德州加伦市开设了第一家综合性百货商店（Hyper Mart），并建立起美国最大的私人卫星通信系统之一，将下属分店与总部联结起来，至此，沃尔玛的卫星网络得以完成。

1988 年：3 月，戴维·格拉斯（David Glass）出任公司首席执行官，第一家沃尔玛平价购物广场（Super Center）在密苏里州的华盛顿开业。

1990 年：沃尔玛成为美国第一大零售商。

1991 年：沃尔玛商店在墨西哥城开业，沃尔玛开始进入海外市场。

1992 年：3 月 17 日，山姆·沃尔顿先生获得由美国总统乔治·布什颁发的自由勋章；4 月 5 日，山姆·沃尔顿先生辞世；4 月 7 日，塞缪尔·罗布森·沃尔顿出任公司董事会主席；沃尔玛进入波多黎各。

1993 年：沃尔玛国际部成立，波比·马丁出任国际部总裁兼首席执行官；在英、法、德等欧洲国家已拥有 330 家零售商店，其海外营业额已占总营业额的 27.6%，12 月首次单周销售额达到 10 亿美元。

1994 年：正式成立国际业务部，专门负责境外事务，在加拿大收购了 122 家 Woolco 商店。

1995 年：进入阿根廷和巴西。

1996 年：与深圳国际信托投资有限公司（简称深国投）合作成立了中国大陆第一家合资公司——深圳沃尔玛珠江百货有限公司。

1997 年：沃尔玛年销售额首次突破千亿美元，达到 1050 亿美元。成为美国第一大私人雇主；在美国拥有 68 万名员工，在美国本土以外有 115 万名员工；沃尔玛公司股票成为道琼斯工业平均指数股票。

1998 年：收购 21 家 Wertkauf，进入德国；首次引入社区店，在阿肯色开设了三家社区店；年度慈善捐款超过 1 亿美元，达 102 亿美元；通过成立合资公司，进入韩国。

1999 年：员工总数达到 114 万人，成为全球最大的私有雇主；成功收购 ASDA 集团公司（有 229 家店），进入英国。

2000 年：在《财富》杂志“全球最受尊敬的公司”中排名第五；李·斯科特（Lee Scott）出任沃尔玛公司总裁兼首席执行官。

2001 年：在《财富》杂志“全美最受尊敬的公司”中排名第三；单日销售创历史纪录，在感恩节次日达到 125 亿美元；沃尔玛全球采购办公室迁移到深圳。

2002 年：沃尔玛位列《财富》世界 500 强首位，总资产 1029 亿美元，约为世界首富比尔·盖茨个人资产（528 亿美元）的 2 倍；9 月在厦门大学启动沃尔玛新闻教育奖学金。深圳园林店开业时向园岭街道办事处捐赠价值 10 万元人民币的物品，建立“沃尔玛中老年活动中心”；长春山姆会员店开业时，向双阳区捐款 20 万元用于建设希望小学；这些公关活动为沃尔玛树立了良好的企业公民形象，在消费者心目中、政府部门中都留下了亲善友好的印象；10 月在上海成立采购分部，在武汉也传出将建设物流中心的消息；同时由于它宣称不收“进场费”，更是在供应商中赢得了良好的口碑和声誉。

2003 年：沃尔玛仍位列《财富》世界 500 强首位；销售总额高达 2560 亿美元，年利润额达到 90 亿美元，其销售总额超过了波兰的国内生产总值。

2004 年：沃尔玛仍位列《财富》世界 500 强首位，沃尔玛该年从中国进口产品总金额达 180 亿美元，接近沃尔玛在美国本土采购额的 1/7（沃尔玛 2004 年从美国供应商那里采购了 1370 亿美元的商品）。11 月，沃尔玛投资 100 万美元，与清华大学合作成立了中国零售研究中心。

2005 年：1 月 24 日，沃尔玛宣布与香港上市的中信泰富公司结成合资伙伴，于未来五年里开设几百家店铺；11 月 4 日对日本零售企业西友百货公司（Seiyu Ltd.）实施十亿美元援助计划，增持西友股份到 56.56%；原沃尔玛全球高级副总裁兼首席运营官的埃德·克罗兹基于 12 月 15 日接任西友公司 CEO。

2006 年：8 月 28 日，深圳配送中心由蛇口搬迁至龙岗区坪山镇，第一期使用面积比现原配送中心的面积增加 1 倍。

2008 年：10 月 22 日，沃尔玛全球可持续发展高峰会议在北京召开，会议邀请了超过 900 名的官员和供应商代表，探讨全球变暖条件下的节能减排、减少包装的环保新举措。

2010 年：11 月 19 日，沃尔玛中国旗下品牌山姆会员商店在中国推出网上购物服务。目前山姆网上购物还处于测试阶段，上线的版本也仅限于深圳站。

8.2.2 Walmart 的交互信息管理

20 世纪 70 年代，沃尔玛率先将卫星通讯系统运用于公司的发展，20 世纪 80 年代初，当其他零售商还在钻“信息化”这个问题的牛角尖时，沃尔玛便与休斯公司合作，花费 2400 万美元建造了一颗人造卫星，并于 1983 年发射升空和启用。21 世纪开始，沃尔玛又投资 90 亿美元开始实施“互联网统一标准平台”的建设。凭借先发优势、科技实力，沃尔玛的店铺冲出阿肯色州，遍及美国，走向世界。沃尔玛的成功，离不开管理信息系统的运用，沃尔玛不仅拥有自己的卫星和遍布全球的大型服务器，事实上，沃尔玛的每一台货物运输车辆上都配备有卫星移动计算机系统。借助于整套高科技信息网络，沃尔玛的各部门沟通、各业务流程都可以迅速而准确畅通地运行。沃尔玛的电脑系统仅次于美国军方系统，比微软总部的服务器还多。总部的高速电脑与全世界的沃尔玛商店连接。通过商店付款台激光扫描器售出的每一件货物，都会自动记入电脑。当某一货品库存减少到一定数量时，电脑就会发出信号，自动订货并提醒商店及时向总部要求进货。总部安排货源后送往离商店最近的一个发货中心，再由发货中心的电脑安排发送时间和路线。在商店发出订单后 24 小时内，所需货品就会出现在仓库的货架上。这种高效率的存货管理，使公司能迅速掌握销售情况和市场需求趋势，及时补充库存不足。这样可以减少存货风险、降低资金积压的额度，加速资金运转速度。正如沃尔顿所言：“我们从我们的电脑系统中所获得的力量，成为竞争时的一大优势。”

信息共享是实现供应链管理的基础。在不同的阶段，沃尔玛使用各种先进的信息系统：1969 年，最早使用计算机跟踪存货；1974 年，全面实现 S.K.U.单品级库存控制；1980 年，最早使用条形码；1984 年，最早使用 CM 品类管理软件；1985 年，最早采用 EDI；1988 年，最早使用无线扫描枪；1989 年，最早与宝洁公司（Procter & Gamble）等大供应商实现 VMIECR 产销合作。在信息技术的支持下，沃尔玛能够以最低的成本、最优质的服务、最快速的管理反应进行全球运作。可以说，所有的成功都是建立在沃尔玛利用信息技术基础之上的。信息技术在沃尔玛发展中所起的作用主要遵循一个原则：在供应商和沃尔玛之间的配送渠道方面，沃尔玛必须控制商品的变动情况。沃尔玛需要掌握从商品所在位置到货品抵达时间的所有信息，这样，沃尔玛的人员就可以确定时间并准确地把货品送到商店，保证它们的货品储存量达到最优，而这一点是至关重要的。"除非你在消费者需要的时候提供货品，否则你就没有东西可以卖出去。"在沃尔玛工作的一位销售经理如是说。

沃尔玛所有的系统都是基于一个叫作 UNIX 的配送系统，并采用传送带和非常大的开放式平台，还采用产品代码以及自动补货系统和激光识别系统，所有这些为沃尔玛节省了相当多的成本。沃尔玛一直崇尚采用最现代化、最先进的系统，进行合理的运输安排，通过电脑系统和配送中心，最终获得成功。

在信息技术的支持下，沃尔玛能够以最低的成本、最优质的服务、最快速的反应进行全球运作。1974 年，公司开始在其分销中心和各家商店运用计算机进行库存控制。1983 年，沃尔玛的整个连锁商店系统都使用条形码扫描系统。1984 年，沃尔玛开发了一套市场营销管理软件系统，这套系统可以使每家商店按照自身的市场环境和销售类型制定出相应的营销产品组合。1985~1987 年，沃尔玛安装了公司专用的卫星通信系统，该系统的应用使得总部、分销中心和各商店之间可以实现双向的声音和数据传输，全球 4000 家沃尔玛分店也都能够通过自己的终端与总部进行实时的联系。物流应用的信息技术如下：

（1）射频技术/RF（Radio Frequency），在日常的运作过程中可以跟条形码结合起来应用。

（2）便携式数据终端设备/PDF，传统的方式到货以后要打电话、发 E-mail 或者发报表，通过便携式数据终端设备可以直接查询货物情况。

（3）物流条形码/BC，利用物流条码技术，能及时有效地对企业物流信息进行采集跟踪。

（4）射频标识技术（RFID），是一种非接触式的自动识别技术，它通过射频信号自动识别目标对象并获取相关数据，识别工作无须人工干预，可在各种恶劣环境中工作。RFID 由于能够实时监控仓库的库存量，并且使经理们可以随时得到自己想要的信息，因此，能够保证不会发生库存过多的现象。同时，更为重要的是，RFID 还能够随时监控货物的数量以及货物在仓库中的具体位置。

通过采用最新的信息技术，员工可以更有效地做好工作，更好地做出决策以提高生产率和降低成本。而沃尔玛管理信息系统中最重要的一环就是它的配送管理。20 世纪 90 年代，沃尔玛提出了新的零售业配送理论：集中管理的配送中心向各商店提供货源，而不是直接将货品运送到商店。其独特的配送体系大大降低了成本，加速了存货周转，形成了沃尔玛的核心竞争力。沃尔玛的配送系统由三部分组成：①高效的配送中心；②迅速的运输系统；③先进的卫星通信网络。这样，就节约了人力和物力资源，使配送更加迅捷，提高了效率，降低了成本，让沃尔玛的商品比其竞争对手更便宜，更具竞争力。

8.2.3　Walmart 的顾客需求管理

沃尔玛经营秘诀在于不断了解顾客的需要，设身处地地为顾客着想，最大限度地为顾客提供方便。山姆·沃尔顿认为顾客才是真正的老板："所有同事都是在为购买我们商品的顾客工作。事实上，顾客能够解雇我们公司的每一个人。他们只需到其他地方去花钱，就可做到这一点。衡量我们成功与否重要标准就是看我们让顾客——'我们的老板'满意的程度。让我们都来支持盛情服务的方式，每天都让我们的顾客百分之百地满意而归。努力做到超出顾客的期望。这样，他们才会不断光顾。向顾客提供他们需要的东西——并且再多一点服务。让顾客知道你很在乎他。"由此可见，沃尔玛对服务质量的要求是多么的高。有一次，一位顾客到沃尔玛店寻找一种特殊的油漆，而店中正好缺货，于是油漆部门的经理便亲自带这位顾客到对面的油漆店购买。该顾客和油漆行的老板都感激不已。沃尔顿常对员工说，"让我们以友善、热情对待顾客，就像在家里招待客人一样，让他们感觉到我们无时无刻不在关心他们的需要。"沃尔玛把超一流的服务看成是自己至高无上的职责。在很多沃尔玛店内都悬挂着这样的标语：①顾客永远是对的；②顾客如有错误，请参看第一条。这是沃尔玛顾客至上原则的一个生动写照。有一些员工感慨地说："是沃尔玛第一次让我们认识到顾客永远是对的。"

顾客是否能在店中一次购齐所有需要货品，是否可以得到及时的新产品销售信息，是否享有送货上门、免费停车等附加服务，是否可以在任何有空闲的时间入店购物等，这些问题也是评价一间商店好坏的重要标志。

在沃尔玛，消费者可以体验“一站式”购物（One-Stop Shopping）的新概念。在商品结构上，它力求富有变化和特色，以满足顾客的各种喜好。其经营项目繁多，包括食品、玩具、新款服装、化妆用品、家用电器、日用百货、肉类果菜等。另外，沃尔玛为方便顾客还设置了多项特殊的服务类型——免费停车，例如，深圳的山姆店营业面积12000多平方米，有近400个免费停车位，而另一家营业面积达17800多平方米的沃尔玛购物广场也设有约150个停车位。沃尔玛将糕点房搬进了商场，更设有“山姆休闲廊”，所有的风味美食、新鲜糕点都给顾客在购物劳顿之余以休闲的享受。店内聘有专业人士为顾客免费咨询电脑、照相机、录像机及其相关用品的有关情况，有助于减少盲目购买带来的风险。店内设有阑克施乐文件处理商务中心，可为顾客提供包括彩色文件制作、复印，工程图纸放大缩小，高速文印在内的多项服务。一次购物满2000元或以上，沃尔玛皆可提供送货服务，在指定范围内每次49元（因为商品价格中不含送货成本）。另外，深圳山姆店办理一切移动电脑售机业务，移动局销售的所有机型，价格均比其他代办网点便宜100元；它还代理销售润讯的通讯产品，代收各类机型的台费，各种中文机、数字机均比市面其他润讯网点便宜50元。

在店址选择上，沃尔玛也以方便顾客购物为首要考虑因素。在美国，它的触角伸向西尔斯、凯马特所不屑一顾的偏远小乡镇。从明尼苏达到密西西比，从南加州到俄克拉荷马州，沃尔玛无所不在。只要哪座乡镇缺乏廉价商店，沃尔玛就在哪里开业。

沃尔玛为了向顾客提供更多的实惠，而尽量缩减广告费用，为此，它在促销创意上颇费心思，力争以最少的投入获取最佳的效果。凡是沃尔玛促销的商品总是能被一抢而空。在促销方式中，沃尔玛特别重视发挥活动行销（Event Marketing）的作用。例如，在纳布拉斯加州费尔佰利的分店成立了一支“精确购物花车训练队”，并组织参加了当地举行的花车游行活动。所有的队员都穿着沃尔玛的制服，推着花车变换队形，在游行队伍中显得格外引人注目。为了给社区乏味枯燥的生活增添些情趣，制造欢乐气氛，沃尔玛会经常性开展一系列户外大拍卖、乐队和马戏团表演，以吸引顾客前来购物。每年10月的第二个星期六，沃尔玛都会在奥尼安塔分店的停车场举行“吃圆月饼”的竞赛活动。这一活动吸引了许多来自其他州的顾客前来参加、观看。新闻媒体的采访报道更是提高了该项竞赛以及沃尔玛的知名度。

市场需求不断变化、顾客对品牌的关注度与忠诚度不断下降、潜在进入者与竞争对手不断蚕食市场，面对如此多的不确定性，如果企业不能够根据形势的变化，快速地制定出相应的策略，那么，即使资金再雄厚，也无法在明日的市场中生存下去。在最短的时间内，以最低的成本为客户提供最高价值的产品，这就是基于时间变量的竞争优势所产生的最深刻的内涵。企业能否构建这种竞争优势，直接决定着企业竞争能力的高低与竞争结果的成败。企业要构建出这种竞争优势，必须打造成功的快速供应链。沃尔玛快速供应链管理的核心在于通过集成和整合供应链的各个环节，达到加快供应链响应速度的目的。它需要三个要素的配合：信息收集、制订计划和保证执行，即要实时采集供应链中各个环节的数据，运用收集的数据产生各种相关的计划，最后依靠公司的执行能力保证计划的实施。因此，有效顾客反应系统 ECR（Efficient Customer Response）应运而生。ECR 是零售业市场导向的供应链策略。商品供应商/制造商、物流配送商、销售商、门店之间紧密配合，由客户引导补货，使高品质的商品和正确的信息经过无纸化的 EDI，把生产商的生产线和零售商的结账台连接起来。在所有供应链的节点上，顾客反应系统的信息流都是双向的，使信息和货物的交换更快捷、更有效、更可靠，不只增加了个别企业的效率，更增加了整条供应链的效率，在降低物流总成本的同时，使客户有更多机会选择高质量、新鲜货物，大大提高了客户的满意度和忠诚度。

8.2.4　Walmart 的物流管理

8.2.4.1　无缝点对点的物流系统

物流的含义不仅包括了物资流动和存储，还包含了上下游企业的配合程度。沃尔玛之所以能够取得成功，很大程度上是因为沃尔玛采取了“无缝点对点”的物流系统。“无缝”指的是，使整个供应链达到一种非常顺畅的连接。沃尔玛所说的供应链是指产品从工厂到商店的货架，这个过程应尽可能平滑，就像一件外衣一样是没有缝的。在供应链中，每一个供应者都是这个链当中的一个环节，沃尔玛使整个供应链成为一个非常平稳、光滑、顺畅的过程。这样，沃尔玛的运输、配送以及对于订单与购买的处理等所有过程，都是一个完整网络当中的一部分，这大大降低了物流成本。在衔接上游客户上，沃尔玛有一个非常好的系统，可以使供货商们直接进入沃尔玛的系统，沃尔玛称之为“零售链接”。通过零售链接，供货商们可以随时了解销售情况，对将来货物的需求量进行预测，以决定生产情况，这样他们的产品成本也可以降低，从而使整个流程成为一个“无缝”的过程。

沃尔玛真正的挑战是能够提供顾客所需要的服务。大家都知道，物流业务的要求比较复杂，例如，有的时候可能会有一些产品出现破损，因此，在包装方面就需要一些对产品的特别运销能力。因此，对沃尔玛来说，能够提供的产品种类与质量是非常重要的，在与沃尔玛的合作当中，沃尔玛似乎已经能够寻求到这种高质量与多品种的结合，而且对于商场来说，它的成本也是最低的。

沃尔玛进行物流业务的指导原则，不管是在美国还是世界上其他地方，都是百分之百一致和完整的物流体系。不管物流的项目是大项目还是小项目，沃尔玛必须把所有的物流过程集中到一个伞形结构之下。在供应链中，每一个供应者都是供应链中的一个环节，沃尔玛必须使整个供应链成为一个非常平稳、光滑、顺畅的过程。这样，沃尔玛的运输、配送以及对于订单与购买的处理等所有的过程，都是一个完整网络中的一部分。这样的优势可以大大降低成本。能够做到这一点，就可以把沃尔玛供应链上所有环节中可以节省的钱都节省下来。沃尔玛的物流部门全天候进行运作，而且是每天 24 小时，每周 7 天的运作。沃尔玛的产品卖得非常多，物流的支持是非常必要的，要确保这些产品是在不断地流向沃尔玛的商店，而没有任何停止的过程。沃尔玛采用一些包括零售技术在内的最尖端的技术，采用更加先进的、现代化的信息技术，这样，可以有效地提高效率，节省成本。

物流的循环没有结束，也没有开始，它实际上是循环的过程，在这个循环过程当中，任何一点都可以作为开始，且循环涉及每一点。沃尔玛就从顾客这一点开始谈，顾客到一个商店之中买了一些产品，例如，给孩子买尿布，那么在他买了之后，与配送中心联系在一起的系统就开始自动进行及时的补货，配送中心可以从供货商那里直接拿货。配送中心实际上是一个中枢，将供货方的产品提供给商场。供货商可以只把货物提供给配送中心，减少很多成本。

沃尔玛有的时候采用空运，有的时候采用轮船运输，还有时候采用卡车进行公路运输。在中国，沃尔玛只采用公路运输，就是用卡车把产品运到商场，然后卸货，之后自动放到商店的系统当中。在沃尔玛的物流当中，非常重要的一点是，沃尔玛必须要确保商店所得到的产品是与发货单完全一致的产品，因此，沃尔玛的整个过程都要确保是精确的，没有任何错误。这样，商店把整个卡车上的货品卸下来就可以了，而不用把每个产品检查一遍。因为他们相信，送过来的产品是没有任何失误的，这样就可以节省很多的时间。沃尔玛在这方面已经形成了一种非常精确的传统，有助于降低成本，而这些商店在接受货物以后就直接放到货架上，来卖给消费者，这就是沃尔玛物流的整个循环过程。

8.2.4.2 沃尔玛的物流配送中心

沃尔玛在整个物流过程当中，成本最高的就是运输部分，所以，在设置新卖场时，尽量以其现有配送中心为出发点，卖场一般都设在配送中心周围，以缩短送货时间，降低送货成本。沃尔玛在物流方面的投资，非常集中地用于物流配送中心建设。由于沃尔玛在美国有数以千计的商场，因此，产品的需求量是非常大的。沃尔玛每一个配送中心都是非常大的，平均面积约有 11 万平方米。在这些配送中心每个月配送的产品价值超过两亿美元。沃尔玛降低配送成本的一个方法就是把这种配送成本和供应商伙伴们一起分担，供货商可以送货到沃尔玛的配送中心，也可以送到 100 家商店当中。这两者进行比较，如果供货商们采用这种集中式的配送方式，就可以节省很多钱，而供货商就可以把他省下来的这部分利润让利于消费者。而且，这些供货商们也可以为沃尔玛分担一些建立配送中心的费用。所有这些做法的最终目的都是向消费者让利。通过这样的方法，沃尔玛从整个供应链中，将这笔配送中心的成本费用节省下来。

沃尔玛的集中配送中心是相当大的，而且都在一层。之所以都在一层，而不是好几层，是因为沃尔玛希望产品能够流动。沃尔玛希望产品能够从一个门进从另一个门出。如果有电梯或其他物体，就会阻碍流动过程。因此，沃尔玛的所有配送中心都是非常巨大的、一层的配送中心。沃尔玛使用一些传送带，使这些产品能够非常有效地进行流动，对它的处理不需要重复进行，都是一次。例如，在某货品卸下来以后，沃尔玛要对这些产品进行一些处理。如果处理好几次，这个成本就会提高，如果沃尔玛采用这种传送带，运用无缝的形式，就可以尽可能减少成本。物流配送中心一般设立在 100 多家零售店的中央位置，也就是配送中心设立在销售主市场。这使得一个配送中心可以满足 100 多个附近周边城市的销售网点的需求；另外，运输的半径既比较短又比较均匀，基本上是以 320 公里为一个商圈建立一个配送中心。沃尔玛每星期可以处理的产品是 120 万箱。由于沃尔玛公司的商店众多，每个商店的需求各不相同，这个商店也许需要这样，那个商店可能又需要那样。沃尔玛的配送中心能够根据商店的需要，把产品自动分类放入不同的箱子当中。这样，员工在传送带上就可以取到自己所负责的商店所需商品。那么，在传送的时候，他们怎么知道应该取哪个箱子呢?传送带上有一些信号灯，有红的、绿的，还有黄的，员工可以根据信号灯的提示来确定商品应被送往的商店，依此来拿取这些商品，并将取到的这些商品放到一个箱子当中。这样，所有这些商场都可以在各自所属的箱子当中放入不同的货品。

沃尔玛各分店的订单信息通过公司的高速通讯网络传递到配送中心，配送中心整合后正式向供应商订货。供应商可以把商品直接送到订货的商店，也可以送到配送中心。有人这样形容沃尔玛的配送中心：这些巨型建筑的平均面积超过 11 万平方米，相当于 24 个足球场那么大；里面装着人们所能想像的各种各样的商品，从牙膏到电视机，从卫生巾到玩具，应有尽有，商品种类超过 8 万种。沃尔玛在美国拥有超过 62 个配送中心，服务着 4000 多家商场。这些中心按照各地的贸易区域精心部署，通常情况下，从任何一个中心出发，汽车可在一天内到达它所服务的商店。

在配送中心，计算机掌管着一切。供应商将商品送到配送中心后，先经过核对采购计划、商品检验等程序，分别送到货架的不同位置存放。当商品储存进去的时候，计算机都会把他们的方位和数量一一记录下来；一旦商店提出要货计划，计算机就会查找出这些货物的存放位置，并打印出印有商店代号的标签，这些标签是要贴到商品上的。整包装的商品将被直接送上传送带，零散的商品由工作人员取出后，也会被送上传送带。商品在长达几公里的传送带上进进出出，通过激光辨别上面的条形码，把它们送到该去的地方，传送带一天输出的货物可达 20 万箱。对于零散的商品，员工可以根据信号灯的提示来确定商品应该被送往的商店，并将取到的商品放到一个箱子当中，以避免浪费空间。

配送中心的一端是装货平台，可供 130 辆卡车同时装货，另一端是卸货平台，可同时停放 135 辆卡车。配送中心 24 小时不停地运转，平均每天接待装卸货物的卡车超过 200 辆。沃尔玛用一种尽可能大的卡车运送货物，大约有 16 米加长的货柜，比集装箱运输卡车还要更长或者更高。在美国的公路上经常可以看到这样的车队，沃尔玛的卡车都是自己的，司机也是沃尔玛的员工，他们在美国的州际的高速公路上运行，而且车中的每立方米都被填得满满的，这样非常有助于节约成本。公司 6000 多辆运输卡车全部安装了卫星定位系统，每辆车在什么位置、装载什么货物、目的地是什么地方，总部都一目了然。因此，在任何时候，调度中心都可以知道这些车辆在什么地方，离商店还有多远，他们也可以了解到某个商品运输到了什么地方，还有多长时间才能运到商店。对此，沃尔玛精确到小时。如果员工知道车队由于天气、修路等某种原因耽误了到达时间，装卸工人就可以不用再等待，而可以安排别的工作。

灵活高效的物流配送使得沃尔玛在竞争激烈的零售业中技高一筹。沃尔玛可以保证，商品从配送中心运到任何一家商店的时间不超过 48 小时，沃尔玛的分店货架平均一周可以补货两次，而其他同业商店平均两周才能补一次货；通过维持尽量少的存货，沃尔玛既节省了存储空间又降低了库存成本。

8.2.5 沃尔玛的供应商和合作伙伴管理

沃尔玛凭借其供应链主导地位，把竞争从流通领域有效地传到生产领域，推动整个经济的生产效率提高和产业结构优化。生产竞争和产业结构调整的最终动力在于消费者需要和消费者选择，但如果没有零售商的有效传递，几乎所有的终端消费信息都无法在生产领域得到充分反映。沃尔玛强大的经济实力和谈判能力、“天天低价”的销售政策以及“为消费者向生产者要钱”的采购标准，给生产者（供货商）造成了巨大的成本压力，有利于制造商改善经营、降低成本、提高效率。许多最初抵制沃尔玛的生产者最终都与沃尔玛签订了供货合同或“产销联盟”，因为它们有一个很大的市场份额要靠沃尔玛去实现，如山姆·沃尔顿 20 世纪 80 年代末与宝洁公司谈判时说：“如果我不卖你的产品，你将失去所有市场份额的 25%。”再者，供货商通过沃尔玛的卫星信息系统可以即时、准确、全面地了解本公司的产品在各家沃尔玛商店的销售和库存情况，制订更富有针对性的生产计划，从而降低成本、提高效率，这是它们低价供货的一个交换条件（E. Tibi and A. Du Brusle, 1998）。沃尔玛正是凭借其在规模和技术上的重磅谈判砝码，夺取了供应链上的主导地位，把销售终端的竞争有效地传递到生产领域，促进生产者之间的供货竞争、成本竞争，让优胜劣汰的市场机制在生产领域也能充分发挥作用，推动产业结构的优化和调整，从而推动整个经济生产率的提高。

与供应商合作，不仅仅是压价这么简单，还需要跟供应商探讨其供货能力，供货的及时性有时比价格更关键。对供应商绩效的考核，除了价格、质量、配合度之外，交付能力成了近年来排在第一位的考量因素。即便价格再优惠、质量再稳定、配合再默契，若不能及时交货，供应链就会断裂，无法继续顺利地开展业务。及时交货的结果，不仅保证了采购方的利益，还促进了供应商的现金流，更满足了消费者的及时需求，最终使得整条供应链顺畅运行。及时交货不仅是采购方与供应商之间的“双赢”，更是供应链上所有节点企业的多边共赢。

沃尔玛对供应商的要求很高。沃尔玛在与供应商合作的过程中，会再三强调自己的原则。

第一，沃尔玛规定，采购人员不得接受供应商任何形式的宴请或来自供应商代表的任何礼物，以免任何可能损害沃尔玛公司利益和公司形象的事情发生。在沃尔玛国内采购办公室的墙上，醒目地张贴着“严禁向采购人员行贿”、“严禁采购人员向供应商索贿”的警示牌。

第二，沃尔玛对供应商进行了非常严格的资质认证。从供应商的生产规模、资金实力、技术条件、产品质量、资信状况、付款要求、供货及时性等方面进行全方位考察，以此确定供应商选择的目标范围。然后再逐家进行深入的实地调研，最终确定合格供应商和备选供应商。沃尔玛深知采购的最大错误是选错了供应商。在供应商把商品送到沃尔玛物流配送中心后，沃尔玛的检验部门还要运用多种技术手段，对商品质量进行严格检验，防止假冒伪劣商品进入门店，影响沃尔玛声誉。连续三次不能满足沃尔玛订单需求的供应商，将被沃尔玛取消合作关系。

第三，沃尔玛对供应商管理实行战略合作伙伴式的运行模式，即把供应商的生产成本、技术研发、管理费用纳入沃尔玛公司的管理体系中来。

参考文献

[1] 丹尼斯·舍伍德. 系统思考 [M]. 北京：机械工业出版社，2005.

[2] 谷明玉，王英，葛中全. 浅谈实物期权 [J]. 价值工程，2003（5）.

[3] 黄卫伟，黄志伟. 基于价值权力的战略管理方法和模型[J]. 中国工业经济，2007（6）.

[4] 李斌等. 金融发展、融资约束与企业成长 [J]. 南开经济研究，2006（3）.

[5] 黎继子等. 基于系统动力学仿真的集群供应链跨链库存管理 [J]. 系统工程，2007（7）.

[6] 李政. 企业成长的机理分析 [M]. 北京：经济科学出版社，2005.

[7] 刘希龙等. 基于系统动力学仿真的供应网络组织结构 [J]. 系统工程，2006（6）.

[8] 马莎·阿姆拉姆，纳林·库拉蒂拉卡.实物期权——不确定环境下战略投资管理 [M]. 张维等，译. 北京：机械工业出版社 ，2001.

[9] 马士华等. 供应链管理 [M]. 北京：机械工业出版社，2000.

[10] 尼古莱·J. 福斯，克里斯蒂安·克努森. 企业万能：面向企业能力理论 [M]. 北京：工人出版社，1998.

[11] 许国志等. 系统科学与工程研究 [M]. 上海：上海科技教育出版社，2000.

[12] 杨杜. 企业成长论 [M]. 北京：中国人民大学出版社，1996.

[13] 杨瑾等. 基于 SD 的集群供应链系统集成效应研究 [J]. 科技与管理，2006（2）.

[14] 贺小刚等. 企业家能力与企业成长：基于中国经验的实证研究 [J]. 经济研究，2005（10）.

[15] 王峥等. 产业集群与企业成长 [J]. 中山大学学报，2004（6）.

[16] 邬爱其等. 企业成长机制理论研究综述 [J] . 科研管理，2007（3）.

[17] Abrahams Tony and K. Sidhu. The Role of R&D Capitalizations in Firm

Valuation and Performance Measurement [J]. Australian Journal of Management, 1998 (23).

[18] A. Del Monte, E. Papagni. R&D and the Growth of Firms: Empirical Analysis of a Panel of Italian Firms [J]. Research Policy, 2003 (32).

[19] Aviv Y. The Effect of Collaborative Forecasting on Supply Chain Performance [J]. Management Science, 2001 (10).

[20] Barney J. B. Organizational Culture: Can it be a Source of Sustained Competitive Advantage? [J]. Academy of Management Review, 1986 (3).

[21] Barney J. Firm Resources and Sustained Competitive Advantage, Journal of Management, 1991 (1).

[22] Barney J.B., Mike Wright. The Resource-based View of the Firm: Ten Years After 1991 [J]. Journal of Management, 2001 (27).

[23] Bass B. M., Avolio B. J., Jung D. I. and Berson Y. Predicting Unit Performance by Assessing Transformational and Transactional Leadership [J]. Journal of Applied Psychology, 2003 (2).

[24] Beamon B.M. Supply Chain Design and Analysis: Models and Methods [J]. International Journal of Production Economics, 1998 (3).

[25] Beamon B.M., Measuring Supply Chain Performance [J]. International Journal of Operations & Production Management, 1999 (3-4).

[26] Bowman E. H. and Hurry, D. Strategy through the Option Lens: An Integrated View of Resource Investments and the Incremental-choice Process [J]. Academy of Management Review, 1993 (18).

[27] Bruce Kogut, Nalin Kulatilaka. Capabilities as Real Options [J]. Organization Science, 2001 (6).

[28] Bruce Dehning, Vernon J. Richardson and Robert W. The Financial Performance Effects of IT-based Supply Chain Management Systems in Manufacturing Firms [J]. Journal of Operations Management, 2007 (25).

[29] Bruce Kogut, Nalin Kulatilaka. Options Thinking and Platform Investment: Investing in Opportunity [J]. Calfornia Management Review, 1994 (2).

[30] Byrd T.A., Davidson N.W. Examining Possible Antecedents of IT impact on the Supply Chain and its Effect on Firm Performance [J]. Management Science, 2003 (3).

[31] Cachon G.P. and Fisher M. Supply Chain Inventory Management and the Value of Shared Information [J]. Management Science, 2000 (8).

[32] Cachon G.P. and Lariviere M.A. Capacity Choice and Allocation: Strategic Behavior and Supply Chain Performance [J]. Management Science, 1999 (8).

[33] Cachon G.P. and Lariviere M.A. Contracting to Assure Supply: How to Share Demand Forecasts in a Supply Chain [J]. Management Science, 2001 (5).

[34] Cachon G.P. and Zipkin, P.H. Competitive and Cooperative Inventory Policies in a Two-stage Supply Chain [J]. Management Science, 1999 (7).

[35] Chen F., Drezner Z., Ryan J.K. and Simchi-Levi D. Quantifying the Bullwhip Effect in a Simple Supply Chain: The Impact of Forecasting, Lead Times, and Information [J]. Management Science, 2000 (3).

[36] Chen I.J. and Paulraj A. Towards a Theory of Supply Chain Management: the Constructs and Measurements [J]. Journal of Operations Management, 2004 (22).

[37] Churchill N.C. Lews. The Five Stages of Small Business Growth [J]. Harvard Business Review, 1983 (1).

[38] Cooper R. and Burrell G. Modernism, Postmodernism and Organizational Analysis: An Introduction [J]. Organizational Studies, 1998 (9).

[39] Courtney H., Kirkland J. and Viguerie P. Strategy Under Uncertainty [J]. Harvard Business Review, 1997 (6).

[40] Danny C. K., K. F. AU and Edward Newton. Empirical Research on Supply Chain Management: a Critical Review and Recommendations [J]. International Journal of Production Research, 2002 (17).

[41] Davenport T.H. Putting the Enterprise into the Enterprise System [J]. Harvard Business Review, 1998 (4).

[42] David J., Teece G. Pisano and Amy Shuen. Dynamic Capabilities and Strategic Management [J]. Strategic Management Journal, 1997 (18).

[43] Davis T. R. and Luthans, F. Leadership Reexamined: A Behavioral Approach [J]. Academy of Management Review, 1979 (2).

[44] Dierichx I. and K. Cool. Asset Stock Accumulation and Sustainability of Competitive Advantage [J]. Management Science, 1989 (12).

[45] Disney S. M., Towill D. R. A Discrete Linear Control Theory Model to Determine the Dynamic Stability of Vendor Managed Inventory Supply Chains [J]. International

Journal of Production Research, 2002 (1).

[46] Disney S. M., Lambrecht M.R., Towill D.R. Measuring and Avoiding the Bullwhip Effect: A Control Theoretic Approach [J]. European Journal of Operational Research, 2003 (147).

[47] Dyer J.H., Cho D.S. and Chu W.J. Strategic Supplier Segmentation: The Next "best practice" in Supply Chain Management [J]. California Management Review, 1998 (2).

[48] Edgar P., Grossmann I., Ydstie E. and Tahmassebi T. Dynamic Modeling and Classical Control Theory for Supply Chain Management [J]. Computers and Chemical Engineering, 2000 (24).

[49] E. K. Laitinen. A Constant Growth Model of the Firm: Empirical Analysis of the Balanced Scorecard [J]. Review of Accounting and Finance, 2006 (2).

[50] Fisher M.L. What is the Right Supply Chain for Your Product? [J]. Harvard Business Review, 1997 (2).

[51] Forrester J.W. Industrial Dynamics [M]. Cambridge, Mass: The MIT Press, 1961.

[52] Fox M.S. Teigen R. Agent-oriented Supply-chain Management [J]. International Journal of Flexible Manufacturing Systems, 2000 (2-3).

[53] Frohlich M.T. and Westbrook R. Arcs of Integration: an International Study of Supply Chain Strategies [J]. Journal of Operations Management, 2001 (2).

[54] Giannakis M. and Croom S. Toward the Development of a Supply Chain Management Paradigm: a Conceptual Framework [J]. The Journal of Supply Chain Management, 2004 (2).

[55] Govindarajan V., Fisher J. Strategy, Control Systems, and Resource Sharing: Effects on Business-unit Performance [J]. Academic Management, 1990 (6).

[56] Grant R.M. The Resources-based Theory of Competitive Advantage: Implications for Strategy Formulation [J]. California Management Review, 1991 (3).

[57] Greiner L. Evolution and revolution as Organizations Grow [J]. Havard Business Review, 1972 (50).

[58] Guide V. D. R. Supply-chain Management for Recoverable Manufacturing Systems [J]. Interfaces, 2000 (3).

[59] Gunasekaran A., Patel C. and McGaughey R.E. A Framework for Supply Chain

Performance Measurement [J]. International Journal of Production Economics, 2004 (3).

[60] Gunasekaran A., Patel C. and Tirtiroglu E. Performance Measures and Metrics in a Supply Chain environment [J]. International Journal of Operations & Production Management, 2001 (1-2).

[61] Ho D. C. K., Au K. F. and Newton E. Empirical Research on Supply Chain Management: a Critical Review and Recommendations [J]. International Journal of Production Research, 2002 (17).

[62] Houlihan J.B. International Supply Chain Management [J]. International Journal of Physical Distribution & Materials Management, 1985 (15).

[63] Hult G. T. M., Ketchen Jr. D. J. and Slater S. F. Information Processing, Knowledge Development, and Strategic Supply Chain Performance [J]. Academy of Management Journal, 2004 (2).

[64] Jensen M. C. and W. H. Meckling. Theory of the Firm: Managerial Behavior, Agency Costs and Ownership Structure [J]. Journal of Financial Economics, 1976 (4).

[65] Joseph Sarkis. A Strategic Decision Framework for Green Supply Chain Management [J]. Journal of Cleaner Production, 2003.

[66] Kauffman, R.G. Supply Management: What's in a Name? Or, Do we Know Who We are? [J]. Journal of Supply Chain Management, 2002 (Fall).

[67] Kester W. C. Growth Options and Investment: A Dynamic Perspective on the Firm's Allocation of Resources [D]. Unpublished doctoral dissertation, Harvard University, Cambridge, MA: 1981.

[68] Ketchen Jr. D. J. and Guinipero L. C. The Intersection of Strategic Management and Supply Chain Management [J]. Industrial Marketing Management, 2004 (1).

[69] Kevin B. Hendricks, Vinod R. Singhal and Jeff K. Stratman. The Impact of Enterprise Systems on Corporate Performance: A Study of ERP, SCM, and CRM System Implementations [J]. Journal of Operations Management, 2007 (1).

[70] Kogut B. and Zander U. Knowledge of the Firm, Combinative Capabilities, and the Replication of Technology [J]. Organizational Science, 1992 (3).

[71] Lambert D. M. and Cooper, M.C. Issues in Supply Chain Management [J]. Industrial Marketing Management, 2000 (1).

[72] Lamming R. Squaring Lean Supply With Supply Chain Management [J]. International Journal of Operations & Production Management, 1996 (2).

[73] Larson P. and Halldorsson A. What is SCM? And, Where Is it? [J]. The Journal of Supply Chain Management, 2002 (Fall).

[74] Lee H.L., Padmanabhan V. and Whang S. J. Information Distortion in a Supply Cain: The Bllwhip Efect [J]. Management Science, 1997 (4).

[75] Lee H.L., So K.C. and Tang C.S. The Value of Information Sharing in a Two-level Supply Chain [J]. Management Science, 2000 (5).

[76] Lockett A., Thompson S. Edith Penrose's Contributions to the Resource-based View: An Alternative Perspective [J]. Journal of Management Studies, 2004 (1).

[77] Louis W. Fry, Deborah A. Smith. Congruence, Contingency and Theory Building [J]. The Academy of Management Review, 1987 (1).

[78] Lummus R. R., Krumwlede D.W. and Vokurka R.J. The Relationship of Logistics to Supply Chain Management: Developing a Common Industry Definition [J]. Industrial Management & Data Systems, 2001 (8).

[79] McGrath R. and MacMillan, I. Assessing Technology Projects Using Real Option Reasoning [J]. Research Technology Management, 2000 (7-8).

[80] McGrath R. G. and MacMillan I. C. The Entrepreneurial Mindset: Strategies for Continuously Creating Opportunity in an Age of Uncertainty [M]. Boston: Harvard Business School Press, 2000.

[81] Mentzer J. T., DeWitt W., Iacharia Z. G. Defining Supply Chain Management[J]. Journal of Business Logistics, 2001 (22).

[82] Min H. and Zhou G. G. Supply Chain Modeling: Past, Present and Future, Computers & Industrial Engineering, 2002 (1-2).

[83] Myers S. C. and Turnbull, S. M. Capital Budgeting and the Capital Asset Pricing Model: Good News and Bad News [J]. Journal of Finance, 1977 (32).

[84] Naylor J. B., Naim M. M., and Berry, D. Leagility: Integrating the Lean and Agile Manufacturing Paradigms in the Total Supply Chain [J]. International Journal of Production Economics, 1999 (1-2).

[85] New S. J. The Scope of Supply Chain Management Research [J]. Supply Chain Management, 1997 (2).

[86] Penrose E. The Theory of the Growth of the Firm (Third Edition). NewYork:

Oxford University Press, 1995.

[87] Peter J. Buckley and Mark Casson. Edith Penrose's Theory of the Growth of the Firm and the Strategic Management of Multinational Enterprises [J]. Management International Review, 2007 (2).

[88] R. Lensink, P. Steen, E. Sterken. Uncertainty and Growth of the Firm [J]. Small Business Economics, 2005 (4).

[89] Robert M. Grant. The Resource-Based Theory of competitive Advantage: Implication for Strategy Formulation [J]. California Management Review, 1991 (3).

[90] Robert S., Kaplan and P. Norton. the Balanced Scorecard-Measures that Drive Performance [J]. Harvard Business Review, 1992 (1-2).

[91] Ron Adner, Daniel A. Levinthal. What Is Not a Real Option: Considering Boundaries for the Application of Real Options to Business Strategy [J]. Academy of Management Review, 2004 (29).

[92] Ron Adner, Daniel A. Levinthal. Real Options and Real Tradeoffs [J]. Academy of Management Review, 2004 (1).

[93] Sanchez R., Heene A. and Thomas H. Dynamics of Competence-based Competition: Theory and Practice in the New Strategic Management [J]. European Management Journal, 1998 (2).

[94] Scott C. and Westbrook R. New Strategic Tools for Supply Chain Management [J]. International Journal of Physical Distribution & Logistics Management, 1991 (21).

[95] S. Geary, S. M. Disney, D. R. Towill. On Bullwhip in Supply Chains: Historical Review, Present Practice and Expected Future Impact [J]. International Journal of Production Economics, 2006 (1): 2-18.

[96] S. H. Li, B. Ragu-Nathan, T. S. Ragu-Nathan and S. S. Rao. The Impact of Supply Chain Management Practices on Competitive Advantage and Organizational Performance [J]. Omega-International Journal of Management Science, 2006 (2).

[97] Simon Croom, Pietro Romano and Mihalis Giannakis. Supply Chain Management: an Analytical Framework for Critical Literature Review [J]. European Journal of Purchasing & Supply Management, 2000 (1).

[98] Sterman J. D. Modeling Managerial Behavior: Misperceptions of Feedback in a Dynamic Decision Making Experiment [J]. Management Science, 1989 (3).

[99] Swaminathan J. M., Smith. S. F., and Sadeh N.M. Modeling Supply Chain

Dynamics: A multiagent Approach [J]. Decision Sciences, 1998 (3).

[100] Teece D. J, Pisano G., Shuen A. Dynamic Capabilities and Strategic Management [J]. Strategic Management Journal, 1997 (7).

[101] Towill D. R. The Seamless Supply Chain -The Predator's Strategic Advantage [J]. International Journal of Technology Management, 1997 (1).

[102] Trigeorgis L. Making Use of Real Options Simple: An Overview and Applications in Flexible/Modular Decision Making [J]. The Engineering Economist, 2005 (1).

[103] Vickery S. K., Jayaram J., Droge C., Calantone R. The Effects of An Integrative Supply Chain Strategy on Customer Service and Financial Performance: an Analysis of Direct versus Indirect Relationships [J]. Journal of Operations Management, 2003 (5).

[104] Vidal C. J. and Goetschalckx M. Strategic Production-distribution Models: A Critical Review with Emphasis on Global Supply Chain Models [J]. European Journal of Operational Research, 1997 (1).

[105] Webster M. Supply System Structure, Management and Performance: a Conceptual model [J]. International Journal of Management Reviews, 2002 (4).

[106] Wernerfelt B. A Resource-based View of the Firm [J]. Strategic Management Journal, 1984 (2).

[107] Wernerfelt B. The Resource-based View of the Firm: Ten Years After [J]. Strategic Management Journal, 1995 (16).

[108] Zander U. and B. Kogut. Knowledge and the Speed of the Transfer and Imitation of Organizational Capability: An Empirical Test [J]. Organization Science, 1995 (1).

后记

伴随着全球经济和社会的重大变革，企业所处的商业环境发生了根本性的变化：技术创新不断加速、产品生命周期不断缩短，顾客需求瞬间万变，市场竞争日趋激烈、全球一体化加剧成型，市场变化的不确定性在增加，企业面临着巨大的压力，业务外包和企业间的合作越来越广泛，供应链战略也经受着巨大的变革。企业认识到供应链管理已不仅仅是为了降低成本，更重要的是提高顾客满意度，持续保持竞争优势。因此本书试图从供应链管理的视角，分析大企业成长机理与路径。

本书由辽宁省社会科学规划基金项目（L11BJY022），辽宁省教育科学“十二五”规划项目（JG11DB120）和辽宁大学青年基金项目资助，在此表示感谢。

同时，感谢经济管理出版社为本书出版所付出的辛勤工作，特别是要感谢丁慧敏女士、张永美女士，她们的责任心和为本书所做的卓越的编辑工作令我感动。

最后，我还要感谢我的家人长期给予我的鼓励、支持和爱护。

本文建立了供应链系统与大企业持续成长的系统动力学模型，通过计算机模拟，从供应链的视角，分析大企业成长的路径与机理。但是企业成长问题包含的内容十分复杂和丰富，本书的工作还处于尝试和起步阶段，难免存在不足和疏漏之处，请各位专家学者和广大读者予以批评指正。期待本书的出版能够起到抛砖引玉的作用，促进该领域的研究得到更多的关注和更加深入的探讨。

杨隆华

2014 年 1 月